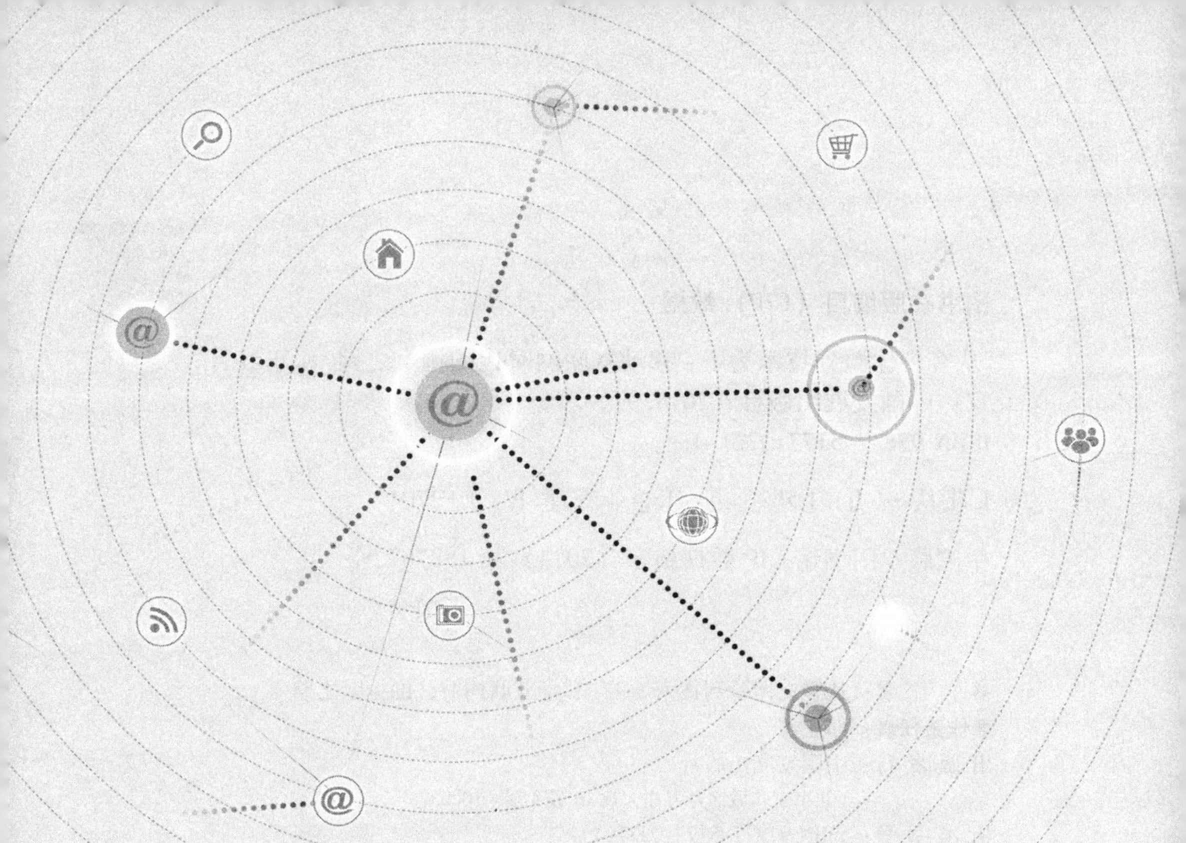

从客户体验到技术为王

移动互联网时代的掘金之路

邓正红◎著

中国发展出版社
CHINA DEVELOPMENT PRESS

图书在版编目（CIP）数据

从客户体验到技术为王：移动互联网时代的掘金之路/邓正红著.
北京：中国发展出版社，2014.9
ISBN 978-7-5177-0221-4

Ⅰ.①从… Ⅱ.①邓… Ⅲ.①企业管理 Ⅳ.①F270

中国版本图书馆 CIP 数据核字（2014）第 188767 号

书　　名：从客户体验到技术为王：移动互联网时代的掘金之路
著作责任者：邓正红
出 版 发 行：中国发展出版社
（北京市西城区百万庄大街 16 号 8 层　100037）
标 准 书 号：ISBN 978-7-5177-0221-4
经　销　者：各地新华书店
印　刷　者：北京昌平开拓印刷厂
开　　　本：700mm×980mm　1/16
印　　　张：17.5
字　　　数：250 千字
版　　　次：2014 年 9 月第 1 版
印　　　次：2014 年 9 月第 1 次印刷
定　　　价：38.00 元
联 系 电 话：（010）68990625　68990692
购 书 热 线：（010）68990682　68990686
网 络 订 购：http：//zgfzcbs. tmall. com//
网 购 电 话：（010）88333349　68990639
本 社 网 址：http：//www. develpress. com. cn
电 子 邮 件：121410231@qq. com

代序

互联网大佬们如是说

搜狐网总编辑吴晨光：有内容未必为王

纸媒时代，传统媒体以内容生产为核心，而互联网时代，渠道及产品背后的技术驱动价值凸显。传统媒体转型不成功的原因，往往是过分倚重内容，总是认为一篇文章是很重要的；而对互联网来说，一篇文章的确重要，但它仅仅是信息海洋中的一个浪花，要获得关注、产生影响，更多要看内容依靠什么渠道分发，以及内容的丰富程度，比如有没有相关链接、延伸阅读、配图等，关键看能否把读者“网住”。

因此，传统媒体转型需要加强对渠道、产品、技术的了解，加强对全媒体传播形式的适应，但同时一定要继续保持自己的优势，比如逻辑、深度、价值观，这是互联网所欠缺的。

有些传统企业存在误区，觉得用互联网就是花钱买技术，讲到互联网就是云计算、大数据、社交网络、移动终端，好像花了钱、用了互联网的东西，就变成了互联网企业。我觉得那些都是战术，传统企业面对互联网的挑战，要善于把互联网变成自己手里的武器。

奇虎360董事长周鸿祎：转型先转基因

今天，传统企业向互联网转型，面临的最大挑战就是企业基因的问题，就像让海洋动物到地面上生活，让陆地上的动物到空中飞行一样。如果你的基因没有变化，一只猴子跟鲨鱼怎么讲陆地上的生存要领，也不足以支持它的转型。传统企业应意识到互联网有些基本的价值观和传统商业是不一样的。这就不得不提到互联网的四个关键词。

第一，用户至上。不是买过你的产品、使用过你服务的就是有价值的用户，那些不断买产品而且持续和商家有互动、有反馈的用户，才是最有价值的用户。

第二，体验为王。今天，所有的产品都高度同质化，最后你会发现产品能胜出的决定性要素，其实是用户体验。

第三，免费的商业模式。互联网经济强调的不是如何获取收入，而是如何获取用户。这正是传统企业容易误读互联网的地方。

第四，颠覆式创新。在互联网上，颠覆式创新非常多，也发生得非常快。现在颠覆式创新越来越多地以两种形式出现：一种是用户体验的创新，另一种是商业模式的颠覆。

今日头条创始人兼首席执行官张一鸣：贴近用户创造内容

随着互联网的发展，内容分发将变得越来越简便。在《今日头条》上，5 分钟就可以设立一个账号并创造内容，只要你的内容足够好，不需要拉“粉丝”，不需要做广告，不需要积攒口碑，一天就会被几万甚至几十万的读者看到。而未来内容分发将更准确、更快速、更全面，因此，《今日头条》给传统媒体提供的一个思路是：要在离用户最近的地方创造内容。

很多人认为互联网思维的说法都快烂大街了，但我觉得互联网思维才刚刚开始改变和影响人类社会。目前，我比较赞同小米公司雷军的解读：专注、极致、口碑、快。“专注”就是要做好属于你的那个“一”；“极致”是不断超越自己，从而让别人无法超越；“口碑”是以足够好的用户体验让用户替你说话、为你推广，成为你的免费传播者；“快”是不断革新求变，保持创业心态。

百度发展研究中心研究员吴坤：试试数据新闻吧

在传统制造业时代，生产经营活动的核心是产品；在互联网时代，生产经营活动的核心是用户。未来互联网世界的游戏规则是：哪个行业距离用户更近，哪个行业更有前途；哪个产品距离用户最近，哪个产品就是最可怕的产品。得用户者得天下，谁拥有用户谁就拥有话语权。

利用大数据挖掘出有价值、有意义的新闻不仅可以使传统媒体更接地气，在商业模式上，也可以使媒体从卖报纸、卖广告到卖数据、卖报告等增值服务中获利。抓住互联网思维带来的新机会，媒体将会有更多的变现方式。

前言

客户体验——互联网思维的核心

互联网技术正在改变人类的生产、生活方式，如果对发展趋势没有一定的了解，企业在战略决策上就有可能存在非常大的风险。一些以信息服务为主的行业，正受到互联网技术的冲击，在重新构建竞争形态。在移动互联的时代，任何环节的信息交流均会被加速，互联网改变了信息传输的效能。

互联网思维是从互联网特征中衍生出来的。互联网思维可概括为：精确、快捷、丰富、便利。互联网思维的本质是创新，创新的目标是客户体验，客户体验是互联网思维的核心。

从互联网价值发展趋势看，网络掘金分为两个阶段：第一阶段是网络共性价值与网络个性价值并存时期（1995～2005年）。这个时期中，用户对互联网的个性体验要求不是那么显著，互联网的共性价值大于个性价值，网络公司的收入来源于互联网本身所具有的媒体价值。第二阶段是网络共性价值收缩、网络个性价值大幅度提升时期（2006年以来）。这个时期中，网络作为媒体的价值已被白热化的互联网竞争所稀释，媒体所提供的内容变得不是很重要了，网络共性价值被个性体验价值充分放大，单一的网络共性价值走向沉沦，媒体加个性体验的网络综合价值大幅提升。

2006年以前，作为第一代互联网媒体公司，雅虎无疑是成功的，主要是因为它把握了网络媒体的共性价值。互联网的兴起改变了传统媒体的广告业态，雅虎敏锐地捕捉到了网络广告发展的商机，从浪潮之巅创出了一条媒体掘金之路。

随着谷歌、脸谱等第二代互联网公司的崛起，网络共性价值逐渐转移到以网络搜索、社区体验为代表的个性价值上来，使得网络竞争进入差异化的时代。互联网掘金已由单纯的“访问量+显示广告”变成了综合的“技术创新+用户体验+显示广告”。但是，雅虎沉湎于过去的辉煌，没有看到技术的重要性，忽视了用户体验和用户注意力向移动转移的趋向，仍坚持发展“优质数字媒体公司”。由于技术跟不上，缺乏创新，雅虎终于还没有成熟就开始衰老。从2006年起，雅虎开始走下坡路，最终在网络个性时代败下阵来。2012年7月，雅虎首席执行官梅耶尔上任后，将用户体验和雅虎尚未涉足的移动领域作为雅虎复兴计划的目标。

同样，作为第一代互联网零售公司，亚马逊所走的道路与雅虎的不同之处，就是一贯重视客户体验和技术创新。首席执行官贝佐斯早在14年前就提出了个性化、电子商务等先进理念。贝佐斯在1997年致股东的信中写道：“如今，电子商务为顾客节省了开支和宝贵的时间。未来，通过个性化，电子商务将加速这个特殊的发现进程。亚马逊将利用互联网为客户创造真正的价值，同时希望建立一种经久不衰的专营权利，不管是对于已经建立的市场甚或更大的其他市场。”

亚马逊忍受连续8年亏损和连续5年资不抵债的痛，大力推进基础设施和互联网技术建设，旨在为客户创造领先世界的体验价值，如丰富的品类选择、方便用户购买的个性化功能以及快捷的物流，并且同时提供价格最低的产品。

亚马逊坚持一切从客户出发，坚守核心价值，四面出击，以颠覆式创新改写了诸多传统业态，使一茬又一茬的竞争对手遭受其威胁和挑战；持续创新技术、产品及服务，努力为客户提供最大的价值；商业模式运转快如车轮、势如破竹，客户价值增长成为常态；构建了像亚马逊热带雨林一样庞大的电商生态系统，并以稳健的软实力走势和高效能的价值放大及资源整合优势穿越竞争丛林，成为称霸互联网的商业巨头。

2001～2013年亚马逊客户价值增长平均指数为0.291，软实力平均指数为0.357，软实力平均指数大于客户价值增长平均指数6.6个百分点，说明亚马逊有足够的软实力储备支撑客户价值增长。

客户体验是移动互联网时代的王道。成也客户体验，败也客户体验。亚马逊和雅虎的正反案例就是鲜明的对比。互联网移动时代的到来，意味着客户体验进入免费时代。企业以免费或者说赔本的体验赢得客户，就为自己构建了赢得利润的运营生态。这就是我们常讲的“先舍后得”的软实力。当然，这是以为客户提供最大价值为前提的。客户从体验中获得价值增长，企业由此就可获得绩效增长。

本书重点阐述从客户体验到技术为王的价值关联。衡量客户体验、价值增长、绩效增长的关键数据就是软实力指数，软实力指数和客户体验一样，极为细腻、微小（我们称之为“微数据”），但经过价值放大，能使公司营收、利润、市值变为成百上千亿美元的大数据。

软实力指数工具的首次推出和运用，是本书最大的原创。通过软实力指数工具剖析亚马逊、雅虎这一对正反案例，读者就会明白，从细微的客户体验到上千亿美元的业绩，其间存在着必然的联系。

最后，我们得出结论：重视客户体验，微数据可变成大数据，软实力可转化为硬实力；移动互联网时代的客户体验，就是一场以技术为底气的软实力的较量！

邓正红

2014年6月2日

目录
CONTENTS

亚马逊与雅虎是同一时期出道的互联网公司的先辈，但它的命运与雅虎恰恰相反。亚马逊1997年上市，当年营收仅1.5亿美元，市值14亿美元；到2013年营收已达744.5亿美元，市值高达1779亿美元。通过"微物质"放大模型和软实力指数工具的分析，亚马逊已成功地走出一条始终以客户体验为中心、从微数据到大数据的价值扩张之路。

|第一章|

追根溯源：价值巨大的微数据

这是一个伟大的时代。全球化、云计算、大数据、海量信息……无处不体现“大”。当然，还有一种“大数据”可能读者较少关注，就是那些世界超一流公司持续创造的巨额业绩和超高市值。当今热门的“大数据”一词主要针对信息量，可称之为广义的大数据；本书所指的“大数据”则是针对公司业绩和市值，可称之为狭义的大数据。

对公司来说，大数据的形成绝非天上掉馅饼，更非一夜暴富的结果。冰冻三尺非一日之寒。老子也说：道生一，一生二，二生三，三生万物。万物就是大数据，但追根溯源，万物的形成最终源于道。万物是宏观，道是微观。一切大的事物都发源于细微，公司的业绩和价值创造亦遵循此规则。

为探究公司大数据的由来，本章推出贯穿全书的“微物质”放大模型，并运用独创的软实力指数工具，对公司“微物质”进行量化分析，用微数据说话，解剖公司从微数据到大数据的路径，从而揭开世界超一流公司创造大数据的奥秘。

第一节 › 难以觉察的“微物质”

世界一流公司的“大数据”

1996 年财富世界 500 强排名第 1 的日本三菱集团营业额为 1843.65 亿美元，孰料 17 年后，2013 年财富世界 500 强排名第 1 的荷兰皇家壳牌石油营业额高达 4817 亿美元。17 年间，世界 500 强头把交椅的营业规模提高了近 3000 亿美元。

1967 年沃尔玛的营业额仅为 1260 万美元，2012 年营业额达到 4691.62 亿美元，45 年间营业规模增加了 37234 倍。这还不算，据 2010 年美国《福布斯》杂志预测，到 2020 年，沃尔玛的营业额将突破 1 万亿美元。

1982 年 10 月初，苹果公司市值仅 10.4 亿美元，到 2012 年 10 月初，苹果公司市值高达 5439.2 亿美元。30 年间，苹果市值翻了 543 倍。

2004 年 8 月，谷歌首次公开招股上市的股价才 100 美元，2013 年 10 月 18 日美东时间 15 点 59 分，谷歌股价首次突破 1000 美元，达 1011.41 美元。9 年的时间，谷歌股价净涨 900%之多。值得一提的是，此时的美国政府因新一年度的预算案在国会未获通过，暂停办公，关门达半月之久，整个股市相当沉闷。谷歌股价破 1000 美元，带动了纳斯达综合指数攀升，标准普尔 500 指数创下历史新高。道琼斯工业平均指数上涨 7.90 点，涨幅 0.05%，至 15379.55 点；纳斯达综合指数上涨 36.13 点，涨幅为 0.94%，至 3899.28 点；标准普尔 500 指数上涨 6.81 点，涨幅为 0.39%，至 1739.96 点。英国利差博彩公司（Spreadex）交易员戴维·怀特在一份报告中表示：“今天的市场情绪转为温和，投资者返回正常的交易中。尽管很少有人认为美国真的会出现违约，但是大多数经理人都为此做足了准备。现在，市场已经恢复至对未来价值的定价，并在观察各公司的业绩。”

作者列举上述数据，旨在告诉大家，那些世界一流的卓越公司从来就没有停止过脚步。这些公司似乎天生就装有一部永动机，在持续推动公司发展强大。上述列举的那些“大数据”就是最好的佐证，也仿佛应验了世界浩大的发展潮流。

“微物质”：卓越公司的“永动机”

本书的研究则是逆流而动，探寻卓越公司何以成其大，追溯卓越公司持续做大做强的根源。可以肯定的是，世界上从来就没有永动机。在物理学家的眼中，所谓的永动机，是想象中的不需外界输入能源、能量，或在仅有一个热源的条件下，便能够不断运动并且对外做功的机械。永动机不存在的理由是它违反了能量守恒定律和热力学第二定律。因此，1775 年法国科学院通过决议，宣布永不接受永动机，现在美国专利及商标局也严禁将专利证书授予永动机类申请。不过，从公司持续发展进步的角度看，确实需要类似永动机的引擎来持续驱动。

作者一直在琢磨一个问题，那些卓越公司不论经历多少年（少则三五年，多则几十年，抑或上百年），尽管走过的道路算不上一帆风顺，但它们的业绩却像膨胀的宇宙，总能持续保持增长。这些卓越公司的体内是否存在一种类似基因的“DNA 序列”，使公司得以持续发展？

在《再造美国》一书中，作者研究世界 500 强美国公司的转型是从现象入手的，那些老牌公司营业规模在相对由大变小，但并没衰落，反而利润越赚越多，主要原因是公司的软实力越来越强；而那些新生的信息技术类公司营业额与利润都在与日俱增，也是软实力在起作用。

我们看那些卓越公司就像一座座壮观的山峰，其山底下是否有秘密？

秘密肯定有，但是微乎其微。因为我们习惯对它们仰视，看到的都是公司的风采，包括业绩、市值、形象包装等，这部分内容大抵占了公司全部的99%，然而真正最有价值、最出彩的地方，却很难察觉，这部分内容仅占公司全部的1%。这1%的“微物质”是公司最绝密之处，一般情况下是不会轻易示人的。所以，卓越公司1%的“微物质”，总是在我们看到的99%的内容之外，而公司所谓永动性的基因就隐藏在这1%的“微物质”中。

可口可乐缘何这么牛？

以可口可乐为例。将其2000～2013年的营业收入和市值绘成直方图（见图1－1），可口可乐每年的业绩就像一座座耸立的山峰，峰峦起伏，且海拔不断上升。从图1－1还可看出，可口可乐的市值比营业收入要高出几倍。2012年可口可乐的营收为480.17亿美元，市值却高达1641.02亿美元，是营收的3.4倍；2013年的营收较上年略有收缩，为468.54亿美元，但市值并未受影响，反而比上年增145.68亿美元，为1786.70亿美元，是营收的3.8倍。

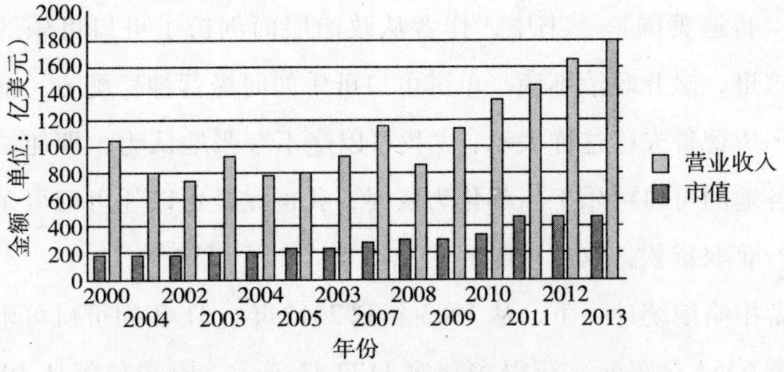

图1－1　2000～2013年可口可乐营业收入及市值

资料来源：邓正红软实力研究应用中心。

在这里，作者做个比喻：营业收入就好比露出海面的冰山，市值则代表公司高耸入云的形象，未露出海面的那部分则隐藏着公司1%的秘密。

众所周知，可口可乐物质构成的绝大部分是水，而最关键的配料可能还不到总量的1%。但近一个世纪来，人们却无法破解这1%的核心物质。正是靠着这1%的“微物质”，可口可乐一直保持着自己的独特口味。

1886年5月8日，药剂师约翰·彭伯顿在不经意间搅合出一杯喝起来很爽的碳酸混合糖浆，合伙人弗兰克·梅森·罗宾逊从糖浆的两种原料成分——古柯（Coca）叶和可乐（Kola）果受到启发，将之命名为可口可乐（coca－cola）。从那时起，尽管可口可乐配方历经多次改进，但配方中占总量不到1%的神秘物质——“7X”配料是可口可乐公司的核心技术，属于绝对机密，至今无人破译。

且不说可口可乐一百多年来通过制造和保持配方神话来诱惑全球消费大众，假若没有神秘配方的光环罩着，可口可乐的所有价值恐怕和一般的饮料无异。也正是创造了这一神秘配方技术，可口可乐才有恃无恐、大肆渲染自己独特的价值形象。一百多年来，一款再平常不过的碳酸混合物被它做得出神入化，消费者尽管并未获得超过碳酸水本身的附加值，却一直保持着亢奋的可乐态势，饮此不疲，由此使得可口可乐持续获得基于神秘配方所带来的超高附加利润和超高人气。

在《再造美国》一书中，作者从政治层面剖析了可口可乐的扩张之道，在这里，撇开政治不谈，单讲可口可乐如何经营神秘配方。前任总裁罗伯特·伍德鲁夫曾这样表示：“我可以毫不夸张地认为，即使一夜之间在世界各地的可口可乐工厂都化为灰烬，我也完全可以凭可口可乐这块牌子从银行获取贷款，东山再起！”

作者粗略地统计一下，从1983年到2013年，31年间可口可乐累计实现营业额6254亿美元，获得净利润1172亿美元，资产总额从1983年的45亿美元增加到2013年的900亿美元，公司市值由1984年的42亿美元增长到2013年的1786亿美元，公司融资从1983年的16亿美元拓展到2013年的568亿美元。这就是可口可乐持续做大做强的历史记录，但至今我们仍然对其神秘配方不得而知。

罗伯特·伍德鲁夫敢在可口可乐牌子上夸海口，不外乎因为握有两张牌：一张是神秘配方牌，一张是消费认同牌，但最终起决定性作用的还是前一张牌。可口可乐借助神秘配方精心包装品牌形象，靠着这块牌子，把银行变成可随时获取贷款的提款机，这也体现了可口可乐的品牌价值。至于可口可乐的品牌内涵，其实早已与神秘配方没有关联了，可口可乐走到哪里，都会极尽能事逢迎、取悦当地消费者，以实现“让全世界的人都喝可口可乐”的目标。

卓越公司都善于形象包装和形象推销，它们往往用一流的业绩和超人气的市值，将自己打扮得漂漂亮亮，以完美的形象展示在世人面前，在外界制造“光晕效应”，转移视线，使人们更多地关注其外表而忽视其内质，从而达到隐藏公司基因的目的。到今天，全世界喝可口可乐的人们仍然津津乐道可口可乐的味道和配方神话，却鲜有关心神秘配方的实质内容。说得好听点，可口可乐牌子是披着配方的神秘外衣推销出来的；说得不中听点，全世界喝可口可乐的人们都被神秘配方给“骗”了。如果大家提高消费觉悟，从消费安全的角度质询可口可乐的配方内容，要求将神秘配方公示于天下，作者想，可口可乐绝对不会再有“东山再起”的底气了。

“大”未必好

现在有本书叫《大数据时代》，似乎很受到潮流热捧。作者觉得这书写得有些囫囵吞枣、模棱两可，存在高度的不确定性。这本书到底要告诉人们什么？如果就因为我们进入了信息化时代，存在海量信息供公众选择和使用，便宣告我们进入了“大数据时代”，那就大可不必费这么多口舌来浪费大家的宝贵阅读时间，因为大家置身在这样的时代早已感触到了。还有一本书，叫《第三次工业革命》，媒体炒作得比较厉害，作者看了一下，发现谈的都是一些泛泛的内容。实在地说，所谓“第三次工业革命”，无非就是新能源革命与互联网的结合罢了。哥本哈根世界气候大会召开后，全世界的人都明白，全球经济已进入低碳时代。

现在西方国家有一股“幼稚”的经济思潮，他们善于将一些大的、趋势性的、大家都明白并能体会得到的社会现象写成论著，向东方国家、新兴经济体推销。在他们看来，发展中国家、新兴经济体的人们似乎很“幼稚”，还没有感受到新的文明、新的技术时代的到来。

“大”固然好，但盲目地贪大求大就不好了。就像《财富》杂志每年搞世界企业500强排名，弄得中国企业跟风似地盲目做大，追求排名，结果回过头来盘算，自己的企业中有多少属于上文中提到的那1%的微物质？真是微乎其微，少得可怜！以美国为首的西方发达国家兴许正暗自庆幸，抑或幸灾乐祸。发达国家拥有成功的经济、技术、文化经验，在全世界掌握着相应的话语权无可厚非，但你的一言一行都得向全世界负责任，绝不能空口白话。我们需要的不是浮躁的社会现象，不是盲目的贪大求洋，我们所需要的是探知，世界为何这么大，怎样有质量地把事情做大。

不过，尽管西方在毫无休止、不计成本地向我们推销“大”，但我们中国有五千年的智慧文明，早在老子时代就有“天下大事必作于细”“见小曰明，守柔曰强”的深刻哲理。无论是“大数据时代”还是“第三次工业革命”，都有一个共同的指向——世界已经进入精确制导的时代。而要实现精确制导，有质量地做大做强，就离不开一个个精确的微小数据。九层之台起于累土，一切价值根源都在微数据。所以，本书的主旨是探寻微数据时代的公司基因，以此帮助中国公司在大数据时代和第三次工业革命中攫取巨额技术真金。

回到前面的话题。对公司来说，1%的“微物质”就像可口可乐的神秘配方，是公司持续发展壮大的关键因素。1%的“微物质”是浓缩了的软实力精华，可称之为核心价值。在作者看来，一个企业的实力，不在于其拥有或占有多少资源，而在于企业是否拥有自己的核心价值，能随时随地按照自己的意愿随需整合资源。越是有价值的东西，它在全局中所占的分量越少。核心价值是企业最具价值的关键少数，可少成一个圆点，微乎其微，深藏于企业芸芸众生中，乃至大隐无形。

软实力是卓越公司的价值本源

2008 年，人民币升值，原材料价格上涨，海外需求迅速下降，由于诸多因素的冲击，当时中国企业面临突围破局的困境。基于此，作者从软实力的角度，提出了中国企业的破局之道（即 2009 年 1 月由武汉大学出版社出版的《软实力：中国企业的破局之道》），明确强调——破局之道在于核心，核心之道在于价值，价值之道在于创新，创新之道在于未来。

探究卓越公司的持续发展原因，发现它们都有相似的特征：

（1）有着从小到大、从弱到强的发展轨迹。

（2）善于利用资源，将资源的价值发挥到极致。

（3）都是玩整合的高手，不光是整合公司内部的资源，还善于整合公司外部的资源。

（4）懂得发挥自身的优势，扬长避短，以小博大，以弱胜强。

（5）都能保持高效能、高效率，公司绩效能够持续提升。

以上是对卓越公司持续发展状态的特征描述，总的势头是，这些公司在持续成长、持续壮大。不可否认，这些公司内在都有强大的软实力作支撑，所以才能有持续旺盛的生命力。正如宇宙之所以能够不断膨胀，生命之所以能够不断成长，其势不可挡的动力来自于宇宙大爆炸之初的奇点能量和生命传承所特有的基因信息一样。按照同样的思维追根溯源，我们研究卓越公司的意义，并不在于歌颂它们现在的大而强，而是探索它们为什么能持续做大做强。找到卓越公司的价值本源，也就是公司的奇点或基因，才是本书的真正价值所在。

研究表明，软实力经营的特征是从“无”到有，从少到多，成本最低，效率最高，价值最新，回报最久。“无”指的是软实力经营之道，即“微物质”——核心价值；从少到多就是把核心价值置于“滚雪球”的状态，通过商业模式的持续整合创新，以小的投入创造大的价值，持续获得更多的利润回报。

中国先哲老子是全世界的软实力大家，他提出的“道生一，一生二，二生三，三生万物”的思想，就是对软实力经营的高度概括。其中“道”指的是规律，公司要善于把握市场需求规律和时代发展规律，及时或超前创造核心价值，在此基础上不断放大价值优势，持续创造更多更好的产品和服务以满足市场需求，从而持续实现“大数据”的效益。而老子所说的“一”，亦即1%的“微物质”——核心价值，后面衍生的“二”“三”及“万物”，就是通过合理的商业模式将核心价值放大，实现业绩和价值倍增。总的来说，软实力运营要义，可以用作者提出的一个公式来概括：企业软实力=核心价值+商业模式。

企业软实力来源于企业的核心价值。高瞻远瞩的公司其核心价值建立在稳如磐石的基础上，不会随着时代的风潮变异，甚至在某些情况下，核心价值经历百余年而一成不变。冰山之所以壮观，并不因它显露在外的峥嵘，而是因其隐藏海面下的“微物质”。“微物质”虽然渺小，从表面看似乎微不足道，但从长远发展来看，其释放的软实力能量为企业带来的无形效益远远大于经济效益，并使企业持续获得高额的利润。

第二节 › 巴菲特的获利秘诀

怎么捕获卓越公司的“微物质”？在作者看来，这就好比要投资上市公司的股票，得看你到底想买短线股还是长线股。所谓短线股，就是不打算长期持有，短期内通过股市炒作赚取差价的股票；所谓长线股，就是具有长期增值的潜力，投资者打算长期持有的股票。短线股与公司核心价值无关，而长线股因为拥有核心价值，故聪明的投资家总是选择它们来赚取长期稳定的回报。

向巴菲特学习投资

谈到炒股，不能不说一下美国“股神”沃伦·巴菲特。巴菲特正式大规模炒股是从1965年开始的。这一年，美国投资公司伯克希尔-哈撒韦因经营不善濒临破产，每股价格仅为12美元。巴菲特一直想拥有一家自己的独立投资公司，之前因经营《华盛顿邮报》、美国广播公司等在内的多种传媒业的股票，积累了一定的资本，所以这次他看准了收购伯克希尔公司的机会。通过反复调查比较后，巴菲特力排众议，甚至对亲朋好友的忠告也置之不理，作出人生转折中最重要的选择，最终以合作的方式购下该公司，出任董事长兼总经理。伯克希尔公司到手后，巴菲特正式进入了证券投资生涯。

在巴菲特的精心操盘下，伯克希尔公司重焕青春活力，不断全盘收购或部分收购多家纺织公司、百货公司、食品公司、糖果公司的股票。当时一些股评家对此感到很纳闷，嘲笑巴菲特不可理喻，尽吃些“垃圾股”。但是，随着时间的推移，人们发现伯克希尔公司的市值不断上涨，股票价格从当初濒临破产时的12美元一直攀升到20美元、40美元、80美元、

100 美元，2014 年已突破 120 美元（见图 1－2），成为纽约证券交易所最坚挺的股票之一，巴菲特也由此成为世界上靠股市暴富的最大富豪。

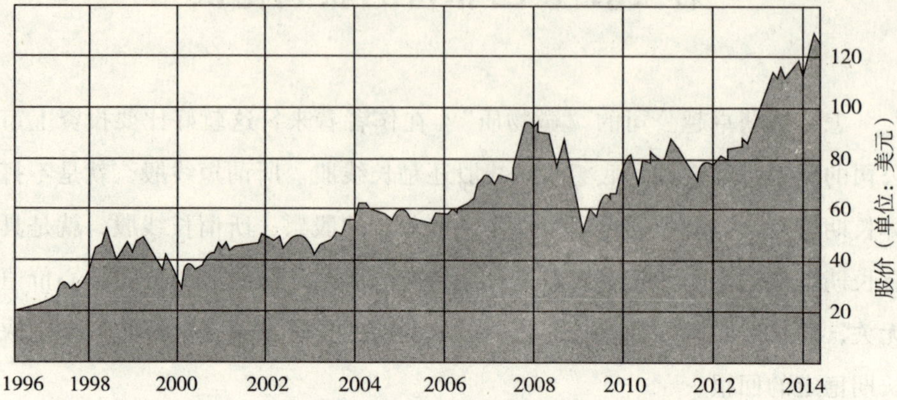

图 1－2　伯克希尔－哈撒韦股票价格走势（1996 年 5 月 9 日至 2014 年 5 月 1 日）

资料来源：邓正红软实力研究应用中心。

值得一提的是，在 1965 年到 2012 年间尽管历经 4 次熊市，但巴菲特的伯克希尔－哈撒韦公司没有一年出现过亏损，即使 2001 年和 2008 年，受经济危机影响，美国股市重挫，伯克希尔－哈撒韦公司的利润率仍为 2.1% 和 4.6%（见图 1－3）。巴菲特的财富也如神话般地增长，据《财富》杂志统计，2003 年巴菲特个人资产 280 亿美元，是世界 10 位亿万富翁之一。2004 年《福布斯》杂志全球富豪排行榜，巴菲特以 429 亿美元的个人资产位列全球富人第二。2011 年其财富位居世界第三，净资产 500 亿美元。2013 年《福布斯》以个人净资产 535 亿美元位列全球富豪排行榜第四。

读者不禁要问，巴菲特到底靠什么在股市大把掘金？作者经过深入研究发现，巴菲特投资股票获利的秘诀正是我们捕获卓越公司“微物质”的方法。巴菲特投资股票的秘诀大致可概括为“5 + 12 + 8 + 2”，即 5 项投资逻辑、12 项投资要点、8 项选股标准和 2 项投资方式。

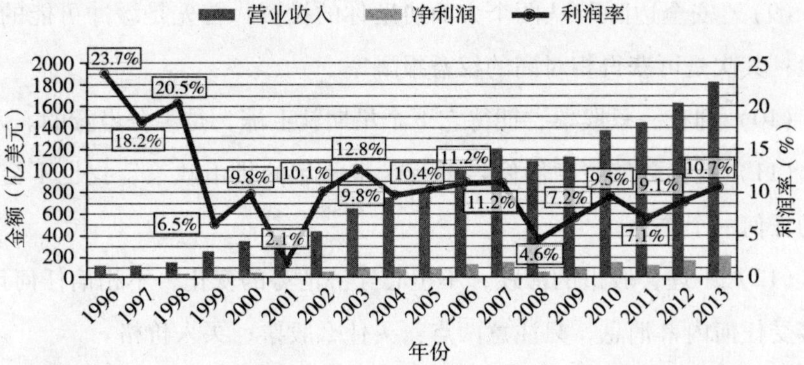

图 1－3　1996～2013 年伯克希尔－哈撒韦营业收入、净利润及利润率

资料来源：邓正红软实力研究应用中心。

5 项投资逻辑

（1）因为我把自己当成是企业的经营者，所以我成为优秀的投资人；因为我把自己当成投资人，所以我成为优秀的企业经营者。

（2）好的企业比好的价格更重要。

（3）一生追求消费垄断企业。

（4）最终决定公司股价的是公司的实质价值。

（5）没有任何时间适合将最优秀的企业脱手。

12 项投资要点

（1）利用市场的愚蠢，进行有规律的投资。

（2）买价决定报酬率的高低，即使是长线投资也是如此。

（3）利润的复合增长与交易费用和税负的避免使投资人受益无穷。

（4）不在意一家公司来年可赚多少，仅有意未来 5 至 10 年能赚多少。

（5）只投资未来收益确定性高的企业。

（6）通货膨胀是投资者的最大敌人。

（7）价值型与成长型的投资理念是相通的，价值是投资未来现金流量的折现值，而成长只是用来决定价值的预测过程。

（8）投资人财务上的成功与他对投资企业的了解程度成正比。

（9）“安全边际”从两个方面协助你的投资：首先是缓冲可能的价格风险；其次是可获得相对高的权益报酬率。

（10）拥有一只股票，期待它下个星期就上涨，是十分愚蠢的。

（11）就算联储主席偷偷告诉我未来两年的货币政策，我也不会改变我的任何一个作为。

（12）不理会股市的涨跌，不担心经济情势的变化，不相信任何预测，不接受任何内幕消息，只注意两点：买什么股票；买入价格。

8 项投资标准

（1）必须是消费垄断企业。

（2）产品简单、易了解、前景看好。

（3）有稳定的经营史。

（4）经营者理性、忠诚，始终以股东利益为先。

（5）财务稳健。

（6）经营效率高，收益好。

（7）资本支出少，自由现金流充裕。

（8）价格合理。

2 项投资方式

（1）卡片打洞、终生持有，每年检查一次以下数字：①初始的权益报酬率；②营运毛利；③负债水准；④资本支出；⑤现金流量。

（2）当市场过于高估持有股票的价格时，也可考虑进行短期套利。

从上述投资秘诀看，巴菲特的投资比较独到，他很重视公司的软实力（长期价值），而非硬实力（短期业绩）。比如，好的企业比好的价格更重要；最终决定公司股价的是公司的实质价值；不在意一家公司来年可赚多少，仅有意未来 5 至 10 年能赚多少；只投资未来收益确定性高的企业；价值型与成长型的投资理念是相通的，价值是一项投资未来现金流量的折现值，而成长只是用来决定价值的预测过程。这些投资思想表明，巴菲特重点经营的是长线股。长线股的优势在于拥有能够使股票持续稳定增值的核心价值，所以，巴菲特在投资一家长线股之前，总是要对这家公司作全面的了解和深入的价值考察。正如他所说："投资人财务上的成功与他对投资企业的了解程度成正比。"

一般来说，常人炒股看重的是热闹和股市人气，买涨不买跌，往往被公司暂时的高业绩所产生的"光晕效应"蒙蔽，被股市行情牵着走（见表1－1）。因为不了解公司，导致盲目炒股。巴菲特称这种行为是投机性炒股，是投资股票的大忌。他的投资方法则刚好相反，买跌不买涨，他首先关注的是公司的实质价值，其次才是股票的价格。用他的话说，只注意两点，一是买什么股票，二是买入价格。一旦看中了合适的股票，他就静观其变，当股价跌落的时候，就会不失时机地大把购入股票，然后胸有成竹、信心满满地放长线，坐收基于公司核心价值创造的持续的股权高额回报。从这点看，巴菲特非常重视经营成本，他投资股票，完全是把自己作为企业家，把别人的公司当作自己的产品来经营。巴菲特曾非常精辟而生动地阐释了自己的投资逻辑："因为我把自己当成是企业的经营者，所以我成为优秀的投资人；因为我把自己当成投资人，所以我成为优秀的企业经营者。"

表1－1　　巴菲特与一般股民的投资区别

项目	一般股民投资	巴菲特投资
投资依据	公司业绩	公司价值
买进时间	股价上涨	股价下跌
每股成本	高	低
持有时间	短期	长期（至少5～10年）
未来股价	不确定	确定
投资风险	高	低
投资回报	不确定	持续稳定
结论	光晕效应误导盲目投资	核心价值主导理性投资

资料来源：邓正红软实力研究应用中心。

分析巴菲特的投资方法，可以得出一个结论：巴菲特的投资依据——公司实质价值，正是本书要探寻的卓越公司的“微物质”。那么，巴菲特是如何捕获公司“微物质”的呢？结合巴菲特的投资标准和“卡片打洞、终生持有”的投资方式，作者将巴菲特掌握公司核心价值的方法概括为“五看”。

（1）看核心：公司拥有自主专有的知识产权，并在市场上具有垄断地位。

（2）看价值：公司的知识产权具有长期的价值潜力，能够主导市场长期的发展，在竞争上不会受到新进入者或替代者的威胁。

（3）看业务：公司业务始终围绕自主专有知识产权展开，经营轨迹脉络清晰，经营历程持续稳定。

（4）看财务：公司财务稳健，资本支出少，自由现金流量充裕。

（5）看业绩：公司追求效益最大化，经营效率高，收益好。

如果具备“五看”的条件，就说明公司拥有足够强势的软实力，这样的股票就值得投资和长期持有。从企业软实力构成看，前面的“两看”（核心、价值）属于核心价值的部分，后面的“三看”（业务、财务、业绩）则属于商业模式部分，整个“五看”构成公司的软实力。商业模式的“三看”主要是放大核心价值的优势，以最小的投入和开支创造最大的价值，获取最大的回报。一般股民难以觅到具有长期价值的潜力股，主要是只重视最后“一看”即业绩，被暂时的业绩光晕炫住了，“一俊遮百丑”，使得投资常常是肉包子打狗——有去无回抑或少回。

用“五看”来分析巴菲特所持的一些大牛股票，能使我们更清晰地看到卓越公司的软实力构成。在巴菲特长期持有的股票中，有两只股票不得不提。一只是前文提到的可口可乐，另一只则是吉列。巴菲特在1988年和1989年先后买入这两只股票。对于这两只股票，巴菲特在1996年伯克希尔－哈撒韦公司致股东信上写道：“对可口可乐、吉列这样的公司而言，即便是最强的竞争对手，若是他们说实话，也不会质疑可口可乐和吉列会在所属领域长期主导全球市场。”

可口可乐是巴菲特持有的最大一只股票。巴菲特曾不止一次在公开场合表示，他将永久持有可口可乐股票。目前持有的4亿股，是他所持全部股票的20%。巴菲特为何对可口可乐如此深信不疑？因为他看准了可口可乐强大的软实力。一是可口可乐的神秘配方，二是可口可乐的品牌价值，三是可口可乐的特许经营。神秘配方和品牌价值是可口可乐长盛不衰的核心价值，特许经营是可口可乐放大价值优势、实现业绩最大化的商业模式。

可口可乐作为全球最著名的软饮料品牌，其汽水饮料的销量在全球排名第一，拥有高达48%的市场占有率，今天全世界每一秒钟就有10450人在喝可口可乐。1886年约翰·彭伯顿搅合出神秘配方，1887年彭伯顿在美国专利局注册了“可口可乐糖浆及浓缩液”商标，取得知识产权。这是可口可乐核心价值的开始。1899年，可口可乐公司负责人阿萨·钱德勒以1美元的价格售出糖浆饮料的第一个装配特许经营权——这是可口可乐特许经营模式的开始。

从1886年到1986年，可口可乐整整走过了100年的发展历程。1987年之前近50年，巴菲特一直是可口可乐的忠实消费者和粉丝。1987年百事可乐挑起装瓶商之间的矛盾，可口可乐深陷困境，可口可乐股价较为低迷（见图1-4），公司在不断回购股份。1987年8月24日，可口可乐股价到达顶峰3.17美元，紧接着情势逆转，股价直线下跌，11月30日跌至2.27美元，1988年2月1日股价跌至谷底2.22美元。

1983年至1986年，可口可乐的营收和净利润均为正增长（见图1-5），利润率逐年提升，从1983年的11.1%提高到了1986年的13.4%；从财务情况看，可口可乐的资产和负债也处于正增长（见图1-6），虽然资产负债率由1983年的35.9%上升至1986年的54.7%，但是，仍然远离70%的负债率红线。这说明，可口可乐的业务发展是良性的、持续的、快速的，而且经营效率和收益保持着高水平。

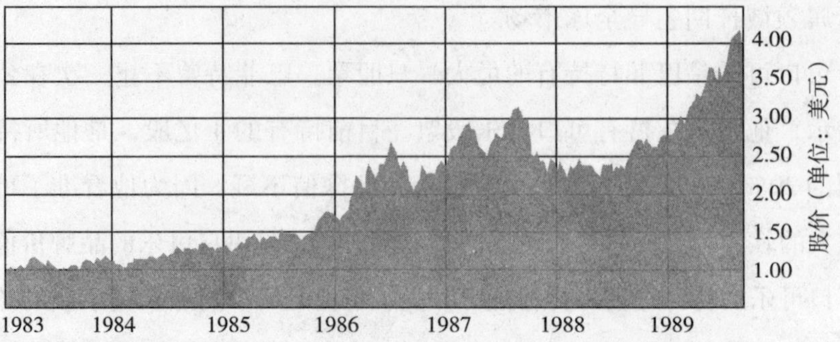

图 1－4　可口可乐股票价格走势（1983 年 1 月 10 日至 1989 年 9 月 5 日）

资料来源：邓正红软实力研究应用中心。

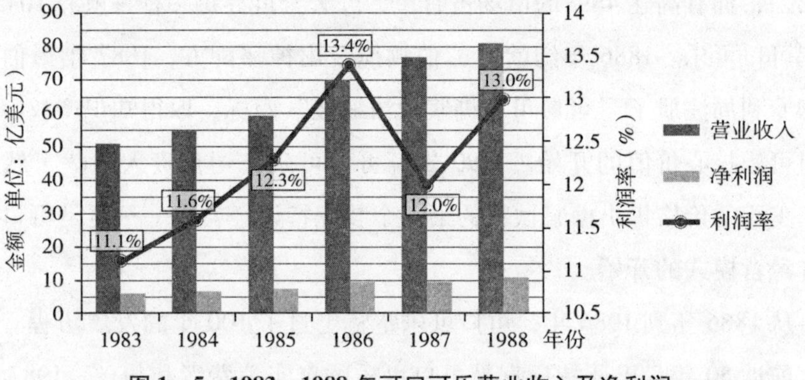

图 1－5　1983～1988 年可口可乐营业收入及净利润

资料来源：邓正红软实力研究应用中心。

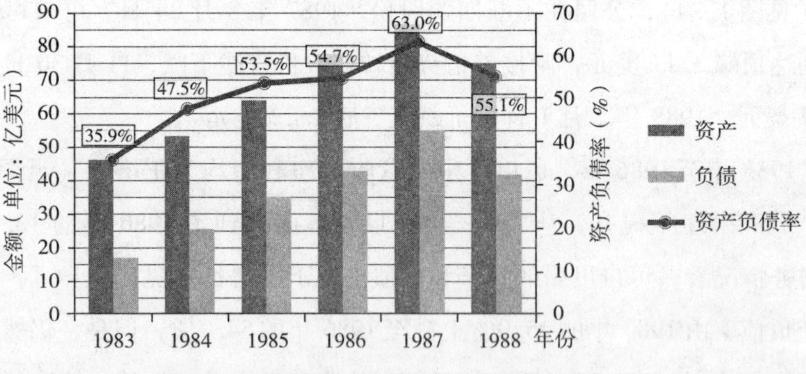

图 1－6　1983～1988 年可口可乐资产及负债

资料来源：邓正红软实力研究应用中心。

1987年，由于百事可乐的竞争干扰，可口可乐的利润率下滑为12%，较上年下降了1.4个百分点，同时资产负债率较上年增加了8.3个百分点，幅度较大，为63%。虽然负债风险上升，盈利水平稍有下降，但巴菲特对可口可乐的信心坚定不移，他把可口可乐过去几年的实质价值和经营业绩从里到外进行全面研究后，认为可口可乐强大的品牌构成了持久竞争优势，这种资本开支小的生意模式未来将创造非常充沛的现金流。于是，他在1988年可口可乐股价处于低谷时开始大量买入可口可乐的股份，1988年底共持有1417万股，成本为5.92亿，当年可口可乐的每股净利润为2.84元，购买价的市盈率为14.7倍。1988年，可口可乐的毛利率为19.2%，净利率为13%，净资产收益率为31.2%，净利润在过去5年都在逐步上升，加上每年都在回购股份，每股净利润年均增长率为15.6%。1989年，巴菲特继续增持可口可乐的股票，总持股数翻了一倍，为2335万股，总成本为10.24亿美元，新购入股票的市盈率约15倍。1994年他继续增持，总投资达到13亿美元，此后持股一直稳定不变。1997年底巴菲特持有可口可乐股票市值上涨到133亿美元，10年赚了10倍，仅仅一只股票就为巴菲特赚取了100亿美元，这是巴菲特最传奇、最成功的股票投资案例。

据2014年5月23日纽约证券交易所的盘后交易，可口可乐股价为40.58美元，公司总市值1783.60亿美元。相比1988年2.22美元的股价和101.62亿美元的市值，25年间，可口可乐股价涨幅高达1728%，市值增幅高达1655%。巴菲特曾经评论说，他将永久坐镇可口可乐，最好的情景便是，坐在可口可乐公司里，什么也不做。他说："如果你给我1000亿美元，让我放弃承认可口可乐在世界汽水饮料行业的领军地位，我会把这1000亿退还给你，并告诉你，这办不到。"

巴菲特投资方法的启示

通过剖析巴菲特投资可口可乐这一成功案例，我们可以得出以下结论。

（1）巴菲特的投资方法为探寻卓越公司“微物质”提供了经验借鉴。

（2）公司软实力是建立在“微物质”基础之上的，没有“微物质”，品牌价值只是一场热闹炒作，公司业务也难以做大。

（3）考察公司软实力的“五看”，使企业软实力从理论架构走向实践操作，从投资者的角度看公司软实力更客观、更真实、更可信。

（4）卓越公司善于将优秀业绩通过企业文化进一步包装，给公众造成错觉，以为优秀业绩是企业文化带来的，由此得出一个大家都比较认可的错误结论：企业文化是公司基业长青的基因。殊不知，企业文化是不断变化的，唯一不变的是公司核心价值。核心价值是核心技术和知识产权的综合体，企业文化和商业模式的任务是不断放大核心价值，为公司创造更多更好的业绩。

2008 年 7 月，穆泰康接任可口可乐公司首席执行官后，重新定义了可口可乐的企业文化，并为公司的市场营销团队注入了新鲜血液。在穆泰康任职期间，公司股价上涨了48%。穆泰康还有一个雄心勃勃的目标，就是在2020 年之前把可口可乐的业务扩大一倍，努力推动可口可乐更趋全球化、行动更敏捷、更具创业精神。

（5）任何先进的理念和方法走进公司，都必须能进行确定的量化评价，否则就是误导公司。当下流行的“大数据”，更像一种模糊的数学工具，大致描述事物的状态趋势，因为是粗线条的，所以无法避免不确定性，而要实现精确制导，关键在于建立微数据价值评价系统。

（6）企业软实力理论的核心是为公司谋求创造未来的价值，这与巴菲特未来价值折现的投资方法不谋而合，也再次验证了自《软实力：中国企业的破局之道》出版以来，作者所提出的一系列企业软实力理论符合企业价值实践的全球趋势，是正确可行的。

（7）脱离“微物质”的企业文化注定没有生命力。从 20 世纪 80 年代以来，中国企业的企业文化做了 30 多年，但中国企业的经营质量还处在一个浅层次的水平上。为什么？就因为中国企业的企业文化是一场脱离核心价值的空头秀。尤其是央企，企业文化搞得风生水起，但操持企业文化的几乎是一些不懂公司价值的政工人员。一些央企的政工人员打着品牌、形象、社会责任的旗号，借助媒体资源的优势，大肆掺和、铺张、渲染形式主义的空头秀和花架子，其势头甚至盖过了企业的业务运营和价值创新。试想，这种类似“左”的文化土壤，能培育出价值长远的“微物质”吗?!

第三节 › 将“微物质”转化成大数据

尽管“微物质”在公司全部内容中只占1%的比例，但它几乎浓缩了公司价值的全部。如何将价值上的“微物质”转化成公司业绩上的大数据，这是本节要重点探讨的内容。

再论商业模式

能够将“微物质”持续放大成公司业绩的，必然是公司经营管理上一把独特的利器，这把利器在公司所有内容中的地位仅次于“微物质”。如果说，代表公司核心价值的“微物质”属于公司的最高级机密，那么放大公司业绩的这把利器则是属于公司的高级机密。作者将这把利器称为公司的黑匣子，通俗地说，就是公司的商业模式。

何谓商业模式？1997 年 10 月，硅谷最著名的风险投资顾问之一罗伯森·斯蒂文问中国著名高科技公司亚信的首席执行官田溯宁：“亚信的商业模式是什么？”田溯宁反问罗伯森：“什么是商业模式？”罗伯森很奇怪田溯宁作为首席执行官竟然不知道什么是商业模式。罗伯森向田溯宁解释说：“一块钱通过你的公司绕了一圈，变成一块一，商业模式是指这一毛钱在什么地方增加的。”这个例子形象地说明了什么是商业模式。

商业模式好比是一个黑匣子：一端输入资源，另一端输出产品/服务。价值在公司内部的流动方式往往鲜为人知。实际上，价值内部流动也就是资源整合、价值创新、资源增值的“化合”反应，这一过程是由商业模式的运作完成的。因此，读懂了公司的商业模式，也就破解了资源增值的黑匣子。其实，每个企业都有自己的商业模式，只不过大多数因为缺乏“微物质”而趋于同质化。成功的商业模式则体现公司的核心价值，不是简单的商业利润模式，而是商业价值模式。

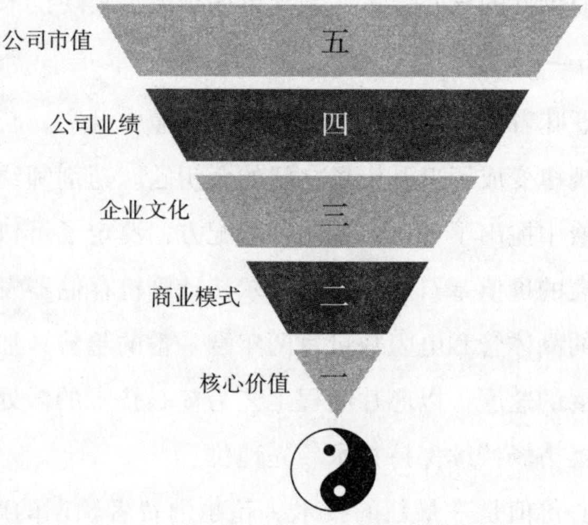

图1-7　公司“微物质”放大模型

资料来源：邓正红软实力研究应用中心。

“微物质”放大模型

按照老子的“道生一，一生二，三生万物”思想，作者创作了一个公司“微物质”放大模型（见图1-7）。模型按照放大层级顺序分为六个层级：第一个层级是零，即太极，代表“道”——规律；第二个层级是“一”，指1%的“微物质”——核心价值；第三个层级是“二”，指放大“微物质”的黑匣子——商业模式；第四个层级是“三”，指群体行动——企业文化；第五个层级是“四”，指员工群体共同创造的公司业绩；第六个层级是“五”，指公司业绩在股市所产生的公司市值。除了第一个层级，其他五个层级都用汉字标示，以尊重和体现老子的原创思想。

下面，我们来解读“微物质”放大模型。

1. *以零为始*

以零为始的太极囊括了万事万物变化发展的规律，是公司开启技术研发的智慧之源。公司只要遵循规律，细察世界之秋毫，持之以恒探索，必然会获得具有原创性的核心技术，领导市场潮流，实现技术掘金。

2. 破零为一

破零为一意味着公司突破混沌世界，从懵懂中开窍，获得掘金的原创技术，将造化规律变成了敲开市场之门的金钥匙。药剂师约翰·彭伯顿就是从混沌的溶液中搅出了可口可乐的神秘配方，奠定了可口可乐一个多世纪以来兴盛不衰的价值基石。戈登·摩尔从计算机存储器发展趋势中发现了芯片上集成的晶体管和电阻数量每两年翻一番的趋势，加快了英特尔芯片工艺升级发展的速度。以芯片制程工艺为核心技术的微处理器，使英特尔在全球处理器市场持续保持技术领先地位。

苹果的核心价值是“最新的技术＋超越消费者预期的产品设计”，苹果公司每年只能开发出一至两款产品，但是每一款产品都力求将最新科技发挥到极致。当然，苹果非常重视对“微物质”的保密工作，过去苹果一直以小众和封闭著称，完成大众化的转身后，苹果仍然自成一体，牢牢掌控核心资源和核心能力，比如利润率最高的设计、渠道和销售环节，而且苹果的硬件、操作软件和 iTunes、App Store 等渠道平台只适用于苹果自身，公司“微物质”对内开放，对外界的厂商实行技术封闭。这一点令微软、谷歌等新老对手感到极为恼火。

3. 以一生二

公司通过合适的商业模式，释放“微物质”蕴藏的价值能量，放大核心价值，并将其转化为源源不断的产品和服务，以更少的投入创造更多的价值，使公司持续获得超额的增值利润。“微物质”是公司的价值法宝，商业模式则是公司盈利的利器。可口可乐就是通过装瓶特许经营的商业模式，扩大海外市场，将神秘配方的价值持续放大，2013 年可口可乐品牌价值高达 792.13 亿美元。

沃尔玛本身不生产“微物质”，它的“微物质”就是将全世界那些最具核心价值的商品集中到一块，为顾客提供价廉物美的商品和服务，这一切是通过一套系统、快捷、精确的物流运营模式实现的。因此，沃尔玛的成功不在“微物质”，而是它的商业模式。如今，沃尔玛通过运营别人的核心价值，自己的品牌价值高达1410.17亿美元。

在《再造美国》一书中，作者将苹果异军突起式的出名形容为“一夜暴富”。苹果成立于1976年，在业界沉寂30年后，直到2006年才进入财富世界500强第492名，而后一发不可收，业绩节节高涨，2013年以1565亿美元的营业额进入财富世界500强第19名。不可否认，苹果的辉煌业绩得力于将自己的核心价值，以接近极限的方式放大，而价值放大的成功因素则归功于苹果对商业模式的创新。利用“iPod + iTunes”的组合，苹果创造了一个全新的商业模式，即将硬件、软件和服务融为一体，将先进的技术、合适的成本和出众的营销技巧相结合。“iPhone + AppStore”的商业模式创新更是适应了手机用户对个性化软件的需求，从而使得手机软件业开始进入了一个高速发展的空间。iPod + iTunes、iPhone + AppStore、iPad先后改变了传统音乐、手机和出版行业，建立了这三个行业的新秩序。

商业模式的创新确保了苹果两条获利途径：一是靠卖硬件产品来获得一次性的高额利润，这为苹果提供了绝大部分的利润来源；二是靠卖音乐和应用程序来获得重复性购买的持续利润，以及获得运营平台的报酬。

当然，不管创新的商业模式魔力有多大，万本归源，这一切得力于苹果“微物质”所蓄积的巨大价值能量。由于优秀的设计，以及超过10万计的音乐和应用程序的支持，无论是iPod、iPhone还是iPad，都要比同类竞争产品的利润高很多。同样，由于有上面这些卓越硬件的支持，那些应用程序也更有价值，也就更能促进新程序和软件的开发，拉动更多更好的内容进入苹果的供应链。据2013年全球品牌权威机构Interbrand公布，苹果品牌价值高达983.16亿美元。

4. 以二生三

就是公司全体员工按照商业模式规定的价值准则和行为规范开展工作，所产生的文化氛围和文化现象。商业模式的运作，最终是实现价值的放大和业绩的提升，而这个过程是通过人的工作来实现的。如果把公司“微物质”的放大比作一场好戏，那商业模式则是事先经过精心设计而搭建的一个舞台，每个员工都是这个舞台上的演员，戏唱得好不好，能否博得观众（顾客或者客户）的喝彩和青睐，就取决于每个员工的表演质量。老子说的“三生万物”，“三”原指事物本体的多，这里指的是公司员工群体，“万物”指的就是公司的业绩和市值。“万物”能否生出来，就看商业模式的运作质量，就看全体员工践行商业模式的用功程度。员工在创造公司绩效的同时，也在创造公司的文化。在核心价值与绩效之间，员工起着至关重要的承上启下作用。所以，商业模式的作用首先是规范人的行为，其次才是业绩的提升。商业模式运作得如何，首先可从一个公司所表现出的文化现象得到评价。

商业模式是围绕价值展开的，包括四个要素：客户价值、赢利途径、关键资源和关键流程。其中，客户价值是指公司能为客户带来什么不可替代的价值，赢利途径是指公司如何从为客户创造价值的过程中获得利润，关键资源是指公司内部如何汇聚资源来为客户提供价值，关键流程则是指公司如何在内部以制度和文化确保客户价值的实现。客户价值和赢利途径分别明确了客户价值和公司价值，关键资源和关键流程则描述了如何实现客户价值和公司价值。由此也可得知，企业文化既是商业模式的组成部分，又是商业模式运营中产生的行为现象。所以，从根本上说，企业文化可以归结为商业模式的内容，只是它处于商业模式的外层而已。

苹果业绩仅在几年内突飞猛进，其中企业文化的作用功不可没。大家看苹果推出的一连串产品，最显著的特征就是创新，这与苹果创新商业模式所引发的创新文化有很大关系。苹果的关键流程则是鼓励创新的公司制度、企业文化和日常管理工作，再加上优秀的产品设计人员、优秀的产品营销人员，这些要素相互影响并相互转化，就形成推动苹果创新的“动力火车”，确保苹果的创新具有可复制性和扩展性，从而不断开发出类似于iPhone 和 iPad 这样的伟大产品。

创新的本质在于差异化，苹果善于引导个人主义，以员工个人化来塑造公司文化和创新能力，通过创造可以“以下犯上”、娱乐和自由的工作环境，激励员工随时随地随便提出新主意来创造差异。因此，苹果偏重于雇用那些有思想、懂得自我激励的人。乔布斯曾经把研发人员的名字刻在Macintosh 计算机的机箱的内壁上，以此突出个人成就，并告诉员工，伟大的艺术家总是把名字刻在自己的作品上。因而，员工们坚信公司正在引领技术潮流，产生新突破。

5. 以三生四

这个“四”就是公司创造的第一个“万物”即公司业绩。如果公司文化与商业模式运营配合得当，产生卓越业绩是必然的。沃尔玛高效、快捷、精确、方便、灵活的物流模式培育出了追求超一流服务的卓越文化，营业额自从 1995 年突破 1000 亿美元后，销售业绩像宇宙一样持续膨胀，到 2013 年，营业额高达 4762.94 亿美元，真是让人叹为观止的大数据！苹果一以贯之的创新文化加上商业模式创新，二者结合如虎添翼，公司业绩继 2011 年实现“一夜暴富”，营业额突破 1000 亿美元，2012 年营业额高达 1565 亿美元，尤其是净利润达到 417 亿美元。在 2013 年财富世界500 强排行榜中，苹果盈利仅次于埃克森美孚的 449 亿美元，营收也再攀新高达 1709 亿美元。所以，苹果的业绩也堪称了不起的大数据！

6. 以四生五

这个“四”不仅代表公司业绩，更是“一、二、三”软实力的累积，如果第五层所说的“四”单指公司创造的硬实力，那么第六层以四生五的“四”则是公司的综合实力，因此，这里生出的“五”就是公司创造的第二个“万物”即公司市值。可以这么讲，企业文化是公司在内部产生的人气，而公司市值则是公司在外部赢得的人气。当然，公司首先要赢得内部人气，才能创造卓越的财气（比如营收、利润等），赢得外部超高的人气。这也是那些卓越公司长盛不衰的最高秘诀。同样，如果一个公司能持续创造外部超高的人气（即拥有大数据特征的公司市值），并且外部人气能持续超越公司财气，那么，这样的公司被称为世界超一流的卓越公司也当之无愧！

表 1-2　**2012 年人气超财气的美国公司**　单位：亿美元

排序	公司名称	公司财气		公司外部人气		价值放大比例
		营业额	净利润	市值	人气等级	市值/营业额
1	苹果	1565.08	417.33	5439.20	超高	3.475
2	谷歌	501.75	107.37	2455.20	高	4.893
3	微软	737.23	169.78	2396.70	高	3.251
4	IBM	1045.07	166.04	2334.80	高	2.234
5	通用电气	1473.59	136.41	2316.90	高	1.572
6	辉瑞	589.86	145.70	2034.50	高	3.449
7	强生	672.24	108.53	1979.90	次高	2.945
8	宝洁	836.80	107.56	1733.20	次高	2.071
9	可口可乐	480.17	90.19	1641.02	次高	3.418
10	甲骨文	371.21	99.81	1485.50	次高	4.002
11	亚马逊	610.93	-0.39	1197.40	次高	1.960
12	百事	654.92	61.78	1120.50	次高	1.711
13	英特尔	533.41	110.05	1021.00	次高	1.914
14	思科	460.61	80.41	1007.50	次高	2.187

资料来源：邓正红软实力研究应用中心。

解读美国超一流的卓越公司

在众多卓越的美国公司中，能够称得上超一流的为数不多。表 1-2 是按照 2012 年各公司的年度财报以及年度财报期末的公司市值，列出的外部人气超过公司财气的14家美国超一流的卓越公司。当然，埃克森美孚、沃尔玛、雪佛龙、麦当劳、迪士尼、波音、卡特彼勒、通用汽车、福特汽车等知名跨国公司也是世界一流的卓越公司，但未列入表中，因为作者在这里有一个严格的筛选标准：首先公司市值要达到1000亿美元以上，只有如此，才能算价值巨大；其次公司市值要超过公司营业额，这样才能显示公司“微物质”的价值放大效应，让人切实感觉到公司超高的外部人气。按照这两个标准，埃克森美孚、沃尔玛、雪佛龙的公司市值虽然超过了1000亿美元，但公司市值并未超过公司营业额，因此没有进表；而麦当劳、迪士尼、波音、卡特彼勒、通用汽车、福特汽车等公司虽然业绩不错，但公司市值没有达到1000亿美元，因此也未进表。

表1-2所列卓越公司按市值排序，苹果位居第1，市值5439.2亿美元，属于超高人气；其下的谷歌、微软、IBM、通用电气、辉瑞等5家公司的市值在2000亿~2700亿美元之间，属于高人气；余下的强生、宝洁、可口可乐、甲骨文、亚马逊、百事、英特尔、思科等8家公司的市值在1000亿~2000亿美元之间，属于次高人气。但从价值放大比例看，谷歌最高4.893，其次是甲骨文4.002，第三是苹果3.475，第四是辉瑞3.449，第五是可口可乐3.418，通用电气排名最后1.577。价值放大比例越高，说明公司价值放大的质量也越高，反映了投资者对公司价值潜力和运营水平的客观评价。

据2013年10月28日收盘价显示：谷歌股价为1015.20美元，总市值3391.70亿美元，比上年期末市值增加936.50亿美元，涨幅达38%；甲骨文股价33.15美元，总市值1539.68亿美元，比2012财年期末市值增加54.18亿美元，涨幅3.6%；苹果股价529.88美元，总市值4764.71亿美元，比2012财年期末市值减少674.49亿美元，减幅达12.4%；辉瑞股价30.74美元，总市值2035.08亿美元，与上年期末市值基本持平；微软股价35.57，总市值2969.37亿美元，比2012财年期末市值增加572.67亿美元，涨幅24%；可口可乐股价39.61美元，总市值1749.20亿美元，比上年期末市值增加108.18亿美元，涨幅6.6%；通用电气股价26.09美元，总市值2663.10亿美元，比上年期末市值增加346.20亿美元，涨幅15%。从前5名和最后一名的公司市值变化看，谷歌涨幅最大，其次是微软，第三是通用电气。苹果的价值放大可能已达极限，物极必反，因而市值出现负增长，这说明核心价值的放大是有边界的，公司做大绩效要把握一定的度。甲骨文、可口可乐市值小幅上涨，这与两家公司一贯的成长风格比较吻合，甲骨文是乌龟级成长，走得慢，但走得有质量；可口可乐则属于持续稳定增长。辉瑞处在经营转型期，正在调整和重塑公司“微物质”，所以市值变化甚微。

不知大家是否注意了，表1－2中，亚马逊是唯一一家略有亏损的公司，但它的价值放大比例为1.960，超过通用电气、英特尔和百事，这3家公司的利润分别为136.41亿美元、110.05亿美元和61.78亿美元，公司市值也超过百事、英特尔和思科。这就引出一个问题，公司业绩增长了，公司市值就一定会增长吗？反过来，公司业绩下降了，公司市值就一定会下跌吗？不尽然。首先我们不要把投资者看得太简单了，像巴菲特在股价下跌时反而会大把买进价值潜力股，同样普通股民中具有巴菲特那样投资眼光的也不在少数，只不过资本实力不如巴菲特罢了。

实际上，多数股民还是看重公司价值潜力的。以苹果为例，2013财年营收较上年增长9.2%，利润下降11.3%，为370.37亿美元，从根本上说，苹果业绩在下滑，而相对应财报期末的公司市值为4694.00亿美元，比上年减少了745亿美元，减幅达13.6%。这说明股民很聪明，看到了苹果的原有价值放大接近极限，价值潜力的后劲明显不足，所以苹果必须加大价值创新，进一步强化核心价值，以确保未来有充足的价值放大空间。

亚马逊虽然亏损，投资者却继续放大亚马逊的市值，说明投资者并不在乎其的亏损。2013年10月25日，亚马逊刚刚公布第三季度财报，本季净亏损4000万美元，可投资人并不因为亚马逊的亏损感到丝毫担忧，其股价继续创下历史新高。财报公布后，亚马逊股价盘后大涨7%，公司总市值达1655.90亿美元，比上年期末市值1197.40亿美元，反而增加了458.50亿美元。亚马逊为何如此受到投资者的厚爱？据一位曾在亚马逊供过职的雇员透露，亚马逊的零售业务是盈利的，但总体亏损是因为根据其庞大的全球扩张计划，目前需要在全球各地的物流中心进行大量投资，为最终盈利打下坚实的基础。在美国，亚马逊每年进行大量资本开支，用于建设物流仓库等设施，就相当于“要想富，先修路”。对于物流基础设施不完善的国家来说，亚马逊投资基础设施，不仅可以自己用，还可以提供给本地的零售企业。美国媒体指出，未来的商业模式将是全球化的趋势，亚马逊正代表了这种未来的模式。和其他零售巨头相比，亚马逊国际化战略获得了成功，为未来业绩增长、股价上涨提供了空间。亚马逊现在可能没有盈利，但是掌门人贝佐斯相信，他的公司可以嗅到利润在何方，至少现在，华尔街和投资人力挺亚马逊，愿意和亚马逊携手同行。读者应该明白了，亚马逊所谓的亏其实是把赚来的钱用于投资基础设施，因此难以看到利润，不过这种投资是为放大亚马逊的核心价值而建构全球化的商业模式打基础的，聪明的投资者正因为看到了亚马逊在未来的巨大价值潜力，才对其宠爱有加。

2012年人气超财气的美国公司有14家，同样按照条件筛选，2013年美国有18家公司人气超财气（见表1-3），比2012年新增4家公司，它们是埃克森美孚、雪佛龙、高通和波音。对比两个年度的榜单排名，苹果的人气明显下降，2013年的市值较2012年减少745.2亿美元，人气等级由超高降至次超高，排名从第1降至第2，被新进的埃克森美孚超越。但是，2013年人气超高的公司空缺。2013年苹果人气下降，利润减幅达11%，表明苹果在2012年的超高人气已到顶峰，“微物质”放大已至极限，加之价值创新跟进缓慢，物极则必反。

表 1-3　　2013 年人气超财气的美国公司　　单位：亿美元

排序	公司名称	公司财气		公司外部人气		价值放大比例
		营业额	净利润	市值	人气等级	市值/营业额
1	埃克森美孚	4382.55	325.80	4706.80	次超高	1.074
2	苹果	1709.10	370.37	4694.00	次超高	2.746
3	谷歌	598.25	129.20	3590.00	高	6.001
4	通用电气	1460.45	130.57	2904.60	高	1.989
5	微软	778.49	218.63	2668.20	高	3.427
6	强生	713.12	138.31	2498.30	高	3.503
7	雪佛龙	2288.48	214.23	2462.10	高	1.076
8	辉瑞	515.84	220.03	2313.40	高	4.485
9	宝洁	841.67	113.12	2224.30	高	2.643
10	IBM	997.51	164.83	2026.60	高	2.032
11	可口可乐	468.54	85.84	1786.70	次高	3.813
12	亚马逊	744.52	2.74	1778.90	次高	2.389
13	甲骨文	371.80	109.25	1550.90	次高	4.171
14	思科	486.07	99.83	1425.80	次高	2.933
15	英特尔	527.08	96.20	1289.00	次高	2.446
16	百事	664.15	67.40	1282.90	次高	1.932
17	高通	248.66	68.53	1167.40	次高	4.695
18	波音	866.23	45.85	1024.90	次高	1.183

资料来源：邓正红软实力研究应用中心。

谷歌的 2013 年排名虽然比 2012 年后退了 1 位，由第 2 退至第 3，但谷歌的财气、人气指标均是上升，营收增长 19%，利润增长 20%，市值增长 46%，价值放大比例由 4.893 扩至 6.001，与苹果的市值差距由 2984 亿美元缩至 1104 亿美元。说明谷歌的人气正处于快速上升阶段。

在 2013 年 18 家美国公司中，亚马逊仍是获利最少的公司，利润仅 2.74 亿美元，但它排名第 12；新进的波音盈利 45.85 亿美元，但其人气排在最后一位第 18，当然波音盈利在 18 家公司中仅高于亚马逊。2012 年亚马逊人气排在甲骨文之后，2013 年则超越之。2013 年亚马逊市值同比增长 49%，比谷歌的市值增长还高出 3 个百分点。在美国公司人气排名中，亚马逊是一个最奇特的现象，盈利最少甚至长期亏损，但其市值居高不下，投资者对它的热情和兴趣不减，价值增长极为活跃，这也是本书要重点分析它的一个重要原因。

2013 年，虽然石油巨头埃克森美孚抢得了人气榜的头名，但是，按照美东时间 2014 年 5 月 27 日的股市收盘价，埃克森美孚市值较之 2013 年期末市值有所缩水，降至 4352. 40 亿美元，减幅为 7. 5%；苹果市值较之 2013 财年期末市值则出现回升，升至 5389. 05 亿美元，超过埃克森美孚，再次成为唯一的超高人气公司；谷歌市值进一步上升，增至 3817. 29 亿美元。按照公司人气排名条件，作者预测 2014 年美国人气超财气排名，前两名很可能仍是苹果和谷歌。埃克森美孚和苹果、谷歌是不同类型的两类公司，前者主要是资源加工，以满足市场为主，价值增长空间有限，而且受市场波动影响具有较高的不确定性；后者主要从事信息技术业务，通过技术创新引领市场需求，持续实现价值增长。因此，“微物质”放大在技术类公司中表现更为明显，谷歌、苹果都是创新和价值放大的高手，决定了它们在人气超财气的榜单上是数一数二的超一流软实力公司。

小结“微物质”放大模型

本节到此已对公司“微物质”放大模型作了详细的解读，下面作个小结。

（1）公司“微物质”放大模型体现了公司软实力转化为硬实力的过程，核心价值、商业模式、企业文化属于公司软实力范畴，公司业绩属于硬实力范畴，公司市值是对公司综合实力的客观评价。

（2）企业文化是为公司商业模式运营服务的，核心价值决定公司经营方向，商业模式决定公司经营命运，企业文化决定商业模式运营成败，企业软实力决定公司兴衰。

（3）核心价值的放大是有极限的，不可能无休止地放大，“一招鲜”不可能“吃遍天”，因此，公司要及时把握核心价值放大的度，且要保持持续的价值创新。

（4）聪明的投资者看重公司的价值潜力，为了核心价值的放大和建构商业模式，公司即使暂时出现亏损也是值得的，是可以理解的。

（5）公司业绩增长，公司市值不一定会提升；公司业绩下降，公司市值不一定会下降。公司市值的增长与公司价值潜力的增大是成正比的。

（6）将资本用于核心价值的放大和商业模式的运营，是将硬实力转化为软实力，持续下去，公司软实力必然给公司带来更佳的业绩和更多的价值回报。

（7）将核心价值放大到极致，如果没有相应的价值创新跟上，公司可能面临盛极而衰的战略危机。竭泽而渔最终的结果是破坏商业生态，于己于人都不利。

（8）营销方面保持一定的饥渴感，可以吸引消费者。同样，公司价值放大如果能保持一定的价值潜力空间，也可以吸引投资者。

（9）技术掘金首先要掌握核心技术，其次要创建适合公司“微物质”放大的商业模式。

第四节 › 撬起大数据的微数据

“微物质”是公司的基因

“微物质”经商业模式放大，可以为公司创造巨大的绩效。比如：

微软 1990 年的营业额 11.83 亿美元、利润 2.79 亿美元，经商业模式对核心价值的持续放大，2013 年营业额和利润分别达到 778.49 亿美元、218.63 亿美元，较 1990 年分别放大了 65 倍和 77 倍。

英特尔 1984 年营业额 16.29 亿美元、利润 1.98 亿美元，经商业模式对核心价值的持续放大，2013 年营业额和利润分别达到 527.08 亿美元、96.20 亿美元，较 1984 年分别放大了 31 倍和 48 倍。

思科 1991 年营业额 1.83 亿美元、利润 0.43 亿美元，经商业模式对核心价值的持续放大，2013 年营业额和利润分别达到 486.07 亿美元、99.83 亿美元，较 1991 年分别放大了 265 倍和 231 倍。

甲骨文 1990 年营业额 9.16 亿美元、利润 0.81 亿美元，经商业模式对核心价值的持续放大，2013 年营业额和利润分别达到 371.80 亿美元、109.25 亿美元，较 1990 年分别放大了 40 倍和 134 倍。

苹果 1982 年营业额 5.83 亿美元、利润 0.61 亿美元，经商业模式对核心价值的持续放大，2013 年营业额和利润分别达到 1709.10 亿美元、370.37 亿美元，较 1982 年分别放大了 292 倍和 606 倍。

列上述公司的业绩比对，主要为说明以下观点。

（1）公司“微物质”是确保公司持续发展的基石。

（2）公司业绩能够持续提升，说明核心价值的放大找到了合适的商业模式，也就是“微物质”与黑匣子合二为一。

（3）一个公司如果能持续做大做强，这家公司必定拥有不可告人的秘笈——“微物质”。

（4）一家公司如果拥有核心价值，但不善于经营，缺乏与之匹配的商业模式，这样的公司注定难以做大；同样，如果一家公司缺乏核心价值，但靠商业模式空壳运营，是难以获取高额利润的，这样的公司也难以持久。比如，做贴牌的生产厂家，由于自己没有自主知识产权，就只能赚微薄的加工利润；还有一类厂家，同样没有自主技术，也不生产，只是注册一个空壳品牌，将别人的产品贴上自己的牌子，这样的公司也是难以做大的。

（5）公司核心价值的放大就像太阳光辉，覆盖面越广，公司的业绩就越大。

（6）公司的核心价值本身具有穿越时空的潜质，如果公司能不断调整和创新商业模式，就能持续发展壮大；如果公司难以适应环境变化，固守陈旧的商业模式，业绩就会萎缩。比如柯达、摩托罗拉、通用汽车等老牌公司，虽然萎缩了，但公司的“微物质”仍在，主要吃亏在不善于经营。

（7）公司基业长青的标志不仅要看持续放大的公司业绩，更要看公司核心价值能否通过创新商业模式而保持永久的光辉。

从1%的“微物质”经商业模式到公司业绩大数据，就好比从海底冰山跃上海拔高达8844.43米的珠穆朗玛峰，这体现在公司运营中就是软实力，就是价值的力量。

从1%的微观到大数据的宏观，从力量上讲是极不对称的。当然，力量对称就显得平庸，只有不对称才能创造奇迹。大家应该记得阿基米德的那句名言：“给我一个支点，我就可以撬起整个地球。”对公司来说，有了“微物质”给它一个核心价值，它就能创造巨大的业绩。

用数据诠释软实力

随着对公司基因——“微物质”的探讨深入，一个更加科学的问题就浮出水面，就是如何把公司基因从海底捞出来，以精确的数据来诠释公司软实力，从而实现软实力与硬实力的量化比较，而不仅仅停留在对公司软实力的概念表达和理性阐述上。正是因为核心价值可以为公司创造巨大业绩，现在聪明的企业家和职业经理人已越来越关注软实力的作用机理，热切期盼软实力研究能够深入到以量化的数据来进行科学论证。

其实，对于软实力的量化分析，早在2000多年前老子就开始了，不过老子善于从复杂的现象中找出最本真、最简单的规律，所以老子对软实力的量化分析——“道生一、一生二、二生三、三生万物”就显得纯朴和简易，却很难满足当今大数据时代人们对数据的精确要求。作者的核心价值放大模型只是借老子的道理来说明软实力放大价值的简单流程，顶多算理论描述。

当今软实力研究是一大热门课题，如果公司软实力能从正确的理论描述跨入到精确的数据分析，无疑这是对公司战略学的一大科学创举。从实力特征或者状态看，硬实力是有形的，可量化的，而软实力则是无形的，难以量化的。软实力的无形有两个因素：一是公司对“微物质”的高度保密，二是软实力的作用体现在润物无声。从老子的“道生一”到可口可乐的1%神秘配方，无可置疑，软实力的量化特征是以微数据存在。而本书说的就是微数据时代的公司基因。读者可能会问：软实力的量化分析问题解决了吗？作者以为，如果没有解决软实力的量化问题，就来写这本书，那是对各位读者极端地不负责任和不尊重，说得好听是“忽悠”，说得不好听则是欺骗。不过，作者可以非常负责任地对各位读者说：经过两年多的数据收集和潜心研究，公司软实力的量化评价问题彻底解决了，接下来的章节，大家就会看到各大公司的微数据分析。

通过作者的数据模型计算出的公司软实力数据，都是以三位数的小数来表示的，作者称之为软实力指数，比老子笼统说的“一”还要小，因此软实力指数更加微小精准，所以叫它微数据，名副其实。

量化分析公司软硬实力不对称

软实力指数是对公司核心技术、商业模式运营和品牌价值的综合评价，它反映了公司盈利能力、整合能力和增值能力。那么公司微数据是如何撬起公司业绩大数据的呢？下面，我们不妨借着阿基米德的杠杆原理，对公司软实力与硬实力进行不对称的量化分析。

表1-4　　美国公司2012年的大数据和微数据

公司名称	大数据（单位：亿美元）		微数据
	营业收入	利润	软实力指数
埃克森美孚	4822.95	448.80	0.200
沃尔玛	4691.62	169.99	0.174
雪佛龙	2419.09	261.79	0.172
苹果	1565.08	417.33	0.390
通用汽车	1522.56	61.88	0.073
通用电气	1473.59	136.41	0.083
福特汽车	1342.52	56.65	0.057
IBM	1045.07	166.04	0.273
宝洁	836.80	107.56	0.215
微软	737.23	169.78	0.307

资料来源：邓正红软实力研究应用中心。

为了找出软实力指数与公司经营绩效的关联，我们不妨对2012年美国10家公司的大数据与微数据进行简单比对（见表1-4）。从表1-4所列数据的比对来看，不难发现以下情况。

埃克森美孚、沃尔玛营业额都在4000亿美元以上，堪称天文数据，属于一类恒星级公司（划分标准见本人所著《再造美国》一书），沃尔玛的营业额比埃克森美孚仅差131.33亿美元，在天文数据领域，两家的营业规模算得上旗鼓相当。但是，沃尔玛的利润比埃克森美孚却少278.81亿美元。这是为何？很明显，在营业额几乎同等规模下，埃克森美孚创造的价值要高于沃尔玛，埃克森美孚的软实力指数高于沃尔玛 2.6 个百分点，就是最好的说明。

苹果的营业额比雪佛龙少 800 多亿美元，但利润比雪佛龙多 155 亿美元，就因为苹果的软实力指数比雪佛龙高 21.8 个百分点，反映了资源型公司与技术型公司相比存在较大的价值差距。苹果是市场人气超过公司财气，雪佛龙则相反，是公司财气超过市场人气。2012 年财报期末苹果市值 5439 亿美元，超营业额 3874 亿美元，雪佛龙市值 2244 亿美元，比营业额少 175 亿美元。据 2013 年 11 月 1 日收盘，雪佛龙股价 119.96 美元，总市值 2279.98 亿美元；苹果股价 522.70 美元，总市值 4678.90 亿美元。2013 年美国公司人气排名榜，尽管苹果市值有缩水，雪佛龙市值在上升，但苹果市值仍高过雪佛龙 2232 亿美元。

通用汽车、福特汽车都有过 2008 年、2009 年金融危机的惨痛经历，通用汽车死过一回，福特则从死亡边缘上挺过来了，两家公司业绩比较接近，但是软实力指数较低，分别为 0.073、0.057，通用比福特的软实力高 1.6 个百分点。通用汽车公司在破产中抛下许多金融负担，与福特汽车相比赢得了一定的优势。通用自从重返上市以来，一直致力于转型，公司重心集中在设计、生产以及销售全球最好的汽车上，在美国市场推出了 18 款新或重新设计的车型，车型数量的增长正将通用从曾经最旧式的生产线转变成最新的生产线，由此增强了投资者对通用的信心，这是通用软实力指数高于福特的原因，也使通用的业绩超过福特。两家公司市值放大倍数较低，分别是 0.288 和 0.364，说明两家公司的价值放大做得不够，商业模式有待进一步改善和创新。

IBM 的营业额比通用电气少 420 多亿美元，利润却高出近 30 亿美元，原因是 IBM 的软实力指数比通用电气高出 19 个百分点，同是技术型公司，软实力反差很大。细心的读者会发现，通用电气的软实力指数仅比通用汽车多 1 个百分点。两个通用，软实力水平只是小微差异，营业规模比较接近。从运营质量看，通用电气的利润比通用汽车多赢 74 亿美元，放大倍数是 1.572，而通用汽车仅 0.288，通用电气的价值是实实在在放大，通用汽车的价值却高度缩水。这说明通用电气的商业模式比通用汽车更切合核心价值，运营更稳定更成熟更有质量。

通用电气与 IBM 相比，价值放大倍数低 0.662，为什么通用电气的营业额比 IBM 高出 420 多亿美元，放大倍数反而会低呢？说明通用电气运营的价值含量没有 IBM 高。虽然 IBM 的营业额不及通用电气，但盈利比通用电气高，这就是价值含量不同所带来的利润差异。这也说明，通用电气过分注重外围运营，运营增值却不高，因此盈利就打了折扣。

微软与宝洁相比，营业额少了近 100 亿美元，利润却高出 60 多亿美元。两家公司都是以价值创新著称，软实力指数都不低，微软 0.307，宝洁 0.215，但是，就因为微软的软实力指数高出宝洁 9.2 个百分点，多赢的利润就超出宝洁一半以上。高手在一起，自然以价值论高低，无可置疑，微软的价值含量高于宝洁。

为了方便读者熟悉公司大数据和微数据的比对，作者将表 1－4 的美国公司 2013 年的数据情况也相应地列出来（见表 1－5），读者不妨参照上述 2012 年的数据比对方法，对美国公司 2013 年的大数据和微数据进行比较分析，这里，就不深入分析了，供读者参考。

表 1－5　　美国公司 2013 年的大数据和微数据

公司名称	大数据（单位：亿美元）		微数据
	营业收入	利润	软实力指数
埃克森美孚	4382.55	325.80	0.204
沃尔玛	4762.94	160.22	0.174
雪佛龙	2288.48	214.23	0.169
苹果	1709.10	370.37	0.324
通用汽车	1554.27	53.46	0.081
通用电气	1460.45	130.57	0.097

续表

公司名称	大数据（单位：亿美元）		微数据
	营业收入	利润	软实力指数
福特汽车	1469.17	71.55	0.066
IBM	997.51	164.83	0.245
宝洁	841.67	113.12	0.244
微软	778.49	218.63	0.316

资料来源：邓正红软实力研究应用中心。

微数据如何撬起大数据

通过比对上述营业额在700亿美元以上、利润在50亿美元以上的美国10家公司，我们已大致了解公司大数据与微数据之间存在的关联，按照阿基米德的杠杆原理，微数据是如何撬起大数据的？可以得出以下结论。

1. 公司的一切业绩波动都与软实力直接相关

软实力指数直接反映了公司的价值运营水平，公司之间对标，可以通过软实力指数实现跨行业、跨规模的本质比较。软实力指数是所有公司通用的价值数据，财务三大通用报表（即利润表、资产负债表和现金流量表）是分析公司硬实力的通用工具，软实力指数则是分析公司软实力的通用工具。

2. 软实力指数是对公司价值的高度浓缩

它的一点微小变动，就像华尔街的一个小喷嚏，都可能引发全球金融风暴。软实力指数虽小，但只要有细微的变动比如0.1%，都可能会引发公司营业额上100亿美元、利润上10亿美元的变化。

3. 软实力指数不代表营业额水平

软实力指数越高，说明公司营业额提升的潜能越大，但并不意味着公司营业额就一定会达到某个高水平。软实力指数表明公司运作的价值含量，而运营价值的目的是获取由价值放大所产生的超额利润。按照软实力指数的指引，公司营业额就像放水，最终目的是通过放水来捞金、掘金。营业额放大到什么程度，取决于公司运作的价值含量，实际上价值含量决定了公司潜在的利润水平，如果无限制地放大营业额，只会稀释公司价值，降低盈利水平。

比如沃尔玛的零售，本身的价值含量就极低，从2002年到2013年，其营业额有8次做到全球第1，但利润始终没有突破200亿美元。微软2012年的营业额只占沃尔玛的15.7%，利润169.78亿美元却和沃尔玛169.99亿美元赚的一样；微软2013年的营业额也只占沃尔玛的16.3%，占比较上年仅提高了0.6个百分点，利润却达到218.63亿美元，同比增幅29%，而沃尔玛的利润160.22亿美元，同比减少9.77亿美元，减幅达6%。作者以为，如果沃尔玛仅仅是为赚这点利润而去放大营业额，那它这点钱就赚的很辛苦。当然，沃尔玛的运营绝对不是为了赚这点辛苦钱，至于它所承担的使命和最终目的，作者在《再造美国》一书已说得很清楚。

营业额的放大与商业模式的运转有直接关系。打个比方，商业模式就好比一台印钞机，印多少钞票不是商业模式决定的，而是取决于公司的价值含量。如果公司价值含量限定只能印1000张钞票，而印钞机每次运转只能出100张钞票，运转10次就够了。而你忽视这个规定，妄想印钞机运转次数越多出的钞票也越多，就开足马力让机器超负荷运转，结果印钞机超过10次之后的多次运转并没有多出1张钞票，反而增加了运营成本。现在有些技术型公司过分追求扩大营销，忽视了价值积累和价值创新，结果营业额在持续做大，利润却整体下降，就是商业模式超越价值极限、超负荷运营造成的。

比如苹果，2012年的营业额1565.08亿美元，利润达到417.33亿美元，从价值放大看，已经达到历史最高水平，也已到达价值含量规定的利润极限。2013 年，苹果营业额继续放大到 1709.10 亿美元，利润却急转直下降到 370.37 亿美元，很明显，苹果的"印钞机"开始陷入疲软，价值含量下降。营业额增长了 9.2%，利润却降了 11.3%，这是苹果创新不足、仍然过分扩大营销造成的。2013 年，虽然市场还处在一个上升期，苹果的出货量仍在增长，但是，iPhone 等产品创新已经到了瓶颈期，并且增长率已经减缓，好多消费者和用户选择了别的厂商的产品。外界传言，苹果将推出智能手表"iWatch"等新型产品来开拓市场，重回高速增长轨道。但是，iWatch"只听见脚步声，却不见人下楼"。在消费者市场上，面对安卓阵营的日渐强势，苹果只是采取修修补补式的防守战略，而不是激进地进行扩张。这些情况表明，苹果自创始人乔布斯去世后，价值创新跟不上，停留在吃老本上，面对新的市场竞争，已显得捉襟见肘，底气不足。从苹果软实力指数看，2012 年软实力指数是 0.390，2013 年降到 0.324，整整跌了 6.6 个百分点，相当于软实力指数每跌 1 个百分点，苹果就要减少 7 亿美元的利润。

4. 公司之间可以进行软实力指数对比

通过软实力指数对比，可了解彼此的价值优势和价值差距，及时调整和完善运营价值战略，按照价值含量的要求，确定合理的商业模式及其运转频次，以更少的投入创造更大的价值、获得更多的利润回报。

（1）苹果和微软的实力指数对比

首先看看 2011～2013 年苹果与微软的软实力指数比对（见表 1－6）。2011 年苹果软实力指数已达较高水平 0.386，商业模式运转频次创 2008 年以来的最高纪录 0.93 次，因此，苹果营收首次突破 1000 亿美元，利润首次突破 200 亿美元，这是多年来价值创新积累通过商业模式放大而创造的最高业绩。2012 年苹果软实力指数略有提升，为 0.390，商业模式运转也略有减缓，为 0.89 次，营收较上年增幅达 44.6%，利润增幅达 37.9%，价值放大比例创历史最高水平，为 3.475。这得力于将剩余价值潜力继续高度放大，因而营收和利润均实现大幅提升。不过，这一年苹果的价值潜能释放已到达极限，因为商业模式运转速度已由历史最高转向减缓。2013 年，由于缺乏实质性的创新投放市场，苹果价值放大成强弩之末，商业模式运转继续减缓，营收虽有一定增长，但利润减幅达 11.3%。这说明，苹果没有新的价值潜能释放，商业模式的运转只是复制已有的价值，况且市场日渐饱和，高频次的商业运转受到限制，因此，利润急转直下。2012 年苹果软实力指数仅提高 0.4 个百分点，2013 年却下降 6.6 个百分点，价值放大较上年缩水达 21%。

表 1－6　2011～2013 年苹果与微软的软实力指数比对　单位：亿美元

年份	苹果				
	软实力指数	营业收入	利润	价值放大比例	商业模式运转频次
2011	0.386	1082.49	259.22	3.402	0.93
2012	0.390	1565.08	417.33	3.475	0.89
2013	0.324	1709.10	370.37	2.746	0.83
年份	微软				
	软实力指数	营业收入	利润	价值放大比例	商业模式运转频次
2011	0.344	699.43	231.50	3.101	0.64
2012	0.307	737.23	169.78	3.251	0.61
2013	0.316	778.49	218.63	3.427	0.55

资料来源：邓正红软实力研究应用中心。

苹果的情况表明，高频次的商业模式运转会将价值放大带来的超额利润吃干榨尽，毫无创新地重复高频次的商业模式运转，利润将每况愈下，商业运转也会受到影响而减缓，使营业增长放慢。而 2012 年的价值含量只提高了 0.4%，苹果利润就增加了 158 亿美元，再次证明，软实力指数的细小提升能为公司带来巨大的经济效益，微数据就是这样撬起大数据的。当然，价值含量的提升有赖于价值的放大，只有与高频次运营的商业模式结合，才能创造最大化的利润。

与苹果激进式的运营相比，微软的商业模式运营则比较平稳、和缓，2011 年至 2013 年的商业模式运转频次分别为 0.64、0.61、0.55，运营也在逐步放慢，微软的最高频次比苹果的最低频次还要低 0.28 次，但微软的价值放大比例却逐年增大，分别是 3.101、3.251、3.427，说明微软的营业模式具有较大的价值潜能，而且不是一次性极限式的释放，是按照价值含量确定运营频次，以限量放水攫取最大化的利润。苹果 3 年的利润率分别为 23.9%、26.7%、21.7%，微软的利润率分别为 33.1%、23%、28.1%，只有 2012 年利润率略低为 3.7 个百分点，2011、2013 年的利润率都大大超过苹果。读者要明白，2011 年苹果的业绩进入顶峰，2012 年则进入最后的疯狂阶段，苹果想尽一切办法开足马力驱动商业模式，利润和价值放大均达到巅峰。市场竞争如此惨烈，作为对手的微软以其厚重的经营风格，决不会与其针锋相对，自然要避开苹果的锋芒而养精蓄锐。市场蛋糕只有一块，如果对手采取最大化的手段来分割，必然冲击到自己的业绩，这也是零和博弈的道理，别人多赚到的那一块钱，就是自己减少的那一块钱。2012 年苹果利润增幅 37.9%，微软利润减幅则达 26.7%。当然，苹果不光抢走了微软的利润，还有英特尔、三星、LG、索尼、诺基亚、摩托罗拉等竞争对手。2012 年微软的软实力指数下降了 3.7 个百分点，主要是商业模式运营没有新的突破，尽管如此，微软的价值放大比例却比上年提高了 0.15，说明投资者仍然看重它的价值潜力，并且微软也一直在潜心技术研发和价值创新，比如向云计算业务进军。2013 年苹果业绩开始走下坡路，微软的业绩却是“潜龙”雄起，除了营收小幅增长 5.6%，利润净增 48.85 亿美元，增幅达 28.8%，软实力指数为 0.316，与苹果只差 0.8 个百分点，价值放大比例提高了 0.176。

微软的情况表明，在价值限量的条件下运转商业模式，营业额出现大幅增长的几率不多，但只要运营质量高，利润大幅增长是必然的；公司只要坚守核心价值，循序渐放，避免极限运营，就会赢得持续稳定的超额利润。不过，商业模式运转频次也不能太缓，否则影响价值放大，失去赚取利润的良机。我觉得微软 0.5～0.6 的运转频次比较符合本身的价值放大要求。

表 1－7　2010～2013 年通用电气与 IBM 的软实力指数比对　单位：亿美元

年份	通用电气				
	软实力指数	营业收入	利润	价值放大比例	商业模式运转频次
2010	0.070	1502.11	116.44	1.309	0.20
2011	0.074	1473.00	141.51	1.277	0.21
2012	0.083	1473.59	136.41	1.572	0.22
2013	0.097	1460.45	130.57	1.989	0.22
年份	IBM				
	软实力指数	营业收入	利润	价值放大比例	商业模式运转频次
2010	0.248	998.70	148.33	1.912	0.88
2011	0.263	1069.16	158.55	2.037	0.92
2012	0.273	1045.07	166.04	2.234	0.88
2013	0.245	997.51	164.83	2.032	0.79

资料来源：邓正红软实力研究应用中心。

（2）通用电器与微软的软实力指数对比

再看 2010～2013 年通用电气与 IBM 的软实力指数比对（见表 1－7）。上面说的苹果、微软两家公司，软实力基本相当，差异在于价值放大的速度。通用电气与 IBM 的比对就不一样，两家公司的软实力相差过于悬殊，通用电气的年均软实力指数为 0.081，IBM 的年均软实力指数为 0.257，通用电气的软实力比 IBM 低 17.6 个百分点，正因为软实力指数非常低，所以通用电气的商业模式运转非常吃力，运转频次仅在 0.20～0.22，说明通用电气摊子太大、包袱太重，运营起来比较艰难。所谓摊子大，可能是多元化经营所致，包袱重则说明运营效率不高。通用电气每年的营收超 IBM400 亿～500 亿美元，但每年利润却比 IBM 少 17～34 亿美元。2010～

2013 年，通用电气的利润率分别为 7.8%、9.6%、9.3%、8.9%，IBM 的利润率分别为 14.9%、14.8%、15.9%、16.5%。同样，通用电气 4 年的年均价值放大比例比 IBM 小 0.517。很明显，通用电气营收高盈利不高，是价值含量低造成的。

IBM 软实力指数高，得力于它持续强大的创新实力。在 2013 年 IBM 共计获得 6809 项专利，较 2012 年的 6478 项增长 5%。2000 ~ 2013 年 IBM 专利数量年均增长率为 10%。1993 ~ 2013 年，连续 21 年排名美国专利数量第一，每年的授权专利费用收入约为 10 亿美元。IBM 富足的价值创新和价值积累，决定了它有足够的价值底气进行高频次、有质量的商业模式运转，4 年来的年均运转频次为 0.87，与苹果的运营速度基本相当。当然，在高频次运转中，IBM 仍然注意限量放水，控制运营成本，防止营业额虚增，因此能在较低的营收中捞到较高的利润。总之，通用电气与 IBM 的利润差异主要是由于软实力过于悬殊，同时，商业模式的运营质量和运转频次也是很重要的因素。

|第二章|

基因定位：微数据放大的艰难历程

上世纪90年代，美国诞生了数以千计的互联网公司，但经历了2000~2001年那场网络泡沫危机后，至今仍然存活的所剩无几，雅虎就是其中的佼佼者。在泡沫经济高峰期1999年，雅虎以5.9亿美元的营收赢得了1291亿美元的公司市值，创造了互联网史上的股市神话，也是雅虎历史上唯一一次出现的大数据。但是，雅虎现时的境遇远不如从前，从1995年成立历经18年的发展，到2013年雅虎的营收仍只有46.8亿美元，市值为455亿美元，到2014年5月28日雅虎市值滑至350亿美元。

泡沫经济破裂后，雅虎市值由四位数的大数据收缩至两位数的小数据99亿美元。雅虎曾几次努力做大营收，欲再创股市辉煌，结果不但没有创造大数据，反倒业绩萎缩，公司日渐走向衰落。这是为何？本章运用“微物质”放大模型和软实力指数分析工具，深入解剖雅虎18年来的发展历程，找出了雅虎做不大的症结——公司基因出了问题。雅虎的发展过于功利和短视、内部官僚主义横行、效率低下、错失发展机遇、技术缺失、战略迷失、首席执行官频繁更换，更为致命的是忽视了互联网经济转型时代的客户体验。所有这些问题使得雅虎的软实力指数持续下滑，公司业绩每况愈下，在激烈的网络竞争中举步维艰，被谷歌、脸谱等后起的互联网公司远远地抛在后面。至今，雅虎仍在微数据放大的路上艰难跋涉。

第一节 › 泡沫经济下的畸形价值

反思美国互联网泡沫

1998 年至 2000 年美国爆发了互联网泡沫经济，一批网络公司的市值被股民推向顶峰，其价值放大比例均创各公司历史最高水平。表 2－1 列出的 10 家美国公司，除了谷歌的最高价值放大比例发生在 2005 年，其他 9 家美国公司的最高价值放大比例均发生在 1998 到 2000 年间，而且网络技术公司占了 7 家。10 家美国公司按价值放大比例排名，前 1～8 名都是网络公司，辉瑞、可口可乐分列第 9 和第 10 名。

表 2－1　美国公司历史最高价值放大比例排名

排序	公司名称	历史最高价值放大比例	年份	软实力指数
1	雅虎	219.396	1999	0.684
2	亚马逊	27.796	1998	0.607
3	思科	24.154	2000	0.580
4	甲骨文	22.624	2000	0.660
5	谷歌	20.653	2005	0.581
6	微软	16.131	1999	0.570
7	高通	13.186	2000	0.502
8	英特尔	8.629	1999	0.486
9	辉瑞	7.818	1998	0.487
10	可口可乐	6.101	1998	0.478

资料来源：邓正红软实力研究应用中心。

在泡沫经济期间，美国公司的价值放大比例创历史之最，不可否认，这其中有股市畸形发展的因素，比如投机商的大量炒作和大批股民的盲目跟风，造成公司市值过度虚高的状况。不过，我们冷静地想一想，苍蝇不叮无缝的蛋，股民不盯无价值的公司，可以肯定的是，这些公司至少都拥有自己的核心价值，股民才能看上眼，只是这些“微物质”被泡沫经济高度放大了。

所谓泡沫经济是指，由于宏观经济环境宽松，比如政府为启动经济增长，降低利息，放松银根，刺激投资和消费需求，投资者往往将持有的大量资金投到有保值增值潜力的资源上，推动经济加速发展，造成表面上的经济繁荣。比如金融证券、地产价格飞涨，投机交易极为活跃，而繁荣的背后则是虚拟资本过度增长与相关交易持续膨胀日益脱离实物资本的增长和实业部门的成长，使得经济运行状态像泡沫一样，商品价格严重偏离商品价值，先暴涨后骤跌最后泡沫破灭，导致社会震荡，甚至经济崩溃。

泡沫经济的特点是资产价值超越实体经济。我们来看看 1998～2000 年美国泡沫经济期间，雅虎、亚马逊、思科、甲骨文、微软、高通、英特尔等 7 家网络公司的资产价值超越实体经济的情况（见表 2－2）。

表 2－2　泡沫经济期间美国公司的营业收入与公司市值比对　单位：亿美元

公司名称	年份	实体经济	资产价值	价值放大比例
		营业收入	公司市值	
雅虎	1999	5.89	1291.38	219.396
亚马逊	1998	6.10	169.50	27.796
思科	2000	189.28	4571.92	24.154
甲骨文	2000	101.30	2291.80	22.624
微软	1999	197.47	3185.45	16.131
高通	2000	31.97	421.52	13.186
英特尔	1999	293.89	2535.93	8.629

资料来源：邓正红软实力研究应用中心。

1998 年，网络零售商亚马逊的营业额 6.1 亿美元，公司市值高达 169.5 亿美元，超过当时有 113 年历史的老牌零售公司西尔斯的 158 亿美元。此时，亚马逊成立才3年，公司股票上市不到两年，而西尔斯的营业额413.22亿美元，是亚马逊的67倍多。

1999年，雅虎仅凭5.89亿美元的营业额就赢得高达1291.38亿美元的公司市值，创造了互联网资产价值的奇迹。

1999财年，微软营业额197.47亿美元，财报期末（1999年6月30日）公司市值达3185.45亿美元。值得注意的是，在1999的自然年度中，微软创造了公司市值高达6205亿美元的历史性纪录，这一纪录足足保持了13年，直到2012年苹果公司市值达到6230亿美元时才被打破。

1999年，英特尔营业额293.89亿美元，年末公司市值2535.93亿美元。这一年，英特尔公司市值突破了5000亿美元，最高峰为5090亿美元。

2000财年，思科营业额189.28亿美元，财报期末（2000年7月31日）公司市值达4571.92亿美元，但这还不是该年度的最高纪录；2000年3月27日，在纳斯达克股市上，思科股票价格达到创纪录的每股80.06美元，公司总市值达到5554.4亿美元，超过微软。当时的分析家们认为，思科成为全球市值最高的公司是网络时代来临的又一个重要标志。瑞士信贷第一波士顿公司分析家保罗·温斯坦预计，思科可望成为全球第一家市值超过1万亿美元的公司。

2000财年，甲骨文营业额101.3亿美元，财报期末（2000年5月31日）公司市值达2291.8亿美元。

2000财年，高通营业额31.97亿美元，财报期末（2000年9月30日）公司市值达421.52亿美元。

上述7家公司营业额与公司市值的比对，反映了当时美国互联网泡沫经济的冰山一角。它们的共同特点是，公司市值被炒得超高，而公司的业绩却极低。透过股市不正常的操作，我们不能不思考一个问题，是什么因素促使股民如此狂热地炒作这些公司的股票？作者以为，首先最根本的动因是利益驱使，股民是无利不起早的，大家看到了互联网的发展趋势，使股市淘金热潮由传统制造技术公司转向网络技术公司。其次是股民投资观念的变化，以往股民投资主要看公司业绩，业绩增长快的公司股票成为股市买家的首选，或许是受巴菲特投资方法的影响，越来越多有资金实力的投资者更看重公司的“微物质”和价值增值潜力，由投资短期的业绩股向长期的价值股，将持有的大量资金投到有保值增值潜力的资源上。

巴菲特投资过人之处，就是善于发现那些有价值潜力的公司所拥有的核心价值。互联网经济的兴起，大家都在睁大眼睛捕捉这一领域的“星星之火”，而像雅虎、亚马逊、思科、甲骨文、高通这些年轻的网络科技创业公司无疑是股民追捧的重点对象。“小荷才露尖尖角，早有蜻蜓立上头”，在人们看来，这些公司刚入市就已表现出不同凡响的网络创新，注定会成为引领网络经济的弄潮儿。

大潮初起，年轻的网络公司都拥有自己的独门绝技，被众多的“巴菲特”捕捉到了，加上股市分析家们的推波助澜，网络泡沫就这样吹起来了，并且越吹越大，于是，股市里一朵朵价值奇葩竞相绽放。

股市泡沫固然给经济带来震荡，网络公司的市值被极度地放大。但这并非网络公司的错，反而证明了这些公司在初创期就显示出极大的价值和生命力，因为它们拥有引领网络经济潮流的核心价值，仅凭“星星之火”的业绩，就吸引来无数的股市蜻蜓，这就是顺应经济发展潮流后，由“微物质”散发出的巨大的公司软实力。

由股市泡沫淘金，作者想起了美国18～19世纪的西部淘金热。当初，美国移民萨特在加利福尼亚的萨克拉门托附近发现了金矿，冒险商人、投机家布兰那将这条消息反复炒作，扩大到全世界，顿时美国沸腾，世界震撼。30万淘金者日夜兼程，蜂拥至加州，以图一夜暴富。有一本书是这样描述当时的场景的：“几乎所有的公司停止了营业，海员把船只抛弃在了圣弗朗西斯科湾，士兵离开了营房，仆人离开了主人，涌向金矿发源地，农民典押田宅，拓荒者弃垦荒地，工人扔下工具，公务员离开写字台，甚至连传教士也离开了布道所。”成千上万的淘金者使加利福尼亚人口猛增，也使得衣食住行变得陡然紧张，特别是服务业的发展无法满足社会的需要。1848～1851年间，美国批发商品的价格指数从847提高到1025。从1854年起，淘金热趋冷，大批淘金者撤离，真正淘到真金的寥寥无几，倒是一个叫亚默尔的农民专给淘金者做生活服务，每天为淘金的人们运送饮用水。别人淘金5年血本无归，他却净赚了1000万美元。

网络泡沫与淘金热极为相似。网络技术公司就好比一座待挖的金矿，经保罗·温斯坦这类分析家大肆渲染、鼓吹后，股民大量跟进，促使网络公司市值暴涨，最后真正获利的是那些背后操纵的投机商。

这里要说明的是，网络泡沫的原罪不在网络公司，而是股民的逐利心态。像亚马逊、思科、甲骨文、英特尔等网络公司的股票都是上等的好股，具有长期增值的潜力，但必须作为长线股来对待，必须长期持有，至少5年，而不是一两年，这也是对股民耐性的考验。

股民把公司市值炒起来，说明股民的眼光还是很准的。不过巴菲特说过“投资股票就像经营公司”，需要持久性。股民把长线股当作短线股炒作，确实勉为其难。这些公司的业绩只是“初露尖尖角”，营业规模都很小，有的甚至是亏损，比如亚马逊从1995年到2002年就连续8年亏损。雅虎从1996年到2001年连续6年的营业额累计只有27亿美元。公司业绩不佳，就难以坚定股民对其股票持久持有的信心，因此，股市在一阵高海拔的热闹之后马上陷入低谷，就出现了泡沫经济破裂，使那些有心赶上网络经济潮却无力抵御股市风险的网络公司大批倒闭，何其凄惨！

股民炒作网络公司股票，看起来好像是模仿巴菲特的投资方法——投资价值潜力股，但因为对新生的网络公司缺乏坚定支持的信心，到头来只是玩了一把“短期的巴菲特”，说到底还是对网络公司的实质价值缺乏深入的认知，相对于巴菲特对可口可乐、吉列股票的长期坚定持有，不过是叶公好龙罢了。因此，网络泡沫下的股民投资与巴菲特的投资方法是大相径庭的，绝无可比性。

股市是股民造就的，公司市值是股民推起来的。如果广大股民能够透过网络泡沫看清网络公司的软实力，做到理性投资，那么，股市产生一点泡沫也是正常的，而且美国网络科技在强大的社会资本推动下一定会出现迅猛的发展。可惜天公不作美，当时的美国政府可能也被狂热的股市迷惑了，没能及时加以管控和引导，最终导致经济危机。

网络经济泡沫的破裂就像大浪淘沙，从高海拔的价值高峰上跌落下来，能挺住存活下来，并实现业绩持续增长的公司，必定是卓越的。泡沫经济期间，雅虎、亚马逊、思科、甲骨文、微软、高通、英特尔等7家网络公司被股民捧为“价值明星”，价值放大比例均创最高水平，危机过后，它们依然循着各自的价值轨迹创造持续增长的业绩，公司市值从危机中的低海拔又逐渐迈向高峰。这足以说明，这些公司从一开始就具备不同凡响的潜质，使它们能够抵御风险，持续做大做强。这些公司的潜质也是股民热捧的，不过短视的股民没有坚持下来，半途而废，无法分享这些公司后续创造的巨大利润回报。

从泡沫经济中看卓越公司潜质

透过泡沫经济看卓越公司的潜质，就是看它们的软实力。我们常说，人小志气大。泡沫经济期间，这些公司“个小”（指规模）价值高；泡沫经济破裂，它们能挺住危机。这些奇迹的创造都来自于强大的软实力，软实力经营的特征就是注重价值、化解风险、持续发展。

经过深入研究卓越公司的历史最高价值放大比例，作者发现其中有一个共同的规律：卓越公司的价值放大比例一旦达到历史最高值，相应的软实力指数一般都在0.5以上或者接近0.5。0.5的软实力指数是一个什么概念？以苹果为参照，2012年苹果业绩创历史最好水平，利润率高达26.7%，但软实力指数只为0.390，换言之，0.5的软实力指数具有超越现在苹果的潜质，苹果的业绩做的大做的好，主要是商业模式运作成功。泡沫经济引发的“个小”价值高的现象，主要是小小的业绩从价值上被过度放大，而公司业绩不大的因素，主要是商业模式还处于发育阶段，因此就无法通过做大业绩来放大价值。公司业绩没做大，公司价值却被超级放大，超级放大的价值无疑是空的，这也是产生泡沫经济的原因所在。

表2-1所列的美国公司软实力指数都发生在公司价值放大比例达到历史最高值的年份。雅虎的软实力指数最高0.684，其次是甲骨文0.660，再就是亚马逊0.607，后面依次是谷歌0.581、思科0.580、微软0.570、高通0.502。上述软实力指数均超过0.5，即使最后的辉瑞、英特尔、可口可乐，它们的软实力指数都接近0.5，分别为0.487、0.486、0.478。

下面继续分析网络技术公司，为什么公司软实力水平高、市值高，运营规模却跟不上来？这些网络公司在价值放大比例达到最高值时，大致有一个共同特征：资源整合率不高。资源整合率不高，意味着公司的商业模式不成熟或存有缺陷，从而抑制了公司业绩的做大。泡沫经济期间，股民都是盯着价值潜力去投资炒作的，而价值潜力释放是通过做大业绩来体现的。当然业绩做大需要一定的时间，而这个正是一般股民难以等待的。

表2-3　　美国公司最高价值放大比例与资源整合率对照

公司名称	年份	最高价值放大比例	资源整合率
雅虎	1999	219.396	0.142
亚马逊	1998	27.796	0.786
思科	2000	24.154	0.194
甲骨文	2000	22.624	0.506
谷歌	2005	20.653	0.519
微软	1999	16.131	0.235
高通	2000	13.186	0.090
英特尔	1999	8.629	0.258

资料来源：邓正红软实力研究应用中心。

从表2－3可以看出，创造最高价值放大比例的美国公司，它们的资源整合率整体上并不高。亚马逊的整合率虽然最高0.786，但属于刚成立3年的创业阶段，整合业绩并不明显，1998年营业额6.1亿美元。其次是谷歌、甲骨文，整合率分别为0.519、0.506，在美国网络技术的整合运营中属于中等水平，也就是说，它们当年的业绩还算正常发挥。余下的5家公司整合率均没有达到0.3，高通最低0.09，雅虎次之0.142，英特尔、微软、思科的整合率则在0.2左右。

软实力指数高，整合率不高，说明公司有继续做大业绩的空间。“微物质”代表公司发展的基因，软实力指数代表公司成长壮大的价值尺度。如果说，潜质注定公司能做多大，而公司却没有达到相应的规模，这就是一种价值荒废，守着金山银山却捞不到足够多的金子银子，是非常令人惋惜的事。

1996～2001年，IBM的平均软实力指数为0.216，远低于新生的网络公司，平均资源整合率高达0.755，年均营业额达830亿美元；通用电气的平均软实力指数为0.109，更是低于新生的网络公司，平均资源整合率比IBM还高，达0.889，年均营业额达1063亿美元。经济危机期间，这两家公司的市值基本稳定，始终保持着较高的价位。

相比两家老牌技术公司，后起的网络公司在商业模式运营方面则显得稚嫩，这是股民对它们失去耐心的原因之一。但是，凡事有弊也有利，资源整合率低，说明从别人那里借来的资源少、负债率低，公司偿债能力是非常强的。这也是新生网络公司在泡沫破裂、资金链断裂的情况下，能够安然挺过难关的重要保证。

第二节 › “大数据效应”遭受重创

泡沫经济退潮后，雅虎的股价由1999年11月1日的最高价108.17美元跌至2001年9月4日的最低价4.41美元（见图2-1），之后12年多的时间，雅虎股价再也没有突破40美元。同样，雅虎的价值放大比例由1999年的历史最高值219.396跌至2001年18.774（见图2-2），2008年金融危机，雅虎的价值放大比例跌至历史最低值2.261，之后4年的放大比例虽是持续提高，但幅度很微弱，2012年的放大比例为4.685。不过，2012年IBM、通用电气、苹果的价值放大比例分别为2.234、1.577、3.475。读者可能要问：比起上述3家大鳄，雅虎的放大比例够高了，何以说雅虎价值低呢？

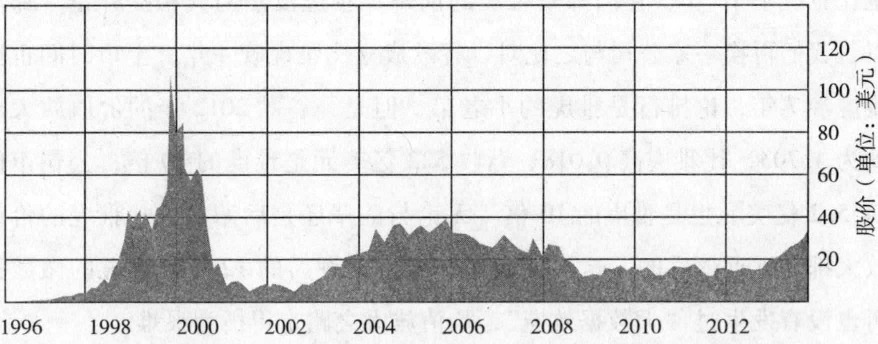

图2-1 雅虎股票价格走势（1996年4月12日至2013年11月1日）

资料来源：邓正红软实力研究应用中心。

读者应知道，公司市值尽管发源于核心价值，却是以公司业绩为基础的。上述3家公司的放大比例虽不及雅虎，但它们的营收均在1000亿美元以上，相应的公司市值都在2000亿美元以上，而雅虎的营收实在太低了，只有50亿美元，与大鳄们的大数据相比，几乎可以忽略。雅虎的放

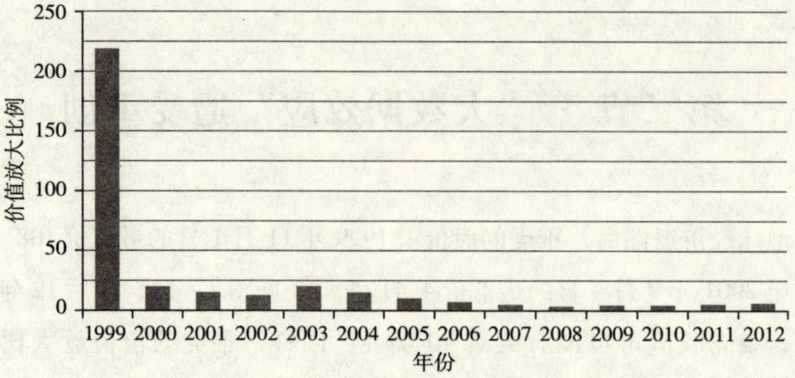

图 2－2　1999～2012 年雅虎价值放大比例

资料来源：邓正红软实力研究应用中心。

大比例虽高，就因为业绩低，就注定公司市值不可能发生“大数据效应”，实际也是如此，2012 年雅虎市值才 233.6 亿美元。

读者可能还要说，上述 3 家大鳄有两家是百年老店，成立最晚的苹果也比雅虎早 18 年，它们都是雅虎的前辈，雅虎没法与其相提并论。那可以，我们再换一家公司与之比对。谷歌成立比雅虎晚 4 年，上市时间也比雅虎晚 7 年，论排行是雅虎的小老弟，但是，谷歌 2012 年的价值放大比例为 4.703，比雅虎高 0.018，营收 522 亿美元是雅虎的 10 倍，公司市值 2455.2 亿美元也是雅虎的 10 倍。无论与前辈还是后辈相比，雅虎的价值放大都是远远落后的。这说明，泡沫经济退潮后的 12 年，雅虎的微数据再也没有发生过“大数据效应”，价值放大之路走得极为艰难。

2001 年 9 月雅虎股价跌至最低点，外界称其“流年不利”，是有原因的。这一年，雅虎最重要的盈利来源——网络广告市场陷入低迷，公司在几个月之内有 5 位负责国际业务的高级行政管理人员相继离职。批评人士指责雅虎在与最大的竞争对手——美国在线时代华纳的竞争中完全处于劣势，尤其是在传统广告市场上更是让对方占尽上风。首席运营官杰夫·马勒特则反驳称，雅虎除了简单的网上广告条幅之外，还向用户提供其他广告服务，包括电子邮件以及视频广告等。为此，雅虎不得不裁员12%，裁减掉420个工作岗位，实际裁员650人。首席执行官蒂姆·库格尔表示，雅虎将“集中尽可能多的资源用于利润最高的业务领域”，即定制门户设计和制作以及其他收费服务内容。裁员后公司每个季度可节省700至900万美元，再加上其他降低成本措施，公司每个季度缩减的开支可达2000万美元。尽管如此，雅虎全年实现营收仅7.2亿美元，较上年11.1亿美元的营收，减幅达35%，且亏损近1亿美元。

经济退潮后最能发现公司存在的问题。CIBC公司的分析师约翰·康科兰表示，诸多原因使得投资者不敢购买雅虎股票。他说：“该公司的高层管理人员接连辞职，这本身就是一个不利的现象，另外大规模裁员也预示着公司的经营存在问题。尽管雅虎一再表示经营前景良好，但我认为其负面因素远多于正面因素，因此其股票将持续处于压力之下。”在后来的10年，雅虎市值尽管有几年持续增长（2002至2005年），但因公司业绩没有实质性的做大，公司市值2005年放大到491.6亿美元后，就一直呈萎缩状态，到2011年降至184.1亿美元，这正应验了康科兰的分析“其负面因素远多于正面因素”“其股票将持续处于压力之下”。

以2005年雅虎公司市值为分水岭，2002至2008年雅虎公司市值轨迹就像正态分布（见图2-3），2008年市值下滑至163.2亿美元，营收同比略有增幅3.4%，利润则减幅达36.5%，为4.2亿美元。相比上次泡沫危机，这次金融危机雅虎表现出了较强的抗风险能力和盈利能力，这得力于雅虎将核心价值持续进行小规模的放大，营业额持续小幅增长。但是，雅虎的盈利却连续3年（2006~2008年）下降，这也是投资者不看好雅虎股票的缘故。

正当雅虎陷入股市低谷的时候，2008年2月1日，微软宣布，该公司已经向雅虎董事会提交收购报价，计划以每股31美元收购雅虎全部已发行普通股，交易总价值约为446亿美元。微软计划以一半现金、一半股票的方式完成这一交易，雅虎股东可以选择获得现金，或者固定数量的微软普通股。微软首席执行官史蒂夫·鲍尔默表示："我们一直都很尊敬雅虎，这一交易可以推动我们为消费者、发行商和广告客户提供更令人激动的解决方案，同时也有助于提升我们在网络服务市场的竞争力。我们相信，微软和雅虎的结合可以为双方股东提供更高价值，同时为我们的客户和行业合作伙伴提供更好的选择和创新。"

微软首席软件设计师雷·奥谢表示："我们的生活、商业、甚至整个社会正逐步被互联网所改变，通过打造有吸引力、大规模的服务和基础设施，雅虎在这一过程中扮演了先驱的角色。通过整合两个优秀的团队，我们可以为客户提供全新体验，而任何一家公司都无法独自实现这一目标。"

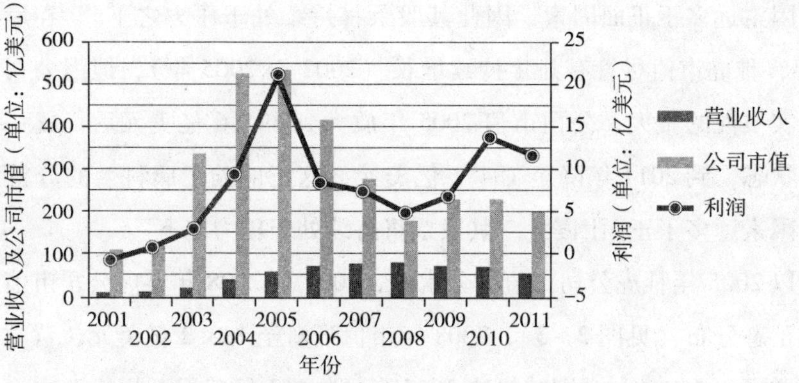

图 2－3　2001～2011 年雅虎营业收入、利润及公司市值

资料来源：邓正红软实力研究应用中心。

微软 446 亿美元的收购价是雅虎 2007 年期末市值 255 亿美元的 1.75 倍，说明微软非常看重雅虎的核心价值。所谓公司并购，不外乎两个原因，即一方（处于强势）需要另一方（处于弱势）的核心价值，看中了对方的增值潜力，另一方虽拥有核心价值，但价值运营放大做得比较艰难。微软收购雅虎的目的，就是想在网络搜索广告市场上抗衡谷歌。

2007 年 12 月，美国搜索市场谷歌占有 56.3% 的份额，雅虎占 17.9%，微软占 13.8%（见图 2-4）。从全球搜索市场变化看，据尼尔森公布的数据显示，谷歌的全球搜索市场份额仍在继续增长，而微软和雅虎的地盘却在不断被吞噬。雅虎在美国搜索市场的份额高于微软，这正是微软需要的，且雅虎份额在持续下滑，微软则在努力做大。

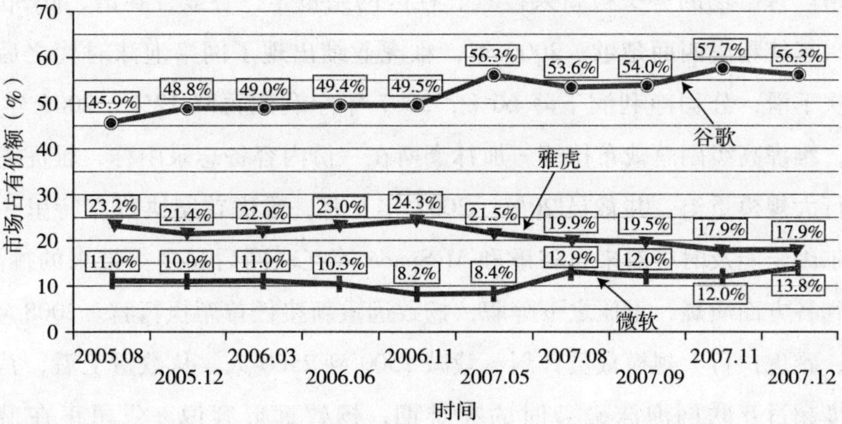

图 2-4　2005~2007 年美国搜索市场占有份额分布

资料来源：邓正红软实力研究应用中心。

微软收购雅虎还有一个原因，微软的 MSN 在中国处境不佳，并且微软在亚洲市场打击盗版的行动一定程度上也影响了其品牌形象。而雅虎在美国以外的形象似乎要比在国内好，经营状况也一直保持良好。尤其是在亚洲市场，例如雅虎与阿里巴巴的合作，持有阿里巴巴集团 40% 的股份，还有雅虎日本以及 Gmarket 等。借助雅虎的海外口碑，微软可以更方便地进驻全球市场的每个角落。

但是，雅虎拒绝了微软每股 31 美元的报价，认为微软严重低估了自己公司的价值。经过长达数月的磋商，尽管微软将收购报价提高至每股 33 美元，总交易价值 475 亿美元，但仍未能与雅虎达成一致。最终，微软选择了放弃收购。

随后，雅虎转向与谷歌合作。2008 年 6 月，雅虎同谷歌签署一项非排他性搜索广告合作协议。雅虎在主站及美国和加拿大合作网站的搜索结果中投放谷歌广告，雅虎有权决定谷歌广告的投放位置和方式。雅虎称这一交易可以为其带来每年 8 亿美元的营收。

2008 年，雅虎再遇“流年不利”，并早在前两年已露出端倪——美国网络广告市场的势头被新兴搜索、社区网站抢走，谷歌、脸谱、MySpace 的兴起使雅虎四面楚歌。2006 年，雅虎业绩出现了网络泡沫时代之后的首次下滑，公司净利润下降 60%，2007 年净利润再降 12%。2006 年 11 月，雅虎高级副总裁布拉德·加林豪斯在一份内容备忘录中称，雅虎需要进行大规模重组，并裁员 20%。2007 年 6 月，雅虎首席执行官特里·塞梅尔因未能及时应对来自谷歌和 MySpace 等互联网后起之秀带来的挑战，受到各方面质疑，重压之下辞职，杨致远重新接任首席执行官。2008 年 1 月，雅虎执行大规模裁员计划，裁减 1500 到 2500 人。从数量上看，裁员幅度超过互联网泡沫破裂时的灾难期，杨致远形容说，公司正在遭遇“逆风”。

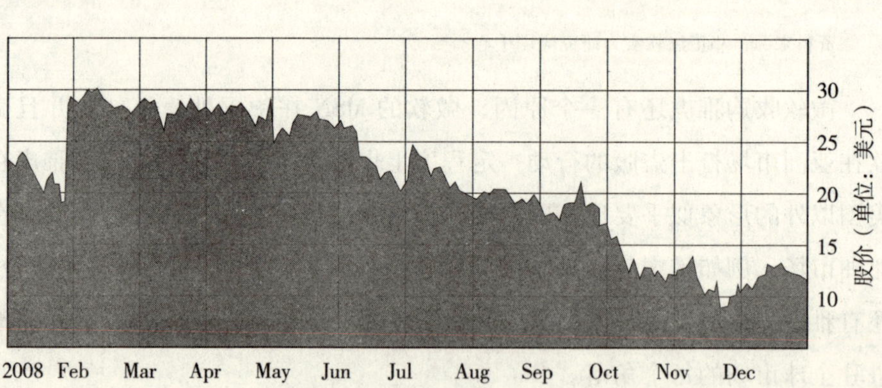

图 2－5　2008 年雅虎股价走势（1 月 4 日至 12 月 30 日）

资料来源：邓正红软实力研究应用中心。

2008 年 6 月以来，雅虎股价狂跌不已（见图 2－5）。6 月 23 日，道琼斯旗下的市场观察新闻网站发表分析文章称，雅虎上周一度表现得极为活跃，一会儿发布新的电邮域名，一会儿又宣布在亚洲获得了更多的市场，一时间，似乎这家处境艰难的门户网站又重新恢复了活力。愤怒的股东们揭竿而起，发起了代理投票大战，而与此同时，重量级的高层人物纷纷出走。在这种背景之下，包括报道中的大规模重组在内，雅虎近期的举动怎么看都像是在一只即将沉没的航船上徒劳地堵漏洞。

"目前，从该公司的确已经可以闻到一股混乱的味道。"国际数据公司的分析师德普莱特表示，"他们希望通过重组来达到重新开始提升成长速度的目标，这不足为奇。只是，如果成长并没有因此而回到雅虎身上，则重组就会变得毫无意义。"

由于和微软谈判破裂，以及近期的艰难挣扎，雅虎作为硅谷开路先锋的形象已经受到了严重的损害。分析师凯伊指出："雅虎一度拥有众多优点，是硅谷最优秀的企业之一。然而现在，这一火炬已经被谷歌和其他人接过去了。"显然，雅虎正在经历一场艰难的转型，其最终结果如何，目前还难以预料。

自雅虎拒绝微软并购建议以来，公司股价一泻千里。11 月 19 日雅虎股价跌破 10 美元，为 9.14 美元，20 日继续下跌至 8.95 美元。众多大鳄虎视眈眈，有关雅虎即将被出售的消息不断传出。

北京《竞报》11 月 18 日综合国外媒体报道，截至本月 14 日，雅虎市值已不足 150 亿美元。凭借 250 亿美元的现金及出色的企业管理，苹果很可能考虑收购雅虎。

英国《泰晤士报》11 月 30 日报道，微软将以 200 亿美元的价格收购雅虎的搜索引擎，并成立一支新的管理团队来接管雅虎，这支团队将由乔纳森·米勒和福克斯互动媒体前总裁罗斯·莱文索恩领导。

美国《华尔街时报》12 月 2 日报道，美国在线前董事长乔纳森·米勒正在四处筹钱，以收购处于困境的美国著名互联网企业雅虎公司。为了收购雅虎，米勒在过去几个月里一直在设法从私营企业或主权财富基金等处筹集数额在280亿到300亿美元的资金，准备以每股20到22美元的价格收购雅虎。尽管雅虎和美国在线拒绝就这一报道作出评论，但这个消息还使雅虎股票在2日的纽约股市上一度升至12美元以上，升幅达12.5%。

2009年1月13日，卡罗尔·巴茨加盟雅虎出任首席执行官。巴茨上任以来，大力削减非核心业务，比如不再运营MyWeb服务，关闭GeoCities（雅虎在1999年花费36.5亿美元收购的一家公司），关闭博客性质的社交网站雅虎360，关闭Yahoo Publisher服务，关闭包括Search Monkey、AltaVista、AllTheWeb、Bookmarks、Buzz、Picks和MyBlogLog等在内的一系列产品，出售社会化书签网站del.icio.us。但由于巴茨无法让营收增长，无法引导创新，无法收购创业企业，无法避免人才流失，因此她的举措并未赢得大量民心。2011年9月6日，巴茨被雅虎董事会解职。2009、2010、2011年雅虎的营收减幅分别达10%、2%、21%。

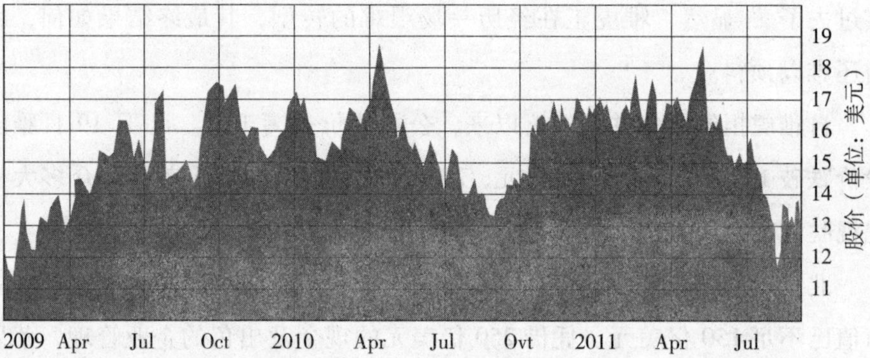

图2-6　卡罗尔·巴茨任职期间雅虎股价走势（2009年1月12日至2011年9月6日）

资料来源：邓正红软实力研究应用中心。

巴茨任职期间，雅虎的股价有所好转（见图2-6）。2009年1月13日为12.10美元，2010年4月15日升至最高点18.97美元，2011年5月6日仍保持次高点18.65美元，但8月8日则降至最低点11.09，跌破上任首日的股价，9月6日解职则以12.91美元收盘。总的来看，巴茨任期内，大部分时间股价保持在14美元以上。分析人士指出，股价中可能有10美元来自其他资产，如现金、雅虎在中国阿里巴巴和日本雅虎的持股。另外雅虎与亚洲合作伙伴的关系紧张，在移动、视频和社交领域无所建树，由巴茨主导的跟微软的搜索合作也困难重重。应该说，巴茨对雅虎的股市抬升还是有功的，只是她无法力挽狂澜、扭转乾坤。股票投资者艾里克·杰克逊在《福布斯》发表文章说："投资者对巴茨已经忍无可忍，当你与他们交流时，敌意全冲着巴茨。巴茨入职后谈了一个大协议，但是没有回报。就是这么简单。"

自卡罗尔·巴茨被解雇以来，雅虎陷入混乱。"非高级显示广告"以及搜索广告业务表现疲软。麦格理分析师本·沙赫特认为："雅虎业绩看起来良好，没有出彩之处，也没有太大问题。对雅虎来说，没有太大问题就是好消息。"奥本海默分析师贾森·赫福斯顿表示，对许多投资者来说，雅虎当前的业绩状况并不重要。他强调："他们持有雅虎股票只是希望雅虎被收购，而不是由于雅虎的基本面表现良好。只要雅虎核心业务尚未恶化，并能实现一定程度的增长，那么你就可以保持耐心。"有多家潜在收购者对雅虎表示兴趣，包括私募股权公司银湖、Providence Equity Partners、贝恩资本、Hellman & Friedman、百仕通集团和KKR等。一些战略投资者也对雅虎感兴趣，例如美国在线、阿里巴巴集团和微软等公司。有消息称，美国在线首席执行官蒂姆·阿姆斯特朗正在推动美国在线与雅虎的并购。而微软也在研究再次对雅虎发起收购。

2012年3月雅虎对脸谱发起指控，称其侵犯了该公司10项专利，这些专利涉及广告、隐私权、定制、短信和社交网络等多个领域。7月脸谱和雅虎达成专利和解协议。这项协议包含专利组合交叉授权等内容，双方将联手为消费者和广告主带来两家公司所宣传的优质媒体体验。雅虎和脸谱将联手在雅虎网站上展开社交整合活动，将雅虎庞大的媒体内容带给脸谱用户。

雅虎临时首席执行官罗斯·莱文索恩表示："我们对能与脸谱发展更加深厚的合作关系感到激动，并对桑德伯格（注：脸谱首席运营官）及其团队为与我们团队联手制定出这项协议而付出的辛勤努力表示感谢。我们盼望着在自己已经取得的成功的基础上继续进行建设工作，为消费者和广告主都提供创新性的新产品和体验。将雅虎作为全球领先的数字媒体公司的优质内容和影响力与脸谱进行整合，为品牌广告主提供无可比拟的机会。"

脸谱首席运营官谢丽尔·桑德伯格表示："我对我们能以积极的态度解决这个问题而感到高兴，并盼望着能与莱文索恩和雅虎领导层展开密切的合作。雅虎在新闻领域中的领导地位的推动力来自于集中致力于创新活动，以及为用户提供优良的产品。在两家公司联手合作的情况下，我们将可为用户提供动人的社交体验，同时为广告主创造价值。"

接着媒体又放出风，脸谱应该考虑出手收购雅虎，获得雅虎现有用户群，从而提高脸谱的目标广告服务规模。具体理由如下：①如果雅虎今后数月内剥离其亚洲资产，则收购雅虎的价格将更为便宜，或许脸谱只需拿出100亿美元，就能将雅虎收为己有。②雅虎用户量仍高达7亿左右，能够带来大量页面浏览量。2012年5月雅虎用户的页面浏览总量为880亿次。如此高的浏览量，无疑将有着巨大网络广告商机。但在如何将页面浏览量转化为广告收入事宜上，雅虎相应工作做得还远远不够。③雅虎的这种不足，主要是投放的广告"目标性"不强。而脸谱对用户活动情况可谓了如指掌，因此目标广告很有针对性。如果脸谱收购雅虎，则能够投放更多目标广告，而雅虎被脸谱收购后，其现有广告平台也将释放出应有价值。

不过，对于媒体关于脸谱收购雅虎的建议，似乎从根本上就难以获得脸谱的认同。雅虎主营业务为内容创建和媒体服务，而脸谱更强调平台功能，因此脸谱首席执行官马克·扎克伯格不会考虑进入内容创建和媒体业务领域。

第三节 › 基于移动转型的疯狂收购

2012 年 7 月 17 日，玛丽莎·梅耶尔从谷歌跳槽到雅虎，担任雅虎首席执行官，此前她在谷歌任副总裁，负责地图、地理定位和本地化服务。年仅 37 岁的梅耶尔，被誉为“硅谷最美丽的女人”。在谷歌工作期间，梅耶尔领导开发了 Gmail 媒体方面的内容，推动了谷歌新闻的个性化定制服务，比如发展了 Google News，也曾试图收购社交新闻网站 Digg 以及大众点评网站 Yelp，最终成功收购餐馆评论公司 Zagat。

过去的一年半，雅虎就像经历了一场噩梦：股价创下新低、投资人不信任董事会、公司更换了四任首席执行官（蒂姆·莫斯、斯科特·汤普森、罗斯·莱文索恩和玛丽莎·梅耶尔）。作为临危受命的雅虎首席执行官，梅耶尔能否将雅虎从失意中拯救回来？

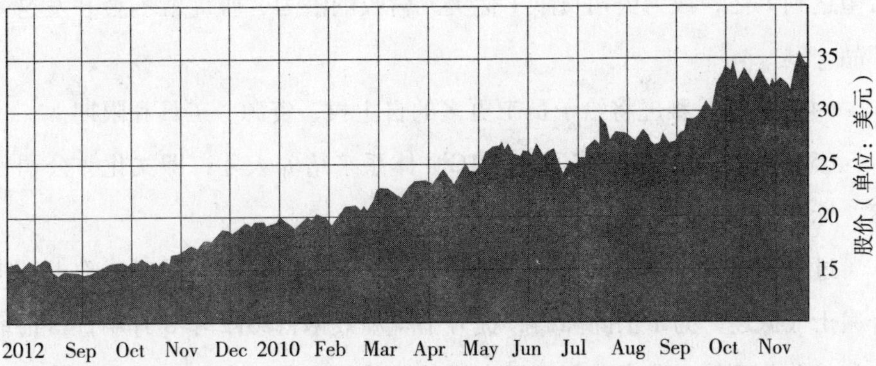

图 2-7 玛丽莎·梅耶尔任职以来雅虎股价走势
（2012 年 7 月 16 日至 2013 年 11 月 19 日）

资料来源：邓正红软实力研究应用中心。

可以肯定的是，随着梅耶尔入主雅虎，雅虎终于拥有一名获得投资人信任的首席执行官。从梅耶尔任职一年多来的股市情况看（见图 2-7），股价变化呈向上的爬坡态势。梅耶尔任职首日股价 15.60 美元，11 月 19 日 18.36 美元，12 月 31 日 19.90 美元，2013 年 1 月 2 日突破 20 美元，4 月 25 日突破 25 美元，7 月 17 日 29.66 美元，9 月 17 日达到 30 美元，10 月 4 日 34.89 美元，11 月 13 日突破 35 美元，14 日为 35.69 美元。一年四个月的时间，雅虎股价涨幅达 129%。

在雅虎复兴之路上，梅耶尔是如何带领困境中的雅虎展开“魅力攻势”的呢？

梅耶尔在 2012 年 9 月的全员大会上提出了雅虎的复兴计划。

（1）目标：雅虎要成为用户每天都要接触的东西，并且雅虎未来将擅长移动业务。为了吸引广告主，梅耶尔将把重心放在用户体验和雅虎尚未涉足的移动领域。

（2）收购聘用：雅虎将收购一些小型公司，这不是为了他们的产品，而是为了他们的技术人才。

（3）提高效率：如果一款新产品不能在 6 个月内发布，并且用户量没希望达到 1 亿，或为公司贡献 1 亿美元营收的潜力，雅虎就不会开发这款产品。

（4）信任：雅虎将给予员工更多的自主权、资源、工具和限期。

（5）4C 体系：雅虎将通过“4C”体系来培养人才，即文化、公司目标、标准和薪酬。

过去几年，由于裁员、管理层频繁变动以及公司前景黯淡，雅虎员工普遍士气低迷。为了消除障碍，提升士气和效率，2012 年 8 月 4 日，梅耶尔和谷歌前高管、雅虎公司项目高级总监帕特里夏·摩尔·克里斯共同撰写了内部备忘录。她启动了一个名为 PB&J 的新项目，以简化流程、减少官僚，改善企业文化和工作环境。PB&J 三个字母分别是流程、官僚和障碍的缩写。

梅耶尔说：“公司经历了一段动荡和混乱的时期。我希望雅虎能成为最佳的工作场所，同时拥有优秀的企业文化。我们正努力工作，提醒大家当前出现的种种机遇。”备忘录是这样向员工提问的：流程是否阻碍了你的成功？官僚是否令你沮丧？你是否受困于种种障碍，而且找到了解决之道？我们正在努力简化流程、减少官僚、消除障碍——PB&J！我们今天推出了 PB&J 项目，希望收到大家的反馈，从而将雅虎打造成最佳的工作场所。如果你对简化工作流程、提升工作效率、解决工作问题有任何想法，请与我们分享。你对我们的企业文化和工作方式有什么期许？你是否发现了问题？是否知道如何解决？是否想与同事沟通待解问题和解决之道？请把你的想法告诉我们，或者直接通过投票表达出来。

梅耶尔为员工做的第一件事就是提供免费午餐，然后调整雅虎的办公环境布局——关闭总部 D 号楼的旋转门、移除停车位上的障碍物，取消健身房的强制性措施，以加强员工之间的协作能力。为在美国工作的所有雅虎员工每人配置一部新的智能手机，员工可从 iPhone 5、Galaxy S Ⅲ、Lumia 920 以及 HTC One X 中任选一款手机，并且支付流量费和电话费。

在梅耶尔看来，稳定军心尽管非常重要，但必须考虑成本节约，进行大量裁员。雅虎共有员工约 1.5 万人，业界专家认为雅虎目前的员工数量超出了其所需要。梅耶尔初掌雅虎大权时，硅谷知名风险投资家马克·安德森曾建议她应该削减 1 万名员工。梅耶尔接管雅虎之前，前雅虎高管曾计划将公司员工总数从 1.5 万名降至 4000 名，其中涉及雅虎剥离搜索业务的裁员。不过为了避免突然的大规模裁员降低员工士气，梅耶尔在裁员方面一直小心行事。2012 年 11 月，雅虎韩国正式通知员工，将关闭其在韩国的业务并裁员 200 人，这意味着梅耶尔开始实行她的万人裁员计划。

从提高效率的角度，梅耶尔努力改变雅虎的传统习惯，如取消年度“休息周”。之前，雅虎公司会在圣诞节和新年之间停业，让员工享受一周的假期。再如，取消在家工作政策，要求员工必须打卡上班。梅耶尔刚到雅虎时，大约有 200 多名员工获准全天在家工作。无论是大片的车位还是整层的隔间，几乎都空空如也，不少员工都尽可能地减少工作时间，迟到早退的事情屡见不鲜。虽然他们领着雅虎薪水，但对该公司的贡献却很少，有些甚至已经开始自主创业。梅耶尔推行这一系列举措，旨在创造全新的创新和协作文化。梅耶尔表示："人们也许在独处时更有效率，但在一起时会更具创新性和协作性，许多好点子都是由不同的思想碰撞产生的。"

外界评论梅耶尔禁止在家办公政策是逆流而动。"在家办公"在科技公司十分流行，成为一种职场潮流。梅耶尔并不反对在家工作的潮流，而是为了解决雅虎的官僚气息带来的特有问题。他们觉得雅虎是一家毫无目标、士气低落的公司，受制于不断膨胀的官僚系统，难以与更加灵活的对手展开竞争。无论是改善产品开发流程，还是扭转士气与文化，倘若员工不在公司工作，就很难恢复雅虎的活力。因此，梅耶尔推行这一政策的真实目的并非逆势而为，而是针对雅虎特有的情况作出的必要决策。

梅耶尔从谷歌带来员工评分机制，实行年度打分和季度打分制度，对雅虎员工表现进行评价。2013 年 11 月，梅耶尔启动一项裁减 500 人的计划，就是依据一年来所有员工的得分表现，削减 500 个表现欠佳的员工。那些最有可能"中枪"的员工是在过去 5 个季度中获"差评"或至少两次"偶尔差评"的员工。

按照复兴计划，梅耶尔着力改造管理层团队。先是把谷歌全球公关事务经理安妮・埃斯比瑞图招致麾下，随后从谷歌挖来产品营销经理安德鲁・舒尔特，担任自己的幕僚长。首席技术官艾什・孟什、首席营收官迈克尔・巴雷特相继离职，梅耶尔亲自接管雅虎的产品技术业务。肯・古德曼加入雅虎，接替临时首席财务官蒂姆・莫斯担任雅虎新的首席财务官，负责雅虎的全球财务职能，包括财务规划与分析、审计、税务、金库和投资者关系。她聘请德・卡斯特罗任首席运营官，负责雅虎的媒体业务。她还聘请前《纽约时报》副主编梅根・利伯曼担任雅虎新闻的总编辑，并聘用《纽约时报》专栏作家大卫・伯格负责扩大雅虎消费者科技网站。

梅耶尔认为，雅虎复兴的关键在于移动应用和服务，雅虎拥有优质的内容，问题是如何更好地呈现在移动平台上。她指出，雅虎在移动领域“投资不足”，“使我们的品牌碎片化”并且拥有“超过76款分别覆盖安卓和iOS的应用程序。所有这些都需要改变”，因为移动是“一个基本和大众化的平台方向，要保持相关性我们就必须把握这个方向并参与其中”。雅虎没有移动操作系统，首要任务是形成一个专注、连贯的移动策略。她决心将雅虎转变为移动公司，与浏览器、社交网络、移动操作系统企业共同合作，在所有不同的平台提供雅虎的产品。比如，重新改版雅虎主页，梅耶尔倾向于让雅虎的主页更具有谷歌和脸谱的风格，且有“平台化”发展趋势。改版后的雅虎主页注重社交内容和互联网内容的动态推送等功能，同时向开发者提供一个开放的API编程接口，让他们为用户开发应用。

为什么梅耶尔上任以来不断强调移动的重要性？长久以来，雅虎对外的“卖点”就是庞大的用户群，它的三项赚钱工具——雅虎首页、雅虎邮箱和搜索，被视为驱动雅虎广告价值生态系统前进的重要推动力。但是，这三大业务在持续出现下滑。美国知名互联网流量监测机构ComScore的数据显示：2012年11月和12月，雅虎美国搜索流量同比分别下滑28%和24%，而雅虎邮箱的流量也分别下滑16%和12%。因为三项业务的下滑影响到了整个雅虎业务，包括音乐、电影、游戏和旅游网站。过去两个月中，这几项业务流量同比都出现大幅下滑。要阻止这种颓势，梅耶尔明白雅虎必须开拓新的流量源，重点是用户体验和雅虎尚未涉足的移动领域，并将其作为雅虎复兴计划的目标。不过，雅虎首页、雅虎邮箱和搜索三大业务贡献了雅虎绝大多数营收，雅虎移动业务目前的营收有限。与脸谱不同的是，雅虎从未披露过移动业务业绩。

梅耶尔主政以来，雅虎一直尝试在快速发展的移动广告领域追赶脸谱、推特及谷歌。为此，梅耶尔加大了并购小型创业公司的频次，为雅虎招徕收购所需要的技术人才。她亲自参与了一些并购，重点是网罗有移动思维的工程师，同时努力扭转雅虎的不良声誉——因为在很多业内人士的眼中，一旦被雅虎收购，无论是人才还是技术，都将逐渐枯萎。比如，雅虎收购的图片分享网站 Flickr、社交书签工具 del. icio. us，早在 Instagram 和推特成名前，这两家公司便已名声在外。但在收购完成后，它们都命运不济，成为雅虎糟糕并购战略的牺牲品。

从 2012 年 10 月到 2014 年 5 月，梅耶尔进行了 37 宗收购交易（见表 2 -4），收购企业的速度之快令人瞠目结舌。收购交易中的大部分是与移动领域有直接关系的。这些收购是梅耶尔"三步走"战略的一部分。按照这一战略，雅虎希望重新吸引顶尖工程人才加盟，提升产品创新水平，加强与用户的互动性，最终创造更多的广告收入。梅耶尔将这一战略称为是一系列"冲刺阶段"：首先，雅虎必须获得"优秀人才"，接着是打造出"优秀产品"，最后才能吸引更多的用户，带来更多的广告收入。

表 2 -4　2012 年 10 月至 2014 年 5 月雅虎收购交易一览表

收购时间	收购的公司	收购目的
2012 年 10 月	社交分享应用开发商 Stamped	创造一个新的移动产品开发中心
2012 年 12 月	视频通讯技术公司 On The Air	增强移动产品业务
2013 年 1 月	内容分享工具 Snip. it	调整门户网站业务，打造更好的内容网站
2013 年 2 月	互联网内容整合平台 Alike	增强移动互联网业务
2013 年 3 月	个性化社交推荐平台 Jybe	为打造优秀产品与体验增加动力
2013 年 3 月	新闻内容精简工具 Summly	获得新闻摘要技术，增强移动业务
2013 年 5 月	任务管理应用开发商 Astrid	利用 Astrid 的技术
2013 年 5 月	游戏平台开发商 PlayerScale	拥有全球超过 1. 5 亿的用户
2013 年 5 月	旅行积分服务商 MileWise	提升雅虎旅行服务网站个性化
2013 年 5 月	在线调查公司 GoPollGo	打造本地化信息平台
2013 年 5 月	移动游戏创业公司 Loki Studios	持续迭代并改进游戏 Geomon
2013 年 5 月	轻博客汤博乐（Tumblr）	吸引年轻用户群，获得大量的用户制作内容

续表

收购时间	收购的公司	收购目的
2013 年 6 月	iOS 系统拍照应用开发商 GhostBird	有助于改善 Flickr 的照片编辑功能
2013 年 6 月	电话会议服务商 Rondee	增强雅虎小企业部门力量
2013 年 7 月	移动体育游戏应用开发商 Bignoggins	增强移动产品业务
2013 年 7 月	移动视频分享应用 Qwiki	增强移动产品业务
2013 年 7 月	电子邮件和地址簿管理应用公司 Xobni	改善电邮产品
2013 年 7 月	移动广告公司 Admovate	增强移动广告业务
2013 年 7 月	社交平台大数据分析公司智拓通达	看重中国市场以及人才
2013 年 7 月	电子商务应用平台初创公司 Lexity	为中小企业提供多功能的电子商务平台
2013 年 8 月	社交浏览器创业公司 Rockmelt	有助于提升雅虎在移动端的流量和收入
2013 年 8 月	图像识别创业公司 IQ Engine	增强 Flickr 的搜索及内容发现体验
2013 年 10 月	社交与移动广告平台 Bread	助力雅虎内容资源的变现
2013 年 10 月	图片发现服务 LookFlow	增强 Flickr 的搜索及内容发现体验
2013 年 12 月	语音搜索初创公司 Skyphrase	有助于雅虎在移动内容方面取得领先优势
2013 年 12 月	移动照片和视频创建应用开发商 Ptch	加强雅虎的照片和视频平台技术
2013 年 12 月	实况音乐流视频初创公司 Evntlive	提供更多的音乐会直播服务
2013 年 12 月	移动视频分享应用程序初创公司 QuikIO	增强雅虎在移动和视频领域的实力
2013 年 12 月	内容分发网络服务商 PeerCDN	提升雅虎门户内容服务的稳定性
2014 年 1 月	智能主显示屏创业公司 Aviate	增强移动应用智能化和个性化
2014 年 1 月	移动营销公司 Sparq	促使手机用户消费更多的数字内容
2014 年 1 月	虚拟世界网页游戏开发商 Cloud - Party	增强网络游戏业务
2014 年 1 月	个人助理应用开发商 Incredible Labs	充实雅虎通信部门的开发人才
2014 年 2 月	日志应用创业公司 Wander	改进移动设备上的照片共享服务

续表

收购时间	收购的公司	收购目的
2014 年 2 月	视频面试初创公司 Distill	加强雅虎的移动广告产品
2014 年 3 月	社交媒体数据可视化创业公司 Vizify	加强社交媒体数据处理
2014 年 5 月	阅后即焚类即时通讯应用开发商 Blink	充实雅虎智能通信部门的开发人才

资料来源：邓正红软实力研究应用中心。

在梅耶尔看来，互联网的覆盖范围越来越广阔，网络上出现了庞大的内容以及很多社交场景。在移动设备的推动下，以地点和活动为场景的内容更是数不胜数。怎样把这些内容整合到一起呢？雅虎的做法是：为用户提供他们所需的信息流。互联网就是应用户的需求而生的，互联网也同样适用于手机设备。

在雅虎收购的 37 家创业公司中，大多已经关闭，原有团队纷纷加盟雅虎设在桑尼维尔和纽约的移动业务部门。梅耶尔认为，虽然这些创业公司的专长和背景各有不同，但它们仍有助于改善雅虎的产品，雅虎将致力于研发能够使网络内容个性化的科技，并将用这些技术满足移动设备用户的需求。梅耶尔希望借收购来实现她的最终目标：通过打造更个性化、对移动更友好的服务，让雅虎再次融入人们的日常生活。梅耶尔表示："我们所有的内容，都是手机用户渴望得到的，我们还掌握了这些用户日常行为习惯的数据。我认为，无论你何时处理日常行为习惯，或是围绕它提供大量价值，那么都有机会给最终用户创造大量价值，同时还能打造一项利润不错的业务。"

面对如此庞杂的收购交易，一些股东曾质疑到底价值何在，行业人士则看不到梅耶尔对这些收购对象的整合战略。尽管雅虎通过收购获得了一批移动互联网领域的创业人才，但仍有业内人士，将梅耶尔的疯狂收购策略称之为"转基因雅虎"。

梅耶尔加速推动雅虎向移动平台转型，实际上是在两条线上作战，即并购与关停并举。一方面是高举收购大旗，大肆网罗和聘请技术人才，增强移动业务的竞争力；另一方面则对旗下产品进行大规模清洗，砍掉很多边缘产品，关闭大量的项目，把焦点更多放在那些能提升用户生活品质的产品上，让业界更多地关注雅虎公司更加重要的产品。将移动应用产品线进行缩减，大幅削减现有的60至75个互不兼容的应用，将它们整合成便于管理的12至15个应用。这种所谓的“产品大扫除”（即同时关闭多款产品），其实是谷歌近年来的一大风格。

雅虎关闭的产品包括“祖师级”搜索引擎AltaVista、Message Boards、Avatars、Axis、Browser Plus、WebPlayer、FoxyTunes、Neighbors Beta、Stars India、Downloads Beta、Citizen Sports、Sports IQ、Clues、Updates API、Local API、Term Extraction API、雅虎黑莓应用、社交日历服务Upcoming、语音搜索、团购服务Deals、通知服务RSS Alerts、儿童频道Kids、雅虎邮箱等。AltaVista是最早的搜索引擎之一，1995年第一次开始商用，几年后被Google替代。它最早是被Overture收购，同年Overture又转手给了雅虎。在过去几年，雅虎逐渐将AltaVista有用的部分搬到自家产品上。现在AltaVista对雅虎已经没有多大利用价值了，自然被叫停。

梅耶尔对技术的专注，扭转了雅虎前几任首席执行官制定的路线，放弃了之前的雅虎临时首席执行官罗斯·莱文索恩制定的以媒体为中心的模式。从这点看，梅耶尔是在为雅虎转模式，即由媒体运营商业模式向移动运营商业模式转型。但是，这种模式转型能否成功，很大程度上取决于雅虎的核心DNA，模式与基因是否相匹配，如果雅虎的核心价值不发生质的改变，那么运营转型就难以取得成功。从梅耶尔所有努力来看，似乎是通过转变雅虎基因来推动雅虎转型。梅耶尔能否拯救雅虎，现在似乎还不能下一个定论，但雅虎2013年11月22日的股价达到了近一年半以来的新高36.49美元，这说明投资人对于梅耶尔的信心正在不断增加。部分投资人深信，梅耶尔能够做到她的三位前辈所没能做到的事情，带领雅虎上演“王者归来”。

第四节 › 技术迷失酿成决策失误

从2001年5月到2012年7月，雅虎任命了7名首席执行官（见表2-5），平均任职时间不到2年。雅虎首席执行官更换频率之快在美国所有公司中是较为罕见的。7名首席执行官中有2名（蒂姆·莫斯和罗斯·莱文索恩）是临时的，斯科特·汤普森则是因“学历门”事件而中途被迫离职，这3位任期均不超过4个月。

表2-5　　雅虎历任首席执行官一览表

人物	任期	说明
蒂姆·库格尔	1995年至2001年5月	他是在雅虎1995年3月成立后不久出任首席执行官的。在找到继任者后，他于2001年3月宣布卸任
特里·塞梅尔	2001年5月至2007年6月	塞梅尔是从华纳兄弟跳槽来的，他最终在股东压力下离职
杨致远	2007年6月至2009年1月	身为雅虎联合创始人，杨致远在库格尔就任前其实就充当了首席执行官的角色。在2008年11月因为压力而同意离职后，他便一直在寻找继任者
卡罗尔·巴茨	2009年1月至2011年9月	巴茨曾经担任设计和工程软件公司Autodesk首席执行官，但由于未能带领雅虎复兴而被炒鱿鱼
蒂姆·莫斯	2011年9月至2012年1月	在担任雅虎临时首席执行官期间，莫斯仍然兼任雅虎首席财务官
斯科特·汤普森	2012年1月至2012年5月	汤普森是从PayPal跳槽至雅虎的，因为学历造假丑闻被迫离职
罗斯·莱文索恩	2012年5月至2012年7月	莱文索恩担任的是临时首席执行官。他2010年11月加盟雅虎，此前在新闻集团负责互联网服务
玛丽莎·梅耶尔	2012年7月17日上任	她此前在谷歌负责地图、地理定位和本地化服务

资料来源：邓正红软实力研究应用中心。

雅虎有个规律：每当首席执行官的卸任，必定遭遇软实力指数下降。换言之，公司软实力指数下降，是导致雅虎首席执行官离职的主要因素。下面，结合表2－5和图2－8解读雅虎首席执行官离任与软实力指数下降的关系。

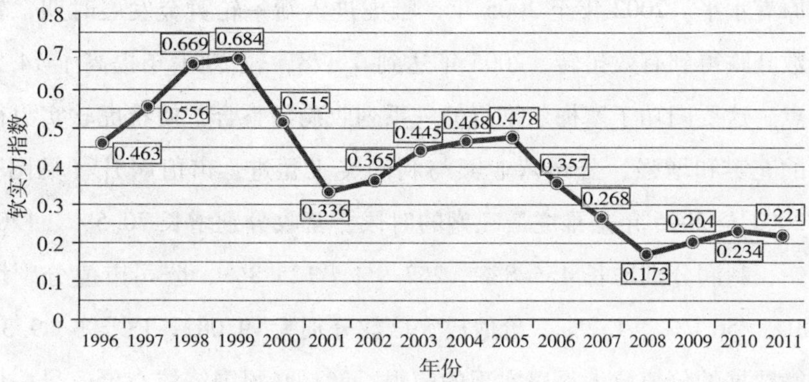

图2－8　1996～2011年雅虎软实力指数走势

资料来源：邓正红软实力研究应用中心。

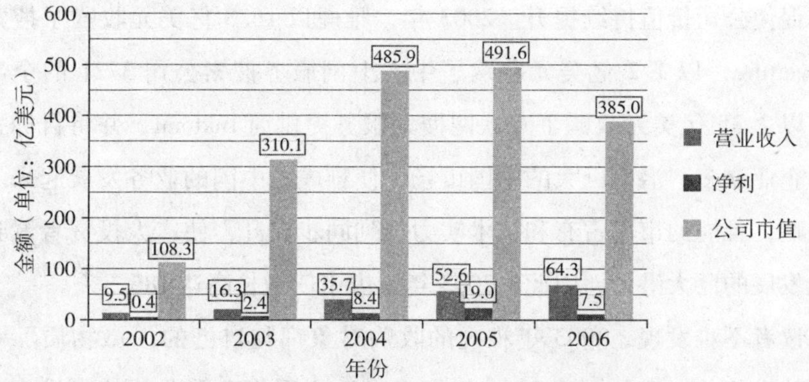

图2－9　特里·塞梅尔任期内雅虎年度业绩（2002～2006年）

资料来源：邓正红软实力研究应用中心。

1996年至1999年，雅虎把握网络经济发展的机遇，软实力逐年提升，1999年达到顶峰0.684，但是，2000年受泡沫经济破裂的影响，雅虎软实力降至0.515，同比下滑16.9个百分点。2001年雅虎软实力指数继续狂跌，同年5月，蒂姆·库格尔离职，特里·塞梅尔接棒首席执行官。

特里·塞梅尔就任当年，雅虎软实力跌至0.336，同比下滑17.9个百分点，这是泡沫危机引起的软实力大落，也使雅虎软实力在退去泡沫后回归到原有水平。2002年至2005年，雅虎进入新一轮黄金发展时期，软实力指数狂跌得到有效扭转，2005年达到0.478，较2001年提高了14.2个百分点。这要归功于塞梅尔推行的一系列收购与整合，使雅虎软实力得到极大的充实和增强，公司营业额与利润突飞猛进，市值飙升（见图2-9）。2003至2005年是雅虎最旺盛的时候，营收分别增长70.5%、120%、47.1%，利润分别增长455.8%、252.9%、125.8%，公司市值分别增长186.3%、56.7%、1.2%，价值放大倍数分别为19.082、13.593、9.350。

微数据的价值放大得以实现的前提，就是必须围绕核心价值尽一切可能把业务做大，而业务做大必须以不断扩大和占领市场为前提。只有把业务持续做大，公司才能实现业绩的持续增长，才能得到投资者的认可和支持，促使公司价值持续提升。2003年，雅虎以16.3亿美元收购了搜索引擎Overture，以1.2亿美元收购了中文上网服务搜索公司3721的全部业务，以2.35亿美元收购了互联网搜索服务提供商Inktomi，并将目标指向中小企业众多、潜力巨大的中国市场，使雅虎在中国的业务发展起来。通过收购，雅虎的市场占有和技术实力得到同步提升，使广大投资者看到了雅虎发展的巨大潜力，因此，2003年雅虎市值增长高达186.3%。

读者不难发现，2003年雅虎的收购对象都与自己的“微物质”——搜索技术相关，这预示着2004年雅虎在这方面将有重要的技术推出。之前雅虎一直在与研究伙伴谷歌合作，开发搜索技术，收购Inktomi使雅虎有了技术上的主动权，Inktomi开发出了所谓“规则系统搜索技术”，这与谷歌根据关键词对网页进行索引和排名所使用的技术类似。雅虎首席财务官苏珊·德克尔曾说：“我们一直都在努力，以使得我们收购的资产可以重新发挥作用。”果不其然，2004 年 2 月雅虎放弃与谷歌的合作转而推出了自己的搜索技术。

谷歌通过与雅虎、时代华纳的美国在线和搜索公司 Ask Jeeves 等分销商进行合作，占有了互联网搜索量的 85%。当雅虎中止与谷歌的合作后，这个数字下降到 54%。而同时雅虎与微软 MSN 达成合作协议，使雅虎在互联网搜索服务市场所占的份额增至 42%。

如果说，2003 年是股东对塞梅尔主政雅虎最认可的价值年，那么，2004 年则是消费者对塞梅尔主政雅虎最认可的营收年。这一年雅虎不但推出了自己的搜索技术，还以 1.6 亿美元收购了音乐下载网站 Musicmatch，以约 4.75 亿欧元的现金价格收购了欧洲比价购物网站 Kelkoo，全年雅虎营收增长高达 120%，雅虎中国更是秉承着本地化、专注的经营哲学，在搜索、电邮领域内都取得了非常好的市场业绩。可以说，2004 年是雅虎发力的一年，也是对收购的公司进行整合的一年，因为团队整合得好，才有突出的业绩。

对于 2004 年雅虎所取得的业绩，塞梅尔是这样评价的：“2004 年的营收更是再创新高。由于我们及时推出了多种最具创新性的网络产品和服务，从而在 2004 年里雅虎用户的参与水平得到了大幅度的提升。用户参与度的提升为我们在网络广告业务领域提供了更多的商机，也让广告客户们充分认识到网络广告所能产生的效应，从而越来越多的客户开始使用这一平台扩展它们在消费者中的影响力。”2004 年，塞梅尔获得了 2.306 亿美元的薪酬，位列美国硅谷高管 2004 年薪酬榜之首，充分体现雅虎对塞梅尔突出业绩的高度认可。

按照 2004 年的势头，雅虎正朝一种多维模式发展，尽可能地为人们提供所需要的一切信息，即集娱乐、工作和学习为一体的“一站式”服务中心。在技术方面，雅虎采取相对实际的态度，首先确定用户到底需要什么，然后再根据用户的需求提供相应的服务。雅虎所特有的服务包括即时信使、音乐、游戏、体育、求职及宽带服务等。在提供所有免费版本服务的同时，雅虎还不断地挖掘新的收费服务内容。由于业务种类的日益膨胀，雅虎最终必将发展成为一家综合性的媒体公司。

而此时的谷歌作为全球领先的搜索服务供应商，正一如既往地追求一个目标：改变人们查找和储存信息的方式。在创新方面，谷歌采取“放纵错误”的策略，即在公司管理层作出最终的决策之前，提倡员工提出新的观念和产品。这一理念为谷歌带来了不少创新。如电子邮件、购物、新闻、三维地图、数字图片、创建网络日志的工具，以及桌面搜索工具等等。

从实力方面看，谷歌和雅虎几乎处在同一起跑线上（见表2－6）。两家公司的营收都是30多亿美元，雅虎利润高出谷歌1倍，但谷歌的公司市值比雅虎高36.2亿美元，软实力指数超出雅虎12.3个百分点。这说明雅虎的硬实力略高于谷歌，但软实力却和谷歌有较大差距。

表2－6　2004年谷歌、雅虎实力比对　单位：亿美元

公司	营业收入	利润	公司市值	软实力指数
谷歌	31.89	3.99	522.1	0.591
雅虎	35.75	8.40	485.9	0.468

资料来源：邓正红软实力研究应用中心。

2004年8月19日，谷歌的股票在纳斯达克上市。谷歌的硬实力稍弱于雅虎，是因为谷歌刚上市，更注重软实力内炼，更多的资源和精力集中在研发领域，突出技术创新，并且对外的收费项目非常有限；而雅虎刚好相反，更强调业务的做大和业绩的增长，一方面大肆进行并购扩张，另一方面不断推出大量的收费项目，在研发领域的投入力度不及谷歌。因此，谷歌的营业额、利润均不及雅虎，也正如此，谷歌的软实力超越雅虎。

作者在这里暗表，2012年梅耶尔就任雅虎首席执行官，认为雅虎错过发展移动的机遇，要努力摆脱媒体公司的形象，向技术公司转型。2004年雅虎做大媒体的膨胀迹象，就为以后难以适应移动业务竞争、业务持续

萎缩埋下了隐患。正如瑞士联合银行集团分析师本杰明·斯卡特在一份调研报告中所说："不同的目标，不同的创始人和领导团队，将使这两家公司走向不同的道路。"之前没有收购谷歌，并错过脸谱，这是塞梅尔任内最大的决策失误。

2005 年，雅虎深入推进本地搜索业务。收购了美国加州的在线事件计划网站 Upcoming. org，加强本地搜索内容；收购了英国公司 Whereonearth，扩展英国移动搜索业务，更加有效地同搜索引擎领头羊谷歌竞争。为了争夺更多的用户和分类广告收入，谷歌、雅虎和亚马逊在互联网搜索市场展开了相当激烈的竞争，雅虎更是收购与合作并举。8 月，雅虎将中国区业务转让给阿里巴巴集团，并向该集团注资 10 亿美元，获取了阿里巴巴集团 40% 的股份，两公司结成战略合作关系，雅虎试图通过阿里巴巴拓展中国的搜索市场。10 月，雅虎和微软宣布合作计划，两公司即时通讯软件（IM）的消息实现互通。11 月，雅虎和 TiVo 达成合作伙伴关系，在电视节目刻录领域进行合作，消费者可以利用雅虎提供的信息安排在 TiVo 机顶盒上下载电视节目。在视频搜索服务上，雅虎投入大量资源，还与 CNN. com 和 ABC News 签订协议，扩展其内容。总之，2005 年雅虎在业务拓展和业绩增长方面做得颇有成效，全年营收、利润分别增长 47. 1%、125. 8%，尤其是盈利额创历史最高水平 18. 96 亿美元，但公司市值增长甚微，仅 1. 2%。

表 2－7　　2005 年谷歌、雅虎实力比对　　单位：亿美元

公司	营业收入	利润	公司市值	软实力指数
谷歌	61. 39	14. 65	1267. 8	0. 581
雅虎	52. 58	18. 96	491. 6	0. 478

资料来源：邓正红软实力研究应用中心。

对比表 2－6、2－7，读者稍稍留心点，就会发现一个很有意思的现象。2005 年，谷歌的软实力指数同比下降 1 个百分点，雅虎的软实力指数却提升 1 个百分点。雅虎软实力的提升，表明这一年的收购是围绕核心业

务——搜索技术展开的，所拓展的搜索市场更具针对性，更能凸显搜索业务的核心价值。这也意味着雅虎营业收入中的价值比重在提高，就能赚取更多的由核心价值带来的超额利润。2005 年雅虎高达 36.1% 的利润率就是有力的证明，利润率同比提高 12.6 个百分点。也就是说，雅虎软实力提升 1%，利润率就提高了 12.6%。

谷歌软实力下降，是在消耗软实力，将创新技术转化为高增长的业绩，努力实现微数据的价值放大。与 2004 年比较，2005 年谷歌的业绩确实是高速增长，营收、利润、市值分别增长 92.5%、267.2%、142.8%。这也证明，核心价值一旦找准相匹配的商业模式，就能给公司创造巨大的业绩。谷歌只消耗了 1% 的软实力，利润率较比上年提高了 11.5 个百分点，达 23.9%。而所谓消耗 1% 的软实力，就是 1% 的核心价值的业绩放大已超出其价值极限，谷歌必须继续创新技术来强化核心价值。

2005 年，雅虎和谷歌凭借各自 1% 的软实力，在美国网络搜索市场占有的份额进一步增长。唯一不同的是，雅虎提升 1% 的软实力，谷歌消耗 1% 的软实力。从理论上讲，雅虎提升软实力本应取得比谷歌消耗软实力更大的业绩，但事实上，雅虎的业绩开始落后于谷歌了，除了利润高出谷歌 4.31 亿美元，营收额比谷歌少 8.81 亿美元，公司市值更是被谷歌远远地甩在后面，仅占谷歌市值的 38.8%，相差 776.2 亿美元。这说明，雅虎商业模式运营不及谷歌成功，公司价值潜力没有获得投资者像对谷歌那样的高度认可和支持。谷歌虽然是消耗软实力，但它长期以来专注创新积累，软实力家底殷实，经得起消耗，因此，投资者十分看好它。雅虎虽然在搜索技术上有所突破，但它“一体化多维度”的拓展策略，分散了技术创新的精力，加之软实力家底没有谷歌雄厚，在投资者看来，即使雅虎软实力略有提升，但雅虎的软实力仍然经不起消耗，因为它的商业模式无法确保其能取得持续放大的业绩。所以，投资者给雅虎的投票率很低，不太看好雅虎的发展前景。

2005 年 3 月到 2006 年 3 月期间，美国网络搜索市场总搜索次数增长了 36%。雅虎处理的搜索请求数量增长了 47%，谷歌处理的搜索请求数量增长了 41%。谷歌在网络搜索市场占有的份额为 49%，同比增长 2 个百分点；雅虎占有的市场份额为 22%，同比增长 1 个百分点。2005 年谷歌营收额首次超过雅虎，因为谷歌在搜索市场的份额是雅虎的两倍多。两家公司都有自己的搜索技术，很明显，谷歌的商业模式运营水平远高于雅虎。在作者看来，雅虎和谷歌的核心价值趋同，但运营模式不一样，雅虎是媒体化运作，谷歌是技术化运作，哪个更有潜力更有发展后劲，在 2005 年已初露端倪，甚至可以说，2005 年是两家公司实力变化的一道分水岭，之前雅虎是老大，之后谷歌按照自己的运营轨迹发展成超级老大，而雅虎的业绩不但没有明显的增长，反而逐渐衰落。因此，在后来的岁月中，雅虎与谷歌竞争，吃亏的总是雅虎。

2006 年，雅虎收购了视频广告商 AdInterax、瑞典移动通讯公司 Kenet-Networks、台湾博客、在线相册运营商 WRETCH 等公司，与智能手机厂商 RIM 达成合作协议，黑莓智能手机提供雅虎的搜索、电子邮件、即时通讯和新闻内容等服务；与易贝在广告、电子商务和搜索等领域展开合作；与 7 家美国报业集团合作，共享在线广告。据称，美国 38 个州共有 176 家报纸（包括《亚特兰大宪法报》、《圣荷西水星报》、《达拉斯新闻早报》和《奥斯汀美国政治家日报》等著名美国报纸）参与了这一交易。根据交易条款，报业集团利用雅虎的 HotJobs 服务和其他类型的在线广告服务刊登它们的报纸广告。

由于网络广告领域发生变化，广告支出疲软，雅虎在竞争中出现失误，被竞争对手谷歌抢夺份额。2006 年，雅虎形势急转直下，营收尽管增长 22.2%，但大不如前 3 年的高速增长了，尤其是利润与公司市值均出现下滑，利润减幅达 60.3%，市值下降 21.9%。也就是从这一年起，雅虎开始走下坡路。谷歌的道路却越走越宽，2006 年谷歌营收突破 100 亿美元，达106.05亿美元，利润30.77亿美元是雅虎的4倍多，公司市值达1549.6亿美元也是雅虎的4倍多。雅虎的软实力指数为0.357，比上年下降12.1个百分点，利润率下降24.4个百分点。也就是说，雅虎软实力每下降1个百分点，利润率就要下降2个百分点。

由于内外交困，2006年12月雅虎宣布进行全球架构大重组。它把现有部门重组为受众、广告主及出版商、技术等三大业务群，受众事业群负责现有的搜索、媒体、社区及通信产品，广告主及出版商业务群负责雅虎全球广告业务，技术业务群负责集团所有产品的开发及技术支持。这是塞梅尔就任雅虎首席执行官5年来进行的最为大刀阔斧的改革，也是雅虎历史上最大规模的重组。

分析家认为，雅虎的没落，其实就是技术的迷失。如果当初依然是杨致远在完全掌控雅虎，而不是让一个媒体人士来操盘的话（言下之意是塞梅尔不适合担任雅虎首席执行官），雅虎的现状会好很多。美国一位名为埃里克·杰克逊的博客向雅虎联合创始人杨致远和大卫·费罗发出公开信，建议他们辞退现任首席执行官特里·塞梅尔和首席运营长丹·罗森维格。他列出了塞梅尔加盟雅虎后的主要成就，包括：稳定公司、与SBC通讯公司结盟、进军媒体领域、收购Overture、收购在线书签服务del.icio.us和图片分享网站Flickr、投资阿里巴巴以及重视技术研发。他又列出了塞梅尔应当离职的主要理由，包括：即将年满64岁、失去了华尔街的支持、失去了雅虎用户的支持。杰克逊认为，如果不更换首席执行官，雅虎很可能会被微软、有线电视Comast或迪斯尼等公司并购。

2007年6月19日，在股东的重压之下，特里·塞梅尔主动提出辞职，同时，公司联合创始人杨致远接任雅虎首席执行官。塞梅尔2001年加入雅虎并担任首席执行官，主要负责改编公司销售团队以及从事收购搜索引擎相关广告供应商Overture之类的公司并购业务，以推动雅虎更好地融入互联网搜索广告市场之中。但从2005年以来，雅虎未能追赶谷歌的发展步伐，谷歌的广告销量已经是雅虎的两倍。

前面已提到，塞梅尔认为在任期内没有把谷歌买下来是最愚蠢的一件事。塞梅尔在加入雅虎担任首席执行官后不久，雅虎的创始人杨致远和大卫·费罗就向他建议，把当时还是一个新创公司的谷歌收购下来。据称，当时谷歌的两位创始人拉里·佩奇和谢尔盖·布林曾经找过同为斯坦福校友的雅虎创始人。后来，塞梅尔和佩奇、布林见了面，了解谷歌的技术和业务，决定收购谷歌，当时佩奇、布林希望收购价格为10亿美元，否则不卖。但是，接下来的一次餐桌洽谈，佩奇和布林变卦，将价格抬高到30亿美元，并称低于这个价格不卖。塞梅尔说："我无法答应他们的要求，所以没有买下谷歌，接下来就是今天众所周知的历史。"作者以为，塞梅尔最终没有收购谷歌，主要是没看到或者低估了互联网搜索市场的发展前景。对雅虎来说，一步走错则步步皆输，雅虎的衰落与方向的迷失有很大关系。

第五节 › 首席执行官斗不过"圣牛"

2007年，杨致远中途接棒首席执行官，未能遏止雅虎下滑的颓势。全年尽管营收增长8.5%，但利润下滑12.2%，公司市值下降33.7%，软实力指数继续萎缩，降至0.268，同比下降8.9个百分点。

2008年，雅虎再遭"流年不利"，且应验了埃里克·杰克逊的分析，微软发动了对雅虎的收购。收购没成功，导致雅虎股价大跌。全年营收微增3.4%，利润减幅却高达36.5%，公司市值狂跌36.1%，软实力指数降至历史最低点0.173。

2008年11月18日雅虎宣布，首席执行官杨致远同意在董事会找到继任者后辞职。杨致远在担任首席执行官一年半时间里的表现证明，他没能解决雅虎存在的许多问题。杨致远致信雅虎全体员工，就其辞去雅虎首席执行官的计划进行了阐述。

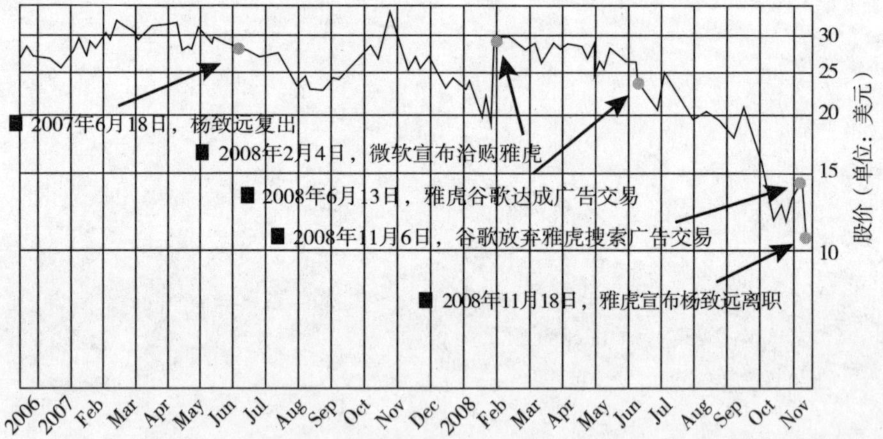

图2－10　杨致远复出至雅虎宣布杨致远离职的雅虎股价走势

资料来源：邓正红软实力研究应用中心。

杨致远在信中说："我想告诉大家我们刚刚宣布的一个消息，公司董事会和我本人已经达成一致意见，开始为雅虎首席执行官一职寻找继任人选。我也将参与到寻找继任人选的工作中，我将继续担任雅虎首席执行官直至董事会选出新的首席执行官。一旦任命新的首席执行官，我将重新恢复以前的职位，即雅虎酋长，并继续担任董事会董事。去年6月，我接受董事会的请求，担任雅虎首席执行官，对公司进行重组以便能够更加有效地满足用户和合作伙伴快速变化的需求。自从接任以来，我与董事会就继任时间不断进行对话。得益于你们不知疲倦的努力，我们创建了一个更为开放、更具竞争力的雅虎，我们相信现在是把权力移交给新首席执行官的时候了，新任首席执行官将把雅虎带向下一个旅程。"

杨致远表示："我的血液一直是紫色的（注：雅虎的LOGO是紫色的，杨致远借此表达对雅虎的感情）。我将一如既往地做我认为有益于公司的事。虽然我的辞职对于大家而言都将是一次调整，但我知道这是正确的步骤。如果董事会就此事有任何进展，我希望尽快通知大家，我将继续为雅虎尽我所能，展现雅虎的全部潜能。"

杨致远在雅虎的失败可以归结为9大原因。

（1）雅虎官僚气息严重，有太多动不得的"圣牛"，以致他在雅虎的官僚机器面前也败下阵来。

（2）没有与微软达成并购交易。微软当初报价446亿美元，由于股价已经跌到不足11美元（见图2－10），雅虎的股价只相当于微软当初每股收购报价31美元的1/3。

（3）与谷歌搜索外包告吹，拒绝微软后，雅虎和谷歌达成了一项搜索广告外包协议，这一交易将使雅虎每年新增8亿美元营收。但由于微软等机构的极力阻挠，谷歌最终选择了放弃。

（4）亿万富豪投资者伊坎曾向雅虎施加极大压力，要求与微软谈判，后来甚至提出了自己的董事会成员候选人名单，意欲取代雅虎现任董事会。尽管一直没有流露过反对意见，很显然，杨致远对伊坎仍然耿耿于怀。

（5）受到全球金融危机的影响，将导致2009年网络显示广告开支的下滑，这将使雅虎陷入更麻烦的境地。2008年广告客户在美国网络搜索广告市场的开支达104亿美元，其中有73.5%的开支流向谷歌，雅虎的市场份额仅13.3%，而它在前两年的市场份额分别为20%和15%。

（6）在雅虎巴拿马广告平台计划告败后，杨致远主导于2008年4月7日公布了“新广告系统AMP”，希望通过这一新平台售出更多广告，但AMP几乎没有任何效果。

（7）受美国金融危机影响，投资者担心网络广告开支下滑，从而导致雅虎股价大幅下挫。2008年7月至10月，雅虎亚洲资产市值已降至72亿美元，缩水22亿美元。本来，在微软放弃收购雅虎之后，雅虎曾有意分拆或出售这部分资产。到了8月份，激进投资者卡尔·伊坎加盟董事会后，雅虎还是未能出售其亚洲资产。

（8）自2007年1月至2008年7月一年半时间里，共有114名雅虎高管离开了雅虎。其中，有些跳槽至谷歌，有些选择了自主创业，还有一些仍在等待时机。

（9）杨致远自身原因。在雅虎一直有一种质疑：杨致远凭什么出任首席执行官？杨致远给出的答案可以概括为一句话：他创办了雅虎。杨致远从来都没有真正解释清楚自己能够胜任雅虎首席执行官的原因。杨致远自担任首席执行官以来，并没有开出“雅虎药方”，帮助公司走出困境，反让雅虎陷更深泥潭。

2009年1月13日，素有“铁娘子”之称的卡罗尔·巴茨，以61岁高龄就任雅虎首席执行官。巴茨曾任全球最大的二维、三维设计和工程软件公司欧特克董事会主席、总裁兼首席执行官长达14年之久，2006年4月卸任。加入欧特克之前，巴茨曾任职于数字设备公司、3M公司和信息技术及互联网技术服务公司Sun Microsystems（已被甲骨文收购），并兼任思科、Network Appliance和美国国家科学技术奖励基金会的董事。

巴茨上任6周就宣布管理层重组计划。在巴茨看来，“太多的缘由使得雅虎陷入泥沼”，管理层的变动对于雅虎具有确定性意义，因为公司决策缓慢、执行力低下，造成多年来一直步履蹒跚。新的管理层精简结构旨在“大幅提高效率”。

巴茨的目标是要从客户那里得到更为直接的反馈，决心将雅虎原有的“矩阵管理”体系变成更扁平的组织构架，使管理者责权明晰。多年来，雅虎在全球有过多的非主营产品集群，每个集群都有各自的组织和功能。“矩阵管理”模式导致决策缓慢、责任缺失。

巴茨复兴雅虎的具体措施包括：①改善产品质量和运营效率，明确决策和责任。②将科技与产品部门结合起来，组成产品部门。③在北美和国际提供符合当地市场的雅虎产品、项目和服务。④移动业务仍将是雅虎的重点业务，所有产品团队都应在产品中融入移动创新。⑤新设立的首席营销官负责监督公司的全球营销战略，为公司营销提供指导。⑥关闭或出售大批业务，更换高管并削减成本。2009年9月，雅虎以1.5亿美元出售所持阿里巴巴网站1.14%的股份；10月，关闭个人空间服务GeoCities。⑦与微软达成搜索合作协议，雅虎和微软的搜索引擎合作获得了美国和欧盟反垄断机构的批准，雅虎搜索正式切换成为微软Bing搜索结果，实际上雅虎是将搜索业务外包给微软。微软将成为雅虎网站今后10年的独家搜索服务提供商。

2009年9月，雅虎斥资1亿美元进行长达15个月的品牌营销推广活动，在美国及其他9个国家通过电视、网络及其他媒介进行播放，宣传雅虎正努力向其近6亿的全球用户提供更多的页面定制方式，这意味着雅虎将利用来自于其他站点的素材。由于利润下滑且许多用户都转投谷歌以及脸谱、推特，导致雅虎品牌逐渐衰落。但是上述网站，都没有花费大笔资金进行自我推广。巴茨一直认为，雅虎遭到了不公正的待遇，她认为通过新的品牌推广活动将重塑雅虎的形象。巴茨在新闻发布会上说，“当你离开纽约和硅谷，就会知道每个人都热爱雅虎。媒体为何对雅虎冷言冷语？去这样对待谷歌吧。如果你们不喜欢我们，就离我们远一点。”

2009 年雅虎营收 64.6 亿美元，同比下降 10.4%；利润 5.98 亿美元，同比增长 42.8%；公司市值 211.6 亿美元，同比增长 29.8%；软实力指数 0.204，同比增加 3.1 个百分点。很明显，巴茨加盟雅虎后，大刀阔斧削减成本，出售表现不佳的业务，在当年初见成效。营收下降与剥离部分业务线有关，而利润增长得力于削减成本，因支出下降抵消了收入降幅。尤其第三季度雅虎利润飙涨，净利润的大幅增长至 1.86 亿美元，增长幅度逾两倍，出售阿里巴巴股份的交易功不可没。公司市值的增长，表明投资者对巴茨改革举措的认可。

2010 年，巴茨将雅虎移动部门解体，关闭了 8 个网络业务实体，还将另外十几个业务定位在“夕阳产业”。关闭的业务包括 Yahoo Publisher 服务以及 Search Monkey、AltaVista、AllTheWeb、Bookmarks、Buzz、Picks 和 MyBlogLog 等系列产品。12 月 17 日社会化书签网站 del.icio.us 宣布将脱离雅虎，雅虎于 2005 年收购该公司，del.icio.us 称“在战略上不适合雅虎”。继 2009 年裁减 700 名员工，雅虎又在产品部门裁减员工 560 人。多名高官离职，包括首席技术官兼执行副总裁阿里·巴洛格、消费者产品部门的高级副总裁布赖恩·拉姆金、广告产品集团的高级副总裁大卫·库。

2010 年雅虎实现营收 63.25 亿美元，同比下降 2.1%；实现利润 12.32 亿美元，同比增长 106%；公司市值 211.2 亿美元，与上年持平；软实力指数 0.234，比上年增加 3 个百分点。2010 年雅虎业绩亮点是利润增长了一倍多，表明成本削减继续发挥积极作用，核心价值的回报开始彰显，因此，软实力走强。但因营收萎缩，投资者支持度不高，公司市值提升毫无起色。

2010 年的业绩表明，营收增长对于雅虎来说依然是一个大问题。为了能够节俭成本，巴茨先后进行了两次大规模裁员。不过，雅虎的作为仅仅在削减成本，节省的成本就等于增加的利润，而不断削减成本也只能起到这样的效果。在雅虎缩小规模，进行裁员的同时，竞争对手谷歌则逐渐壮大。仅 2010 年一年，谷歌员工队伍就扩大 25%。雅虎主要的业绩增长潜力来自于“投资变现活动”，这意味着雅虎需要出售其亚洲资产。雅虎的亚洲资产很有价值，但雅虎也需要使核心业务向正确的方向发展。巴茨面临的最大压力就是要推动营收的增长。

2011 年 9 月 6 日，雅虎董事会主席电话通知卡罗尔·巴茨被解雇，巴茨不再是雅虎的首席执行官，由首席财务官蒂姆·莫斯担任过渡期的首席执行官。巴茨被解雇，被投资者视为利好。在她去职的第二天，雅虎股价从前一天的 12.9 美元上涨至近 14 美元，收市上涨 5.43%。

巴茨和她的前任塞梅尔、杨致远一样，都没能将雅虎带出泥沼。巴茨上任之后，采取了重组员工、精减产品线和服务等措施，然而，这些措施却未能奏效，雅虎在推出新的重大网络产品和服务以及提升一度下滑的股价方面仍存在较大的困难。巴茨真正的问题是一直没有拿出真正革新的魄力，甚至没有展现出一搏的勇气。

还有一个致命的问题，雅虎对几年前使其做大的显示广告领域过于执着，自认为用户会访问其网站，但用户想要的却是更加一致的体验，用户的注意力将转向移动设备和由网友共同创作的内容。而随着互联网使用方式的彻底改变，雅虎碰到了障碍却不像其他竞争对手那样去革新。

巴茨推行的裁员、裁减业务之类带来的改善很快就被公司的衰颓盖过。巴茨说，自己的成果要到 2013 年才会显现。这或许有道理，但这已不足以改变结果，雅虎董事会显然等不及了。这里要着重提到的是，巴茨在任期间虽然没有给雅虎带来营收增长，但利润率提高一直在显现，这也是她所希望的。在 2010 年 6 月公司年度股东大会上，巴茨承诺，将大幅提升公司利润率，把公司的利润率从6%（注：雅虎2008年利润率为5.8%）提升至24%，在不久的将来增加股东价值。2009年雅虎利润率9.3%，2010年19.5%，2011年21%，利润率的提高一直在接近巴茨所希望的24%的目标。2012年雅虎利润39.45亿美元，其中28亿美元来自阿里巴巴回购交易，如果剔除回购所得，雅虎来自运营方面的利润为11.45亿美元，利润率为23%。巴茨虽被解雇一年多，但她的成果确实仍在起作用，利润率离24%的目标只差1个百分点。2013年雅虎财报净利润13.66亿美元，如果剔除来自阿里巴巴的6.69亿美元，雅虎实际运营利润率为14.9%，与巴茨当初的成果预期有很大的反差。这与梅耶尔上任以来，改变巴茨原来的经营策略，进行一系列关停、并购、整合有较大关联。

2011年，在巴茨中途被解雇的情况下，雅虎实现营收49.84亿美元，同比减幅21.2%；实现利润10.49亿美元，同比减幅14.8%；公司市值184.1亿美元，同比减幅12.8%；软实力指数0.221，同比下降1.3个百分点。

第六节 › 守不住庞大的用户访问量

从特里·塞梅尔到杨致远到卡罗尔·巴茨，10 年来雅虎连换了三任首席执行官，软实力指数从 2001 年处于低谷的 0.336 继续跌至 2011 年的 0.221，这 10 年雅虎软实力整个下滑了 11.5 个百分点。雅虎到底怎么啦？何以落到如此衰败的境地？

雅虎靠提供搜索技术起家，获得巨大的浏览量，公司一举成名。应该说，搜索技术是雅虎的“微物质”，但随着功利思想的膨胀，公司上市后则更多地关注盈利，以刺激股价飙升，对搜索技术的创新却表现得很淡漠。首任首席执行官蒂姆·库格尔曾表示：“搜索如果成为一项独立的业务需要大量的资金，因为它占用太多的存储空间和带宽资源。现在的经济情况还不适宜做出这个投资决定。”库格尔认为，网页广告才是盈利的主流模式，点击量最重要，因此没有必要做大量投入来开发自己的搜索引擎。其余的搜索公司在这段时间也忙着将自己变为门户网站，他们和雅虎一样认为搜索技术不需要改进。正如《Search Me》作者尼尔·泰勒评价：“在经济利益的驱动下，这些品牌都忘记了自己的本职工作，也失去了它们原有的特质。它们都变成了附带购物商场的游乐场。”

2000 年，雅虎开始把搜索引擎业务外包给刚起步的谷歌，并宣称谷歌为“互联网上最好用的搜索引擎”。雅虎按年向谷歌支付 720 万美元的搜索技术服务费，使谷歌获得了宝贵的第一桶金，用于搜索技术开发。

如果说，库格尔那番不重视搜索业务的言论是开启雅虎偏向的钟声，那么，将搜索业务外包给谷歌，则是雅虎在培育自己日后的掘墓人。在“微物质”的问题上，如果对手日渐强大，而自己又主动弱化，在竞争上此消彼长是必然的。

特里·塞梅尔接棒后，偏离“微物质”的动向有所扭转，中止了与谷歌的搜索合作，推出了雅虎的搜索引擎。但是，塞梅尔最大的失误是2001年丧失并购谷歌的机会，这也是他职业生涯中最大的败笔。当时雅虎管理层仍认为搜索业务不是个赚钱的门路，倾向于把搜索业务继续外包给谷歌。

对此，《谷歌将带来什么?》的作者杰夫·贾维斯为雅虎感到叹息：“可怜的雅虎认为自己属于内容行业，这也是它为何会聘请一位好莱坞的高管塞梅尔来做首席执行官的原因。他致力于把雅虎变成一个‘数字电影制片厂’，但雅虎本可以因拥有网络搜索能力而成为搜索引擎巨擘，它把这个位置拱手让给了谷歌；它本来也可以成为网络搜索广告业务先驱，但它同样放弃了这项权利，将之送给谷歌。雅虎到底属于什么行业？我想它从来没有确定下来。”

塞梅尔没能拿下谷歌，主要原因是战略偏向，不仅如此，他还以更现实的态度追求业绩做大、多维发展、全面出击，使雅虎成为一体化的媒体综合公司。这样一来，使本来向“微物质”返回一程的雅虎又迈开大步离“微物质”而去。塞梅尔购买搜索引擎公司 Overture 后，迟迟没有启动大举进入搜索市场的竞争战略。时机贻误导致雅虎只能拼凑利用公司当时所拥有的搜索资源和技术。

巴茨上台后，干脆将雅虎搜索业务全部外包给微软。根据协议条款，雅虎负责销售其网站和微软部分网站的搜索广告，而微软提供必应搜索技术予以保障。双方达成10年合作协议，微软在协议的前5年向雅虎支付88%来自雅虎网站的搜索广告营收，作为流量获得成本。微软与雅虎在网络搜索的合作，实际上也是巴茨不得已而为之的交易。雅虎自认为搜索是弱项，但也没有明确其他业务主线。与微软达成合作，短期内看似乎雅虎节约开支，同时获得一笔收益，但实际上意味着雅虎正在退出搜索市场。

2011年9月，巴茨被雅虎解雇，9月份美国搜索引擎市场份额，谷歌占65.3%，雅虎占15.5%，微软占14.7%。与2007年12月的市场份额相比，谷歌增加9%，雅虎下降2.4%，微软上升0.9%。

网络泡沫破裂后，雅虎股价跌入低谷，雅虎一直想做大业绩，刺激股价飙升。而短期内要实现快速扩张和业绩提升，无疑并购是首要之举。从塞梅尔任职以来，雅虎不断地进行大肆并购，但回顾雅虎的收购史会发现，基本没有成功的案例，当然，投资阿里巴巴股份是唯一的成功个案。被雅虎收购的公司大部分被关闭了服务，而拒绝收购的公司几乎都成了成功的互联网公司。

2005年正值塞梅尔业绩的鼎盛时期，雅虎斥资3500万美元收购了图片社区Flickr。这在当时被业界认为是一次双赢的交易。Flickr拥有大量的铁杆粉丝，拥有值得尊敬的创业团队并且在社区媒体的发展上处于领先地位。但是雅虎却把这一切搞砸了，Flickr最终沦为雅虎收购的一个典型失败案例。

收购前的Flickr和Instagram，在最鼎盛时期围绕照片分享创建了各自的社区。这两款应用都利用了当时最时尚的技术概念。Flickr使用标签，允许用户能够通过电子邮件上传照片；Instagram则充分利用iPhone摄像头和推特的普及，使用滤镜为照片加入新颖感，提升了价值。Flickr和Instagram都经历了极受欢迎的过程，但是随着Instagram影响力的不断上升，收购后的Flickr却不再光彩依旧。

Flickr的衰落与雅虎的衰落是同步的。正如雅虎的衰落是因为错过了一次又一次发展做大的机会，Flickr的衰落则是由于错失抓住的移动互联网的机会。一位早期Flickr用户表示，早期的Flickr非常具有创新精神，现在则行动缓慢，过去的Flickr更像现在的Instagram。Flickr创新精神的退化，很大程度上受到了雅虎官僚主义影响，组织结构变得官僚化，使得行动过于缓慢，忽视了市场蕴含着的具有破坏性的创新。

雅虎收购Flickr，看中的是Flickr极具价值的数据库资源，就是用户社区上传的大量分类妥善、标签完整的照片，而不是完成和扩充这些数据的用户。收购 Flickr 后，雅虎并没有开发新特性以便进一步扩大用户社区，而是严格要求 Flickr 团队将 Flickr 中有价值的照片数据融入到雅虎的各种服务中去。Flickr 团队不得不耗费大量的人力和财力来满足雅虎方面的各种苛刻的整合要求，而 Flickr 团队则失去创新的自主权。

Flickr 团队所能贡献的收入远少于当时雅虎的其他主要服务项目（雅虎邮箱、雅虎体育等），Flickr 团队所能得到的资源也就十分稀少。资源的不足导致 Flickr 团队在完成整合进程之外无力开发新特性吸引用户扩大社区，而用户社区无法增长又意味着无法贡献更多的收入，由此就无法获得更多资源。于是出现了死循环，Flickr 团队就难以有效地发展和壮大自己的产品。在这样资源不足的窘境中，Flickr 团队不得不取消了大部分增加新特性适应新潮流的计划，使 Flickr 错过了一次又一次的发展机会，比如错过从图像领域进军视频领域的机会，错过进一步强化照片分享社交关系的机会，错过发展新兴服务的机会。于是，那些后来的对手 Youtube、脸谱、Instagram 一步步壮大并取得成功，而 Flickr 只能继续停留在照片存储和分享的旧领域里原地踏步，加之急于盈利的雅虎又推出付费模式，对免费用户设定严格的流量限制，使得 Flickr 用户的大量流失，最终 Flickr 从自己的传统地盘上被踢了出去。

在雅虎的 8 任首席执行官中，特里·塞梅尔算得上是一位略有远见的领导人。当然很有远见还谈不上，在他任上毕竟失去了收购谷歌的机会，过分突出短期绩效，过分依赖显示广告，过分注重发展媒体业务，这些因素给雅虎后来的发展带来了很大困扰。说塞梅尔略有远见，是他在一定程度上比较重视雅虎技术基因的培植和充实。

从实体运营和业绩实现看，2005 年是雅虎历史上收成最好的一年。运营利润 18.96 亿美元，创历史之最，虽然 2012 年梅耶尔继任，雅虎当年实现利润 39.45 亿美元，创历史最高水平，但其中有 28 亿美元来自阿里巴巴的回购交易，雅虎实际运营利润只有 11.45 亿美元。不仅如此，2005 年雅虎利润率达 36.1%，也创历史最高水平，而 2012 年实际利润率在剔除回购所得后只有 23%。2005 年雅虎的市值为 491.6 亿美元，是雅虎历史上市值的最高纪录，1999 年雅虎市值虽然高达 1291 亿美元，但那是泡沫经济所致，并非雅虎价值真实写照。2005 年雅虎能取得如此佳绩，与塞梅尔重视技术收购有很大关系。2005 年雅虎做出的一系列收购举动都是非常有前瞻性的，例如照片分享服务 Flickr、书签分享服务 del.icio.us 和日程分享服务 Upcoming 等等，这些收购进一步强化了雅虎营收的价值分量，因此能获得用户和投资者的双重认可。如果当时雅虎能对这些收购来的服务构筑出的社交关系进行有效的利用，再加上雅虎已有的邮箱和即时通讯服务带来的社交资源，雅虎是有机会在社交网络时代占得先机的。只可惜当时的雅虎根本就没这么做。这应是塞梅尔在任时的又一大失策！当时雅虎刚刚被谷歌从搜索引擎服务老大的位置上挤下来，有数据显示，2005 年 8 月美国搜索市场份额谷歌升至 45.9%，雅虎降至 23.2%，雅虎试图通过收购这些服务，整合更多的资源，重新夺回搜索引擎服务第一的位置。也再次表明，雅虎更注重短期利益，而忽视长期发展。

Flickr 并不是雅虎搞砸的第一个收购，另一个不得不提的就是雅虎地球村（GeoCities）。GeoCities 创建于 1994 年，曾经是全球第三大网站。GeoCities 的免费网站搭建服务，被认为是许多网络用户当前所使用的社交工具的先驱。GeoCities 是个人主页服务，用户申请账号之后，可以将做好的 HTML 网页上传上去。个人主页服务在 1990 年代十分流行，当时 GeoCities 拥有 350 万用户。

雅虎在 1999 年以 36.5 亿美元的价格收购了 GeoCities。随着脸谱和 Myspace 等社交网络网站在网络用户中的流行，以及雅虎一系列决策失误，对 GeoCities 也没有进行过重大升级，在 Web2.0 时代，社交网络、博客等服务逐渐取代了个人主页的地位，GeoCities 不太受欢迎了，用户大量流失。雅虎收购之后，地球村主要提供寄存网页服务，但雅虎先是规定其拥有网站上的所有内容版权，然后又因为地球村尚未盈利，雅虎开始对寄存服务收费。最终雅虎地球村无力支撑，2009 年被迫关闭，36.5 亿美元打了水漂。

在塞梅尔任上，通过一系列收购充实了雅虎的技术基因，但对收购没有进行有效整合和利用，雅虎的技术基因并未加强，尽管如此，还是为雅虎进行了一定程度的技术扩张，因而雅虎营收能持续增长。而在巴茨任上却正好相反，巴茨极力关停或出售雅虎既有收购的一些服务，使雅虎脆弱的技术基础被进一步削弱。巴茨上任以来，极力突出核心业务，提升营业利润率。为了达到这两个目标，她出售、关闭或计划关闭的资产价值超过了 48 亿美元。同时，由于缺乏技术创新，使得雅虎营收持续下降。

1999 年雅虎耗资 36.5 亿美元收购的 GeoCities，10 年后就在巴茨任上关闭。在巴茨任上关闭的雅虎资产还有：雅虎曾经斥资 3.5 亿美元收购的企业电子邮件通信平台 Zimbra，以远低于 3.5 亿美元的价格出售给 VMWare；雅虎斥资 1.6 亿美元收购的网络视频广告公司 Maven，17 个月后又将其关闭；雅虎出价 4.36 亿美元收购的招聘网站 Hot Jobs，以 2.25 亿美元的价格出售给美国招聘巨头 Monster.com；以 1.4 亿美元收购的 AltaVista 搜索引擎被关闭；等等。

从雅虎 10 多年的收购、关停、出售、外包情况看，人们不禁要问：雅虎到底要做什么？其实，雅虎最大的问题就是技术基因的缺失。优秀的软实力公司其并购扩张总是围绕核心价值展开的，但从雅虎 10 多年来的收购经历看，收购主旨并不明朗，似乎都是急功近利，为提高媒体运营收益，仅凭这一点，雅虎还算不上优秀的软实力公司。从加强公司技术基因看：①雅虎是该收购的没收购，比如谷歌，还有网络广告提供商 DoubleClick，雅虎本应该收购却没收购，反被谷歌以 31 亿美元的价格成功收购，使谷歌拥有了行业领先的显示广告平台；②该被收购的没被收购，比如微软收购雅虎；③该掌控的没掌控，比如搜索技术服务先是外包给谷歌，后来外包给了微软；④该整合创新的却迟迟不动，反而推出收费模式，使得用户大量流失，比如 Flickr、GeoCities 等。由于举棋不定、犹豫不决、急功近利，使雅虎到头来竹篮打水一场空，什么也没捞到。

雅虎的辉煌属于互联网初创时期的 Web1.0 时代。当初，杨致远和大卫·费罗共同编写了一个网络导航应用，因便于网民找到自己想去的网站而大受欢迎，逐渐奠定了美国第一门户网站的地位。透过雅虎的导航、资讯、邮箱等免费服务，杨致远为雅虎找到了展示广告业务之路，将企业的广告投入从传统媒体吸引到了互联网上来。显示广告赚钱快，尝到甜头的雅虎集中力量打造“注意力经济”，雅虎很快成为美国公司在互联网上投放广告的第一选择。从 1996 年到 2005 年的 10 年，雅虎的营业额从 2000 万美元独猛增至 52.6 亿美元，增长了 263 倍。

2006 年以前，作为一家网络媒体，雅虎无疑是最成功的。互联网的兴起改变了传统媒体的广告业态，雅虎敏锐地捕捉到网络广告发展的商机，从浪潮之巅创出了一条媒体掘金之路。然而，网络在不断普及和发展，后续崛起的网络公司靠技术创新大量分食雅虎的显示广告市场，竞争格局由雅虎一家独大转向数家争鸣。实际上，互联网掘金已由单纯的“访问量+显示广告”变成了综合的“技术创新+用户体验+显示广告”。但是，雅虎沉湎于过去的辉煌时代，没有看到技术的重要性，忽视了用户体验和用户注意力向移动互联网的转移，对自己的成功领域过于执着，过于自信用户会访问其网站，仍坚持发展“优质数字媒体公司”，由于技术跟不上，缺乏创新，使得雅虎还没有成熟就已经衰老。从 2006 年起，雅虎开始走下坡路，可谓盛极而衰。

互联网创业辅导者保罗·格雷厄姆创立的公司在 1998 年被雅虎收购，他在雅虎工作期间发现这是一家没有技术基因的企业。与永远在寻找最优秀程序员的微软、谷歌和脸谱相比，雅虎聚拢的是些二流程序员。产品经理和设计师来决定用户使用的软件将是什么样的，而程序员只是将他们的想法翻译成代码而已。技术创新能否花钱买来呢？1994 年花 57 亿美元收购的 Broadcast. com 和 1999 年以 35. 6 亿美元购入的 GeoCities 先后被雅虎关闭。事实证明，雅虎花钱买不来技术创新。

显示广告吸引广告主靠的是流量，而点击的真伪难以辨析。搜索广告吸引广告主靠的则是深厚技术实力方能实现的精准匹配。在网络广告市场，谷歌凭借技术实力打造的搜索匹配广告，稳坐头把交椅。搜索广告在 2000 年互联网泡沫破灭之后曾救过雅虎一命，可惜这种技术基因在雅虎没有得到有效的固化和延续，使得雅虎的技术振兴只是昙花一现。

2011 年 1 月，雅虎访问量 1. 789 亿次，排名美国各大网站点击量第 1；谷歌访问量 1. 785 亿次，排名第 2。7 月，雅虎访问量 1. 776 亿次，比 1 月下降 0. 6%，排名第 2；谷歌访问量达 1. 823 亿次，比 1 月增加 2. 1%，排名第 1。2011 年 1 月，虽然雅虎在很多方面表现很好，但是在广告方面还是不及谷歌。谷歌的广告点击量占到了美国网民人数的 93. 1%。而雅虎的只占到了 85. 5%。

雅虎为何守不住庞大的用户访问量，且广告点击量下滑？主要是没做好社交网络业务。雅虎曾试图为庞大的用户建立自己的社交网络，尝试多次，但屡屡失败。在社交网络和博客方面，脸谱是高手，连谷歌也怕它三分。2011 年脸谱的社交网络平均月独立用户访问量为 1. 37 亿次，排名第 1，谷歌和雅虎分列第 8 和第 9。脸谱的社交网络率先公开自己的页面源代码，让各种类型的互联网内容提供商开发嵌入，从而将流量和信息牢牢圈住，因而受到广告商的高度重视，广告也随之涌入。对于脸谱的崛起，谷歌尚可凭借自己的技术与之一决高低，而没有技术储备的雅虎则根本没有还手之力。

有意思的是，2012 年雅虎和脸谱就技术专利爆发了诉讼与反诉讼之争，不过最终达成和解。2012 年 3 月 12 日，雅虎起诉脸谱，指控其以不同方式侵犯了它的10项专利，内容涉及网络广告、隐私、通信以及社交网络等技术。雅虎在起诉书中说，脸谱使用雅虎专利技术增加了营业收入，扩大了市场份额，但相关研发成本却由雅虎来承担，雅虎蒙受的损失仅靠让脸谱补交专利费无法全部弥补。雅虎由此要求法庭责令脸谱赔偿专利侵权造成的一切损失。雅虎近年来经营状况不佳，管理层动荡不已。脸谱作为新生代社交网站的领头羊迅猛崛起，不仅夺走雅虎等不少老牌网站的大量用户，也蚕食了雅虎传统的网络广告等地盘。

随后，脸谱从IBM购买了750项专利，涵盖软件和互联网领域的多项技术。2011年年底时脸谱还只有56项获批专利，而雅虎则持有超过1000项互联网专利。4月3日，脸谱反诉雅虎，指控雅虎侵犯脸谱包括图片共享、在线广告和在线建议等技术在内的10项专利，其中5项涉及雅虎网站主页和相关页面的在线广告技术。

7月6日，雅虎和脸谱达成战略协议，和解技术专利纠纷并形成广告同盟，以图摆脱困境、寻求共赢。依据协议，双方将互相投放广告；脸谱用户可以使用更多雅虎新闻服务，雅虎网站将融合更多社交服务。广告同盟有助雅虎“收复”互联网广告市场，脸谱则可以向全球大约9亿用户提供更多个性化选择。

为了争夺新闻市场，2010年7月，谷歌和雅虎均作出调整，希望借此为用户提供新的在线新闻体验，尽管两家公司都强调了搜索引擎在变革中的角色作用，但走的仍是截然不同的两个方向，即雅虎重原创，谷歌重技术。雅虎推出的新闻博客服务Upshot，由雅虎的编辑和记者队伍创办，使用搜索以及其他用户数据帮助确立新闻报道的目标以及方法。谷歌推出的谷歌资讯新版服务，可以允许用户定制关注的新闻，但新闻的撰写和编辑则由其他网友完成。

雅虎推出Upshot，表明其已转型成一个传媒公司，即综合利用技术和用户的力量以发现或者创造人们需要的内容。同时，谷歌继续展示其对复杂程度不断增加的搜索技术的信心，希望以此评估和指向互联网中相关性最高的内容。雅虎新闻服务副总裁马克·沃克称，推出 Upshot 并非是取代此前所打造的新闻服务，而是在此基础上将其放大。他说：“明显我们已经进行了大量的积累，现在我们应该做的就是在这些原创内容上添加由雅虎创造的适当大小的‘图层’，从而更好地为雅虎的受众服务。”

谷歌资讯频道高级产品经理约什·科恩表示：“谷歌资讯的商业模式与雅虎截然不同，雅虎更加专注于内容创造和生成，而我们则是站在发现者的角度。”他说，这次改版符合了谷歌的使命，即对世界的新闻进行组织，并呈现给全世界的人们。搜索技术网站总编辑丹尼·苏利文表示：“此举再次确认雅虎正试图成为一家传媒公司，拥有自己的内容并增加雅虎网站对用户的粘性。而谷歌却是恰恰相反，他们希望将用户推向其他出版商。”

第七节 › 媒体运营模式彻底失败

纵观雅虎2001年到2011年所走过的历程，其做不大且不断萎缩的原因可归纳为三方面。

一、雅虎“微物质”不明晰

不管是成为媒体公司还是成为技术公司，首先必须弄清楚公司赖以持续发展的价值基因是什么。在10年的时间内，雅虎没有搞清这个问题，致使发展得一头雾水，经营管理陷入混乱。这是雅虎做不大的根本原因。价值基因的缺失造成运营失去方向，所实现的价值放大倍数某种意义上已不是核心价值的放大，而是对其拥有资源的价值放大。

资源价值的放大与公司规模正相关。在这10年中，雅虎为了做大而持续扩大收购，持续关停、出售大量业务，就像猴子捡玉米棒，拿一个扔一个，同时还不断地大量裁员。这一进一出总体算起来，缩小的总量远大于增加的总量，这就注定雅虎业务及规模的持续萎缩是必然的，况且雅虎的资源整合能力比较低，这也注定雅虎的资源升值会较为困难。

比较2001~2011年雅虎价值放大倍数及资源整合率的走势（见图2-11），不难发现，雅虎的资源整合能力在不断下滑。2001年整合率0.173，2003年达到最高0.264，之后走下坡路，2011年降至最低0.152；价值放大倍数在2003年达到最高19.082，之后持续萎缩，2008年缩至最低2.261，2009至2011年持续小幅提升，放大比例平均值为3.436。

2003年，为何雅虎的价值放大比例和整合率均达到最高水平？这一年，雅虎出资近20亿美元收购了3家搜索技术公司，即Overture、Inktomi和3721，这使雅虎的搜索技术及业务水平得到极大提升，且公司核心价值

图 2-11　2001～2011 年雅虎价值放大倍数及资源整合率

资料来源：邓正红软实力研究应用中心。

崭露头角。因此，这一年的整合效率和整合价值均是最高的。如果当初雅虎能按 2003 年的价值思路持续发展下去，则它至少不会落到衰败的结局，甚至可成为网络广告市场的霸主。可惜的是，雅虎几次与重要的战略机遇擦肩而过，剑走偏锋，偏离价值基因放大的轨道，才落得兵败如山倒，不能不令人扼腕长叹！

2008 年 11 月 18 日雅虎宣布杨致远离职，从价值放大方面可以找到深层次的原因。这一年，雅虎的价值放大比例掉到历史最低水平，从这点看，杨致远离职是必须的，他要为雅虎市值暴跌负责。2009 至 2011 年的放大比例持续小幅提升，应该说与卡罗尔·巴茨的努力分不开，只是股东们显得急不可耐抑或眼光短浅，将营收持续的负增长完全归咎于她，临时变卦，中途解雇巴茨。所以，巴茨对此非常不满，毕竟她领导的雅虎转型是需要时间的。当然，巴茨也有自己的失策，在她的任上雅虎砍掉的存量超过增量，尤其是整合能力和创新能力明显下降，一年不如一年，雅虎资源整合率从 0.178 降至 0.152，这也是她无法实现雅虎营收增长的重要原因。

二、雅虎商业模式缺乏技术支撑

雅虎始终将自己定位在媒体公司，做的是显示广告业务，通过庞大的用户访问量吸引广告主，增加收益。不同的定位决定不同的运营模式，无疑，雅虎的商业模式选择的是媒体运营。媒体运营最主要的是如何吸引大量的用户光顾，有人气才有财气，广告主投入看重的是流量。在1990年代后期，也是互联网兴起发展阶段，雅虎以敏锐的先知先觉找到了网络掘金的路子，靠提供简单的搜索服务，受到广泛关注，引来大量广告主，使雅虎轻轻松松赚到第一桶金。1998至2000年雅虎共获得利润1.6亿美元。网络泡沫破裂后，谷歌开创搜索运营模式先河，网络广告市场份额异军突起，雅虎的媒体运营模式受到挑战和威胁。雅虎想通过拓展一体化的媒体内容稳住和提升访问量，但雅虎只注重广告显示，忽视了用户体验，大量用户因此流失，网络市场份额急剧下降，最终搜索网络访问量不及谷歌，社交网络访问量不及脸谱。

雅虎的媒体运营模式本身没错，但其之所以在互联网体验时代败下阵来，一是因为雅虎过于自信，以为把内容做好了自然就会吸引用户；二是任何一项体验服务的推出，都需要领先的技术创新来支持，但雅虎缺的就是技术。虽然技术性收购可以弥补这个不足，但雅虎的整合能力太差，收购的项目只做了内容的整合，鲜有技术放大和技术创新。还有一个重要原因，雅虎一直以来重视媒体主播、节目主持人、编辑、记者等媒体人才的引进，而多数工程师几乎闲得无聊，难以派上用场，技术型人才的智力得不到有效发挥。更有甚者，每次裁员，技术工程师都首当其冲。

雅虎比较看重短期利益，在研发方面却持一定的投机心理，视投资者的态度确定研发投入比例，而不是考虑公司的长远发展。每当投资者看好雅虎股票，公司市值抬升，雅虎会抓住投资者的兴奋点暗中趁机降低研发投入比例；而一旦公司市值下跌，投资者不看好雅虎股票，雅虎就会提高研发投入比例，以此试图求得投资者的支持。1996 年雅虎刚上市，研发投入比例为历史最高达 23.4%（见图 2－12），很明显，是为了首次公开招股拉抬股市人气。

图 2－12　1996～2011 年雅虎研发投入

资料来源：邓正红软实力研究应用中心。

1997 至 2000 年，雅虎的业绩正增长，股市人气旺盛，公司市值不断攀上高峰，雅虎暗中逐年下调研发投入比例，到 2000 年降至历史最低 9.2%，较 1996 年整整下降了 14.2 个百分点。其实，2000 年市值跌幅高达 84%，按雅虎一贯的投机心理，本该提高研发投入比例，尽早挽回股市人气，可雅虎没这么做，以为这种高跌幅属于正常的股市波动，等待股市自然回升，因而继续降低研发投入比例，这说明雅虎还存在一定的侥幸心理。2001 年泡沫经济彻底破裂，雅虎市值全面退潮，跌入深渊，雅虎不得不将研发投入比例提高到 16.9%，比上年增加 7.7 个百分点。明眼人都看得出，这是雅虎不到黄河心不死、陷之死地而后生的决断。

2002 至 2005 年，雅虎业绩增长进入鼎盛时期，公司市值一路飙升，同样，雅虎的研发投入比例也一路下降，从 2001 年的 16.9% 降至 2004、2005 年的 10.3% 和 10.4%，这似乎成了雅虎蒙混投资人惯使的伎俩。2006 年公司市值较上年减少 106 亿美元，此时雅虎学乖了，再不能抱着 2000～2001 年那样的侥幸心理，将研发投入比例提高了 2.6 个百分点。谁知投资者不认这个账，2007、2008年雅虎市值继续下跌，雅虎不得不将这两年的研发投入比例分别提升2.6和1.3个百分点。2009年，公司市值同比上涨48亿美元，这时雅虎看出投资人对其支持心理比较脆弱，就没有采取暗中下调的做法，反而微幅提升研发投入比例1.8个百分点，想以此坚定投资者的信心。2010年，雅虎利润大幅增长，公司市值与上年基本持平，雅虎以为股市人气得到稳定，于是又暗中下调研发投比例1.6个百分点。但投资人不是傻瓜，雅虎的一举一动都在他们的掌握之中，2011年雅虎市值降幅达12.8%，由此雅虎又把研发投入比例上调了3.1个百分点。

雅虎和投资人玩"猫捉老鼠的研发把戏"，要的是小聪明，显得太幼稚，反误了公司长远发展的前程。雅虎在研发上打心眼里不情愿投入更多，这就害苦了研发部门的工程技术人员。因为研发经费得不到持续稳定充足的投入，巧妇难为无米之炊，就阻碍了工程师进行技术创新。这也是雅虎创新效率低下的一个重要原因。

商业模式的任务是放大技术创新成果，将"微物质"转化为更多的营收和利润。雅虎的媒体运营表面上看靠内容吸引用户，与技术无关，但用户所需要的内容越来越趋向于个性化的体验，要获得用户的青睐，必须以强大的技术实力和不断创新的个性体验来支持。雅虎的媒体运营创造不了业绩上的大数据，甚至造成业绩萎缩，就是吃了不重视技术的亏。没有技术，没有创新成果，媒体运营就缺乏可释放和放大的价值。反而对手利用这个空档，靠强大的技术实力和充满时尚的个性体验大举分食雅虎既有的市场份额，如此一来，雅虎10多年经营的媒体商业模式功败垂成。

雅虎的业绩停滞不前，除了因为缺乏以技术为支撑的价值创新外，其家底中真正有价值的资产也并不多。经过10多年的收购，雅虎经营的媒体内容确实相当丰富，但也杂乱不堪，真正有价值、能促进营收增长的项目寥寥可数。很多有价值潜力的公司被雅虎收购后，却无法实现价值放大、贡献营收，反而变成闲置的“垃圾”，被雅虎无端处理掉。雅虎形成的一边大量收购一边大量关停的恶性循环就是最好的佐证。

2013年10月，雅虎的市值为341亿美元，美国媒体分析称，雅虎资产其实不值几个钱。为什么会有这样的说法？雅虎运营的独立业务主要有两个：一个是面向消费者的互联网公司，仍在艰难争取网络广告份额；一个是在中国阿里巴巴24%的股权投资，阿里巴巴的盈利能力是脸谱的两倍多。雅虎正靠着后者的业务带动第一项业务。阿里巴巴集团正准备上市，其资产估值约在750亿美元到1250亿美元之间。如果按照估值低位计算，雅虎持有的阿里巴巴股权价值180亿美元，约为雅虎市值的一半；如果按照估值高位计算，雅虎的阿里股权价值300亿美元，这意味着，雅虎自己的业务和资产，仅仅占到40亿美元，是公司市值的12%。阿里巴巴的股权价值最高占到了雅虎市值的近九成，也就是说除去阿里巴巴股权，雅虎资产价值所剩不多。

商业模式中的四个要素都与价值相关。

（1）客户价值。雅虎能为客户带来不可替代的价值日益减少，大量关停业务表明业务价值衰退，大量收购业务表明业务创新跟不上客户价值需求。

（2）赢利途径。雅虎的赢利主要来自两方面，一个是网络广告，但这方面的市场份额在持续下降，另一个则来自阿里巴巴的股权回报。2013年12月10日，雅虎股价突破40美元，业内分析师却认为，雅虎股价与雅虎本身无关，其股价推动来自于雅虎对股票的积极回购和对阿里巴巴首次公开招股的预期。此前，雅虎发行了价值12.5亿美元的可转换优先债券，同时阿里巴巴的市值在分析家眼中正不断上涨。尽管2013年雅虎股价较2012年翻了一番，但雅虎营收并没有实质性增长。

（3）关键资源。如何有效整合资源为客户提供价值，这方面雅虎是做得最差劲的。近年来，雅虎一直在努力扭转其核心广告业务，并在聘用人才、更新产品和吸引新用户方面作出了很多努力；几次重新设计了网站和应用程序，以向用户提供更多的个性化内容。标普评级机构表示，虽然雅虎拥有强大的品牌知名度和非常广泛的互联网受众，但因为互联网市场竞争日益激烈，而且雅虎的几个竞争对手拥有更多的资源，故标普认为，在显示广告业务上，雅虎要获得与谷歌、脸谱对等的市场份额是“非常困难的”。

（4）关键流程。在公司内部以制度和文化确保客户价值的实现。雅虎上市后的功利主义膨胀，使得其企业文化过于注重短期盈利，忽视长远发展和技术创新，从而导致官僚主义盛行、体制僵化、员工缺乏活力，加之持续大量的裁员、关停，人心不稳，核心人才大量流失。这样的制度和文化恰如一潭死水，难以激活员工的积极性和创造力，更难确保客户价值的实现。

商业模式围绕价值展开，通过放大价值形成业绩。从商业模式四要素看，雅虎缺的就是价值整合、价值创新，雅虎巨大的浏览量却换不来营收的增长，问题就在这里。商业模式是放大业绩的黑匣子，但是，雅虎的这个黑匣子就像一辆极度缓慢的老爷车，其动力装置陈旧、价值润滑滞涩，各部件之间充满刚性和惰性的摩擦，内耗加大，最终达不到快速协同，因此，雅虎的运营只能艰难爬行。

2000 年以前，雅虎依靠免费和开放的商业模式，取得了巨大的成功。然而，以谷歌为代表的新一代网络公司依靠强大的技术能力整合全球信息，汇聚巨大的网络流量，然后通过 Adsense 和 Adwords 等产品，将流量出售给数量庞大的中小企业。这种全新的网络模式彻底颠覆了门户的旧有格局，也把雅虎一步步逼进死胡同。

雅虎的衰落和谷歌的崛起，折射出网络公司仅靠单纯的媒体运营模式难以持续发展，取而代之的是“技术 + 媒体运营”的商业模式。技术和媒体运营，好比“前驱 + 后驱”，一个都不能少。只有具备了强大的技术能力，才有可能做出深受用户喜爱的产品，再辅之以独特的商业模式，才有可能取得商业上的成功。未来互联网的竞争，将是技术与商业模式的复合能力之争。只有那些拥有更多动力的公司，才能一路领先不至于被“后浪”追上。但对于玩惯了媒体内容的雅虎来说，从媒体公司迈向技术公司谈何容易！

三、官僚型企业文化阻碍创新，运营效率低下

雅虎业绩难以做大，从根本上讲是技术跟不上，技术创新能力低下，内部创新氛围不浓，员工整体呈雍容懒散之状，员工的智力得不到有效整合和最大发挥。这是雅虎官僚型企业文化给自己在前进路上设置的最大障碍。

文化的力量在于惯性，塑造一种文化比较难，而要推翻一种文化、重塑新文化则更难。从2001年到2011年，雅虎三任首席执行官（特里·塞梅尔、杨致远、卡罗尔·巴茨）都是迫于压力而离职的，并且压力来源一致——股东们对他们不能带领雅虎在短期内实现营收增长感到非常不满（这是雅虎一直以来急于功利的体现）。应该说，三位首席执行官都在努力改变雅虎的现状，那为什么不能立竿见影、快速实现预期？实际上是受到了官僚型文化的惯性阻力。一则措施的见效需要一定的时间，二则落后、低效的企业文化在拖延时间。因此，雅虎出现了屡屡换帅、屡屡不见营收增长的怪现象。杨致远就是被搬不动的“圣牛”拖下来的。可以说，雅虎的官僚文化没有改变雅虎，却屡屡改变首席执行官。这是雅虎最大的悲剧！

按照“微物质”放大模型，企业文化属于商业模式的要素范畴，企业文化对公司业绩的影响可以直接通过商业模式运转频次来评价。积极的企业文化加快商业模式运转，使公司业绩快速增长；消极的企业文化延缓商业模式运转，使公司业绩缓慢增长甚至负增长。

雅虎官僚文化孕育于雅虎上市，塞梅尔任期成型，杨致远任期受到阻

碍，巴茨任期遭罪，梅耶尔时代则要根治。在塞梅尔任期内，雅虎急于扭转泡沫经济破裂所带来的业绩颓势，加快了营收增长速度，使雅虎获得了第二次发展的黄金时期。2003～2006 年的商业模式运转频次明显加快（见图 2－13），但这是追求短期利益所致，忽视了长远发展，后劲不足。2007 年的模式运转速度提升非常微弱，只有 0.01，几乎与 2006 年的频次持平。追求短期利益的行为促成了官僚文化的固化。到杨致远任期，2008 年的商业模式运转频次由 2007 年 0.57 降至 0.53，很明显，这是官僚文化在运营上的阻难。不得已，2009 年 1 月巴茨接棒，这一年受官僚文化的惯性作用，运转频次继续下降至 0.43。2010 年经巴茨努力，运转频次保持在 0.42，但商业模式运转势头仍在延缓，说明巴茨的努力拗不过官僚文化的阻力。2011 年，官僚文化继续发作，运转频次进一步迟缓的势头难以扭转，9 月巴茨被炒鱿鱼，全年的运转频次降至 0.34。2012 年，根深蒂固的官僚文化仍在强势恶化，虽然在 7 月梅耶尔接任首席执行官，她看到了官僚文化这一痼疾对雅虎的危害之深，宣布了一系列变革复兴计划，但铲除官僚文化不是短期内所能达到的，因此，2012 年雅虎商业模式运转频次降至 0.29，比最低年份 2003 年 0.27 的频次略快 0.02。

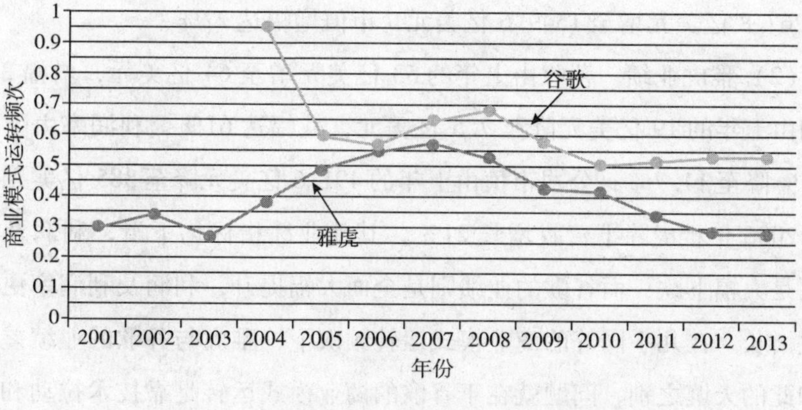

图 2－13 雅虎与谷歌商业模式运转频次比对

资料来源：邓正红软实力研究应用中心。

从塞梅尔到梅耶尔，纵观雅虎12年的商业模式运转频次，塞梅尔在6年的任期内创造了雅虎短暂的辉煌，但由于短期利益思想膨胀，使雅虎官僚文化由当初的孕育变成落地生根固化，使后续的5年雅虎因官僚主义泛滥而走上彻底衰败之路。所以，后来塞梅尔后悔，没有收购谷歌是他职业生涯中最大的一次失误。世上没有后悔药可吃，即便当初收购了谷歌，雅虎也不见得怎样，因为在他们眼里，收购谷歌无非是消灭一个强劲的未来竞争对手，雅虎当初所走的路就注定了它的命运。继谷歌崛起后，又冒出一个脸谱，雅虎仍是同样的腔调，后悔没收购。错也，这就是战略眼光问题，雅虎短视，再好的宝贝给它也发挥不出应有的价值，也会变成垃圾，经雅虎收购的大量失败案例就是最好的说明。这一切在于，雅虎骨子里的官僚文化是成事不足，败事有余！

从图2－13可以看出，2006年雅虎商业模式运转频次与谷歌比较接近，雅虎0.56，谷歌0.57，但这一年两家公司的业绩差异很大。

（1）谷歌业绩。营收由上年的61亿美元增至106亿美元，增幅达74%，营收首次突破100亿美元大关；利润由上年的15亿美元增至31亿美元，增幅达107%，利润率由上年的23.9%升至29%；公司市值由上年的1267.8亿美元增至1549.6亿美元，市值增幅达22%。

（2）雅虎业绩。营收由上年的53亿美元增至64亿美元，增幅21%；利润由上年的19亿美元降至7.5亿美元，减幅达61%，利润率由上年的36.1%降至11.7%；公司市值由上年的491.6亿美元降至385亿美元。

2006年雅虎除了营收增长21%，其他业绩指标均下滑，利润及利润率更是大幅下跌；而谷歌的业绩则是全面大幅提升，利润及利润率更是飞跃式增长。在几乎同等的商业模式运转频次下，雅虎与谷歌的业绩差异竟有如此的天壤之别，问题就在于谷歌的商业模式运转是靠技术拉动和创新推动，雅虎的商业模式运转缺的恰恰是技术和创新。这就好比乡村收割的打谷机，脱粒滚筒运转一次，能打下多少谷粒，取决于三个要素：投入的稻穗数量、每株稻穗上的谷粒数量和打谷效率（即将一株稻穗上的谷粒打干净所需要的时间）。对应网络商业模式运营，这三项要素分别是投入的技术成果数量、每项技术能为客户带来多大价值、技术价值的放大水平。谷歌名字取得好（玩笑话），似乎本身就是一台打谷机，依靠强大的技术整合能力打下的谷粒将谷仓塞得满满的，打谷机轰鸣就宛如一首嘹亮的丰收歌；雅虎则因为缺乏技术和整合能力，效率低，能打下的谷粒少得可怜，自然丰收歌难以唱起来，雅虎沦为“哑虎”。2006 年是塞梅特任期由盛转衰的年份，面对谷歌业绩的突飞猛进，塞梅特对没有收购谷歌后悔莫及。

图 2－13 列出的雅虎和谷歌商业模式运转频次的两条轨迹线非常明了。以 2006 年两家公司几乎一致运转频次为起点，2007 年雅虎频次提高 0.01，谷歌频次则提高 0.08。之后雅虎的运转频次一路减速，2012 年降至 0.29，较 2007 年下降了 0.22，而谷歌虽然 2009、2010 年连续两年运转频次下滑，但同期仍比雅虎分别高出 0.15、0.09。2011、2012、2013 年随着谷歌运转频次的逐步加快和雅虎运转频次的大幅减速，雅虎与谷歌运转频次的距离越拉越大，分别相差 0.18、0.24、0.26。

谷歌运转频次快于雅虎表明，在互联网竞争时代，商业模式运转频次与公司技术整合能力和技术创新速度成正比，技术能力越强，创新速度越快，商业模式放大价值的频次越快，公司创造的业绩就越大。当然，随着价值的加快放大，公司的技术也在加速消耗，在此情形下，需要不断补充新的技术和新的价值，而持续的技术创新和价值创新来自高效率的创新文化。谷歌商业模式持续快速运转，得力于高效、充满创新的企业文化；雅虎由于技术缺乏，官僚文化横行，致使其商业模式运转越来越慢，公司业绩走向枯萎。

第八节 › 从媒体掘金到技术掘金

十几年前互联网还只是传播信息的媒体，雅虎引领这一初潮而成为新兴媒体掘金的急先锋。创业之初，雅虎借助互联网这一新兴媒体，组建门户，整合内容，获得惊人的访问量，同时不失时机地把广告从传统媒体搬上互联网，使广告主们大开眼界，由此创造出小投入大收益的网络奇迹。这是雅虎靠价值转移掘得的第一桶媒体金。

当今互联网正是技术蓬勃发展的时代，单纯的门户网站已不稀奇，汪洋大海般的网络媒体如雨后春笋，一茬接一茬，方兴未艾，互联网掘金早已突破了单一的媒体功能，更加重视用户体验的价值和技术创新。在技术性新媒体面前，雅虎已沦落为旧媒体。

雅虎10多年的媒体运营历程证明，没有强大的技术作支撑，就无法满足用户日益增长的价值需求，就无法提升雅虎页面访问量，就无法获得广告主的青睐，就无法实现公司营收的增长，就无法获得投资者的支持，就无法提升公司市值。从这点看，当今的网络公司应该首先是技术公司，网络公司只有掌握了相关领先的网络技术，才能在自己的业务领域纵横捭阖，大展拳脚。

雅虎的技术发展错过了多次良机，表面看是决策问题，深层次看是漠视技术在互联网发展趋势中的战略地位的问题，以为技术可以通过外包、收购等方式来解决，将技术发展置于媒体发展之后的次要地位，结果在日新月异的网络竞争中捉襟见肘，招架之功尚且力不从心，还手之力更无从谈起。

从早期雅虎的经营思路看，注重媒体经营，扩展广告营收，因此，雅虎骨子里流淌的是媒体基因，而非技术基因。雅虎当初的价值放大，来自于互联网初兴时期作为新兴媒体所具有的巨大潜在价值，雅虎的可贵之处在于敏锐地把握这一趋势，通过搜索引擎整合网络资源，快捷方便地为用户提供信息服务。但时过境迁，随着互联网功能的广泛普及和大量网络公司的出现，互联网区别于传统媒体的价值不再是新生事物，取而代之的是如何在网络媒体上玩出个性化，个性化强调用户体验，用户体验体现的是差异化的网络技术创新，而不是简单地丰富媒体内容。门户网站曾是影响最大用户群体的最有效途径，但这种途径出现衰落，不论站点的程序化广告购买的兴起给雅虎广告业务带来了永久的挑战。与此同时，雅虎在搜索市场占据的份额持续下降，2013 年 11 月降至 11.2%，上年同期为 12.1%。来自市场调研公司 eMarketer 的数据显示，2012 年梅耶尔加盟雅虎时，雅虎在线广告市场份额在美国排名第 2。而 2013 年 12 月，雅虎的位置已经跌到第 4 位，排名第 3 的竟然是根本不注重在线广告业务的微软。

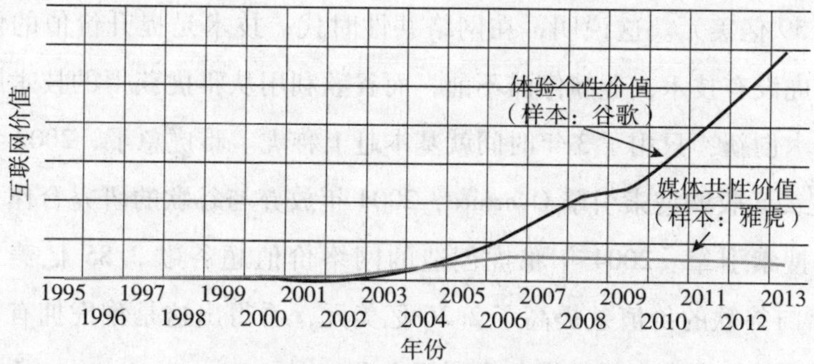

图 2-14 互联网价值发展趋势

资料来源：邓正红软实力研究应用中心。

从互联网价值发展趋势看（见图 2-14），网络掘金分为两个阶段：第一阶段是网络共性价值与网络个性价值并存时期（1995 至 2005 年），用户对互联网的个性体验要求不是那么显著，互联网的价值体现是共性大于个性，网络公司的收入来源于互联网本身所具有的媒体价值；第二阶段是网络共性价值收缩、网络个性价值大步提升时期（2006 年以来），网络作为媒体的价值已被白热化的互联网竞争所稀释，媒体所提供的内容变得不是很重要了，网络共性价值被个性体验价值充分放大，单一的网络共性价值走向沉沦，媒体加个性体验的网络综合价值大幅提升。

雅虎作为第一代互联网公司，其成功在于把握了网络媒体的共性价值，但随着谷歌、脸谱等第二代互联网公司的崛起，网络共性价值逐渐转移到以网络搜索、社区体验为代表的个性价值上来，使得网络竞争进入差异化的时代。雅虎虽然有所察觉，但仍坚持走一贯的媒体道路，加之对技术创新的重视和准备不够，所以最终在网络个性时代败下阵来。

早在 2000 年，处于创业初期的谷歌还在搜索中探索，作为互联网老大的雅虎却忽视了这一星星火种，不仅没有将其收购过来，反而每年向谷歌支付 720 万美元的搜索技术服务费，扶植其成长发展。谷歌获得这笔费用后一门心思搞搜索技术开发。2003 年谷歌创造的互联网价值与雅虎只相差 1.59 亿美元。这说明，在网络共性时代，技术是提升价值的催化利器。雅虎没有技术，业绩停滞不前，而谷歌利用从雅虎获得的技术服务费进行技术创新，只用了 3 年时间就基本赶上雅虎。雅虎急了，2003 年出资 16.3 亿美元收购搜索引擎 Overture，2004 年放弃与谷歌的研究合作，推出自己的搜索引擎。2004 年雅虎创造的网络价值超谷歌 3.85 亿美元，较 2003 年与谷歌的价值差提高了 2.26 亿美元，看得出这是雅虎拥有自己的搜索技术后在搜索市场的竞争力明显上升。

从 2000 年到 2003 年，雅虎向谷歌支付搜索技术服务费总计 2880 万美元，就是这笔救命钱使谷歌彻底成长起来，成为雅虎在搜索业务领域的强大竞争对手。当初，首席执行官蒂姆·库格尔不以为然，认为搜索成为一项独立业务从经济上还不适宜，要花费大量资金，占用太多网络资源。说白了，雅虎根本不想做这项业务，总觉得网页广告赚钱来得快。但是，雅虎最终还是搞了自己的搜索技术，可这时谷歌成长起来了，成为雅虎实质性（注：非潜在性）的对手，同时雅虎还付出了16.3亿美元的收购巨资。

雅虎为搜索业务付出了巨大代价，这似乎验证了库格尔的说法。但作者以为，如果雅虎起步早，这样的代价是完全可以避免的。试想，雅虎当初倘若将2880万美元用于搜索技术的自主研发，或者即使买不下谷歌，也可用这笔钱从谷歌挖几个一流的技术高手来做研发，结局肯定是另外一种情况。雅虎很可能较早地拥有独立的搜索业务，在竞争上操持主动权，而谷歌的成长或许也没有这么快，当然不排除谷歌可从别的渠道获得资金支持。表面看，雅虎花小钱外包搜索业务，好像捡了一个便宜，但其实雅虎并不比谷歌赚得多。2000～2003年雅虎共计盈利2.6亿美元，谷歌共计盈利2.0亿美元，也就是说，雅虎与谷歌的4年合作，只比谷歌多赚了6000万美元，谷歌的资产却由当初的5000万美元猛增至近9亿美元。这样算起来，雅虎花小钱却帮了谷歌的大忙，给自己帮了倒忙，这才是雅虎付出的惨痛代价。

雅虎在技术上不想有更多的投入，主要是因为太在意眼前利益了。雅虎推出自己的搜索引擎是不得已而为之的，如果不这么做的话，就只能眼巴巴地看着网络共性价值向个性价值转移，市场被年轻对手蚕食分割。所以，雅虎推出搜索技术还是为了保住眼前利益。雅虎断了与谷歌的合作，独立运营自己的搜索业务，2004年就盈利8.4亿美元，是前4年盈利的3.2倍，比谷歌多赚4.4亿美元。2005年搜索引擎继续为雅虎招财，盈利19亿美元，比谷歌多赚4.3亿美元。雅虎搜索业务的自立证明，在互联网向个性化发展的时代，拥有自主技术才是公司发展的正道，靠技术掘金才是真正的王道！

雅虎收购搜索引擎Overture花了16.3亿美元，两年却赚了27.4亿美元，如此看来，这项技术买卖还是蛮合算的。也说明，雅虎收购搜索引擎的那笔钱不是代价，而是为了获得技术进行的必要投入。2000～2005年雅虎与谷歌的关系是从合作到竞争，彼此的较量由借力到角力，处于胶着状态，相互咬得很紧。从图2－14可看出，彼此的价值发展轨迹几乎重叠。谷歌初兴，竭力通过技术创新从互联网共性价值中杀出一条个性价值之路，但它又不能脱离网络媒体的传统土壤，只好依托雅虎发展搜索引擎业务；雅虎坚持走发展网络媒体，但它也不能忽视搜索引擎业务的兴起，只好借助谷歌的技术力量弥补这块业务的不足，以进一步稳固网络媒体市场的基本盘。2000年至2003年，雅虎与谷歌互相利用，实现合作共赢，只是谷歌技术张力的势头太大，相对来说赢的较多，这种局面是雅虎不希望看到的。2004、2005年，雅虎与谷歌分道扬镳，自立门户搞搜索技术，在搜索引擎拉动下利润飙升。

但是，雅虎靠技术掘金的好光景只维持了两年，进入2006年，雅虎利润由上年19亿美元跌至7.5亿美元，谷歌利润由上年14.7亿美元升至30.8亿美元，比雅虎多赚23.3亿美元。读者可能要问，这一年雅虎和谷歌的利润为什么有如此大的悬殊？雅虎不是有了自己的搜索引擎吗？其实，雅虎打心里就不想做技术，这个搜索引擎无非是填补它业务上的空白，它的心思还是放在发展网络媒体上，采取的依然搞娱乐、工作和学习一体化的多维模式。技术在应用中是不断消耗的，需要持续创新予以强化，这是价值基因放大的一般规律。雅虎收购Overture后，以为高枕无忧，无需再求人，加之搜索业务在雅虎所有业务中占比很小，雅虎不可能花太多的资源做大这项业务。由于技术投入不足，内部创新跟不上，结果刚刚出头的搜索业务被按下去了。谷歌则不同，铆足了全部力量专做搜索引擎，以持续创新的技术引领搜索市场，不断开发，不断推新，利润不断提升，技术投入得到充分保证，因而它的竞争力日益增强，市场越做越大。不难看出，由于价值追求不一样，谷歌进入个性价值持续做大的良性循环，雅虎则陷入共性价值日趋萎缩的恶性循环。

2006年是雅虎和谷歌的转折年，谷歌靠技术做大超越雅虎，雅虎则痴迷于网络显示，靠临时拼凑的搜索技术和资源仓促上阵，最终一败涂地，贻误做大搜索业务的战机。因为网络搜索不是雅虎的强项，2009 年雅虎干脆将这项业务全部外包给微软，微软提供必应搜索技术，雅虎负责网站广告。

在互联网高速发展的今天，尤其是移动计算的兴起，在世界各地催生了一批新的高科技初创公司。这些技术初创公司人数不多，少则 3 ~ 5 个，多则十几个，都是技术专家创业，公司握有价值潜力巨大的技术利器，一旦时机成熟，它们会迅猛成长，甚至一夜之间可以赶超“百年老店”。从媒体掘金到技术掘金，互联网的发展已告别了一个时代。但不管时代怎样变迁，一个不变的法则就是公司必须拥有核心技术，必须拥有不断创新的技术，这是公司长盛不衰的法宝。通用电气、IBM 等老牌公司，穿越百年时空，至今风采依旧，因为它们靠技术吃饭；谷歌、脸谱、推特等第二代甚至第三代网络公司，异军突起，市值节节攀升，它们同样是靠技术吃饭。离开技术，公司可能会创造短暂的辉煌，但绝对不会走得很远。技术能使公司快速成功，能使公司基业长青。唯有技术，才是公司价值放大的源泉。

比起通用电气、IBM 等老牌公司，雅虎年龄并不算大，但在互联网领域，雅虎堪称美国硅谷元老级的网络公司，是第一代互联网公司的杰出代表（注：笔者将雅虎对互联网的贡献定位在“杰出”，而非“卓越”）。雅虎沦落到今天的地步，投资者并没有完全放弃它，说明大家对它还是有感情的，况且雅虎价值的基本盘还没有到糟糕的程度。雅虎做了 20 年，也称得上是网络软实力的老手，但不是高手。称其老手，是因为它懂得整合网络资源换取广告收入；称不上高手，是因为它不善于从技术上着力，价值放大受限。以雅虎现在的情况看，作者认为，雅虎维持下去没有多大问题，但能否上演“王者归来”，就要看雅虎的技术整合能力。

网络共性时代，互联网遍地是黄金，只要有一点整合意识，稍微倒腾一下网络资源，大把大把的钞票就随之而来。但这只是简单满足用户对信息资源的需求，附加值低，属于浅层次的买卖。网络个性时代，玩的是技术，个性千差万别，所以技术也千奇百怪。这意味着在个性化时代互联网的分工越来越细，一个网络公司不可能包揽所有的差异性技术，而公司做大业绩、放大价值离不开这些充满个性体验的微技术，解决的办法就是以我为主，横向或纵向吸纳那些拥有高新技术的初创公司，使其成为公司价值增长的新动力。

表 2－8　第一代互联网公司与第二代互联网公司比对

项目	第一代互联网公司	第二代互联网公司
网络时代特征	网络媒体时代	网络个性时代
用户访问	浏览	体验
资源整合	信息	技术
创新频率	慢	快
价值体现	粗放	精确
广告收入	显示	搜索
附加值	低	高
业绩拉动	扩充信息渠道	放大技术应用
竞争优势	制作内容	创造技术
核心人才	媒体人员	技术人员
公司性质	媒体公司	技术公司
软实力层次	低	高
样本公司	雅虎	谷歌

资料来源：邓正红软实力研究应用中心。

雅虎的成功和衰落都与互联网大环境有直接关系。互联网的兴起改变了传统媒体的业态，现在一些著名的新闻纸质媒体经营艰难，关闭者甚众，就是因为竞争不过网络媒体。雅虎的成立，第一炮就是冲击传统媒体，将广告从传统媒体搬上网络，成为网络媒体经营的急先锋。随着互联网的快速发展和网络媒体市场的高度成熟，网络媒体市场进入白热化竞争，市场被众多网络媒体商分食，这对雅虎是一大冲击，也意味着互联网市场进入转型升级阶段，由此，以谷歌为代表的第二代互联网公司破壳而出。第二代网络公司的成长发展没有走第一代的老路，而是靠持续的技术创新和强大的技术整合能力率先在白热化的网络媒体竞争中实现突围。雅虎没有技术准备，被突如其来的网络个性市场打个措手不及，元气大伤。

当然，从网络媒体公司向网络技术公司的转型需要足够的时间，因为两者的差异很大（见表2-8），在用户访问、资源整合、创新频率、价值体现、业绩拉动、竞争优势、核心人才、公司性质等各方面，完全是两种不同的风格，况且雅虎的媒体基因根深蒂固，没有到山穷水尽的地步，雅虎不会轻易放弃原有的战略和价值主张。从深层次讲，雅虎的软实力还难以适应网络转型的新形势，雅虎玩的是信息整合，谷歌玩的是技术整合，虽然整合是软实力的本能，但雅虎的资源整合缺乏技术支撑，使得雅虎的软实力太“软”而不强，以这样的软实力应对网络个性竞争，在强大的技术对手面前败下阵来就是必然的了。

在网络转型过渡时期，面对网络个性发展趋势，后起的谷歌潜心研修技术，创新搜索引擎，而先行的雅虎则继续发展媒体力量，漠视做大技术的机会，仍想维持昔日网络媒体的辉煌，这岂不是与网络市场发展趋势背道而驰吗？不在沉默中衰落，就在沉默中爆发！沉默意味着潜滋暗长、静水深流，意味着新一轮市场竞争的到来，不同的是雅虎竭力维持过去，谷歌全力开创未来，所以，雅虎在沉默中衰落，谷歌在沉默中爆发。

第九节 › 基因再造的技术路径

雅虎要实现中兴，核心问题在技术，技术既是雅虎的基因问题，又是雅虎的运营问题（见图 2－15）。基因是指挥棒，基因不对，运营就不会产生业绩增长而会产生问题。网络泡沫破裂后，按理雅虎就要转基因，结果从媒体公司华纳兄弟来了一个媒体人做首席执行官，媒体人自然是带着媒体基因来做媒体公司的，塞梅尔任期虽给雅虎创造了短暂的辉煌，却为雅虎衰败埋下了致命的祸根，错过收购谷歌，错过做大技术，全面发展网络媒体，以致后来的几位首席执行官都扭转不了媒体基因给雅虎造成的颓势。所以，雅虎的振兴首先要颠覆媒体基因，充实和做大技术基因。

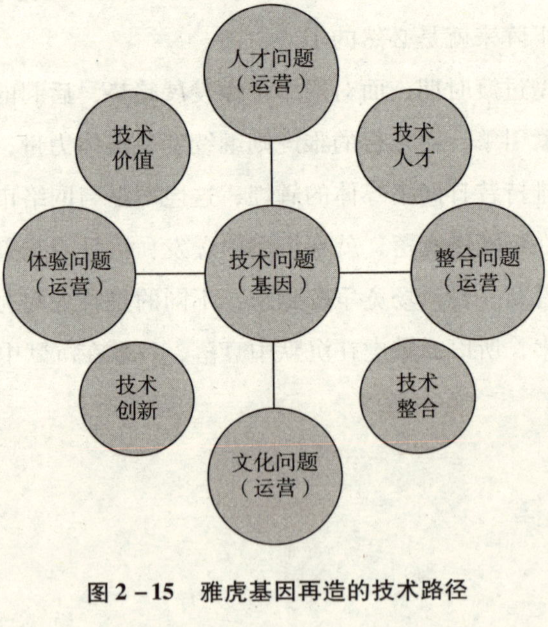

图 2－15　雅虎基因再造的技术路径

资料来源：邓正红软实力研究应用中心。

雅虎要解决 4 个问题

要使技术基因切切实实扎根在雅虎，雅虎还必须解决 4 个问题。

（1）人才问题。发展和壮大技术，必须以技术性人才为主导，技术人才用的是技术思维，媒体人才用的是媒体思维，出身不同，流淌的基因就不一样。雅虎需要大量的技术人才来充实和改造团队。

（2）整合问题。网络个性竞争本质上就是技术竞争，公司的技术整合能力决定竞争成败。雅虎收购了那么多公司，为什么鲜有成功的案例？不是这些被收购的公司技术不行，而是雅虎的技术整合能力很差，如果被收购的公司技术不行，一向看重利益的雅虎会收购它们吗？当然，以媒体基因统帅战略，收购来的公司自然首先要服从媒体整合，而非单纯的技术整合。

（3）文化问题。这是影响雅虎工作绩效的关键问题。与技术并行的另一个词就是效率，技术放大要讲效率，技术创新更要讲效率，体现技术基因的企业文化应是创新文化、绩效文化，而官僚文化、“圣牛”文化则是抑制技术、扼杀创新的杀手。

（4）体验问题。如果说网络共性时代是最大限度满足用户的信息需求，那么网络个性时代则是充分满足用户的个性体验。雅虎的教训证明，在网络个性时代，忽视用户个性体验，就无法提升访问量，就无法受到广告主的青睐。体验是用户的个性价值需求，也是公司技术创新的方向。忽视用户体验，一切创新都将变得苍白无力。体验带来人气，人气吸引广告，网络公司的钱就是这样赚来的。脸谱能成为继谷歌之后超越雅虎的美国第二大在线广告商，就是靠以体验为主的全球最大社交网络带来了超级人气。同时，脸谱还很注意将广告植入用户消息和各种信息服务，而植入广告则需要广告技术，而雅虎缺的就是这个，所以只能眼巴巴地看着谷歌、脸谱在网络个性时代弄潮，并大把掘金。

技术推动市场，网络市场向个性化转型，是网络技术升级助成的。美国著名市场调研公司 eMarketer 表示："无论是在美国还是国际市场，脸谱和谷歌均为数字广告市场的主要推动者，也是主要的受益者。"

依作者之见，雅虎若能解决上述"1+4"的问题，即微物质——技术基因，商业模式——技术人才、技术整合、创新文化、个性体验，则雅虎实现业绩增长、价值放大的愿望是不成问题的。毫无疑问，雅虎中兴的重任落在2012年7月17日接任首席执行官的梅耶尔身上。

梅耶尔的基因再造

从谷歌来的梅耶尔，以更懂产品和用户体验著称，周身充满技术基因和创新文化，对雅虎由来已久的沉疴也了如指掌。从 DNA 身份辨别来看，梅耶尔比较适合领导雅虎转型。上任两个月，她就为雅虎开出了"复兴处方"，其内容就是围绕人才、整合、文化、体验这四个问题展开的。从谷歌带着技术基因来到雅虎的梅耶尔，希望将谷歌的成功模式移植到雅虎身上，助其走出泥沼，提振士气和业绩。当然，对雅虎来说，基因移植或者说重塑是一个系统的手术工程，不可能一蹴而就，需要足够的时间保证。梅耶尔也称，振兴雅虎需要数年时间。但在实施中，她明显在加快推进雅虎的基因再造进程。

1. 雅虎的基因定位

梅耶尔一来雅虎，就敲定雅虎要做技术性公司，将技术重心放在用户体验和雅虎尚未涉足的移动领域。她开出的"复兴处方"的核心就是加强技术创新，提升效率。2013年3月1日，雅虎在向美国证券交易委员会提交的年度财报中，首次将自己定位为一家"全球性技术公司"，而以前它总是自称"数字媒体公司"。称呼的改变，意味着这家老牌网络公司不再以"媒体大鳄"自居了。要说明的是，梅耶尔虽将雅虎基因定位在技术方面，但并没有放弃媒体业务，只是调整了技术与媒体在战略中的位置，即技术第一，媒体次之，以前则相反。梅耶尔的思路就是通过发展技术、开发新项目来加强自身的媒体业务。

2. 雅虎的技术人才

雅虎实验室创立于2005年，是一个专门着眼于学术研究和大胆实验的孵化器。在前首席执行官斯科特·汤普森的治下，该机构的预算曾经遭到压缩，导致该部门创始人和负责人普拉布哈卡·拉格哈万跳槽谷歌。梅耶尔掌舵后，决心重建雅虎研发部门。

首先，启用雅虎首席科学家罗恩·布拉齐曼领导该部门。布拉齐曼2005年加盟雅虎时曾经协助创立雅虎实验室，他曾在美国国防部高等研究计划署工作过3年，该部门在1960年代发明了互联网。他还在美国电话电报公司的实验室负责过人工智能的研究。

其次，加大研发投入。雅虎2012年向产品开发投入了8.8582亿美元，尽管较2008年减少27%，但在营收中的占比达到18%，高于谷歌的14%。在此之前，雅虎已经连续4年削减研发费用。

第三，扩充研发人才。硅谷的竞争不仅仅是高新技术的竞争，也是人才获取的竞争。为雅虎努力奋斗的那些人才都在几年前流失掉了，留下的只是一支平庸的团队。梅耶尔通过两个途径为雅虎大肆搜罗技术人才。第一个途径是大举招聘。雅虎网站列出的招聘信息包括擅长移动领域的科学家、个性化领域的资深首席科学家和擅长定价和市场技术的科学家。2013年雅虎实验室就招募了50名博士。另一个途径是收购人才。截至2014年5月，梅耶尔上任以来总计收购37家技术初创公司，网罗了大量的技术人才。梅耶尔将这些技术人才充实到雅虎实验室，研发重点是大数据和人工智能等新兴技术领域，包括移动、内容个性化和预测分析。

梅耶尔看重初创公司的人才，因为这些技术人才不仅仅有技术，更可贵的是他们具有吃苦耐劳的品质，以及持久的工作激情。梅耶尔收购初创公司，得到不仅仅是企业和工程师，也是一种创新工场。这些创新工场的团队在无数竞争中厮杀出来，充满创造力和智慧。同时，这些收购不断地产生大量的新闻报道，为梅耶尔和雅虎争取了更多的曝光率，而这些曝光率又使雅虎更容易招聘到更优秀的人才。

2013 年 12 月，雅虎收购了移动视频应用开发商 Ptch，体现了其在应用设计和开发领域继续推进人才收购战略。Ptch 是一款由梦工场动画孵化的应用，其创始人是梦工厂首席技术官艾德·伦纳德和梦工厂员工汉斯·库。他们创办 Ptch 时，大约有 20 名员工，其中 1/3 来自梦工厂，还有 2/3 来自雅虎和 MySpace 等其他公司。

最后，加强媒体人才。梅耶尔力图将技术植入雅虎基因，但她的最终目的还是做媒体，即做个性媒体和移动媒体。技术为雅虎网站提供原创内容的一系列新媒体网站和应用，视频、数字杂志、搜索和通信成为雅虎主要关注的四大领域。综合地讲，她要将雅虎发展成技术性媒体公司。梅耶尔请来两位媒体圈的重磅人物，帮她实现该计划。一位是前《纽约时报》科技专栏作家大卫·伯格，负责为雅虎推出新的科技新闻网站雅虎科技。伯格表示，雅虎科技将把那些过于专业的科技新闻改写成普通读者更容易看懂的消息，从而与众多的科技新闻网站区分开来。另一位是美国广播公司特派记者、著名新闻主播凯蒂·柯丽克，负责雅虎全球主播。

雅虎 2013 年 3 月收购新闻聚合阅读应用 Summly，这款软件由英国天才少年尼克·德阿洛伊西奥开发。两年前推出 Summly 时，他仅有 15 岁。Summly 在苹果 App Store 应用商店中的下载量已超过 50 万次。它是比 Flipboard 更新潮的新闻阅读应用，采用了自然语言处理算法，可将新闻内容提炼为不足 400 字的摘要。用户可以快速浏览新闻话题，遇到感兴趣的内容再点击进入原始新闻网站阅读全文。

3. 雅虎的技术整合

梅耶尔的一系列收购，都是为了提升雅虎在用户体验和移动领域的竞争力，提前做的技术准备和人才准备。每一次收购都涉及业务、技术和团队等方面的整合。雅虎受伤的原因之一是整合能力太差，以前收购的Flickr之所以成为失败案例，主要是捆得太死，资源支持不足。梅耶尔深刻吸取这个教训，向年轻有为的初创公司给出承诺，收购他们，然后实际上开发拓展那些人才的想法和才华，而不是收购后就解散或让他们停滞。为了避免斥资11亿美元收购的汤博乐重蹈Flickr的覆辙，梅耶尔表示："在我们观察那些超大规模的并购时，比如易贝与贝宝、谷歌与YouTube的收购案，就会发现文化基因的存在。这些目标公司都具有很多的自身动能，如果他们独立运营的话，他们通常会表现得更好。正是由于这些历史，我们才承诺允许汤博乐独立运营。"汤博乐网站提供的是迅速增长的在线博客服务，雅虎希望通过这项收购重新吸引年轻一代的用户。梅耶尔给予了汤博乐足够的独立性，而这正是之前被收购的Flickr没能得到的。她说，从其他公司的经验看，这是一个能够获得不错收益的战略。

以Flickr为标志的一系列失败并购至今仍然困扰着雅虎。收购汤博乐是梅耶尔最大的赌注。汤博乐给了雅虎一个通向社区媒体的跳板，这是雅虎一直以来无所作为的领域，它只能看着脸谱这样的公司收获果实。曾几何时，Flickr上联系紧密的摄影爱好者社区就可以成为雅虎通向社会网络的大路。当时雅虎是媒体人当家，重内容轻技术，Flickr这样的技术团队无法得到资源保证。梅耶尔将雅虎整个领导班子替换成技术人，承诺当汤博乐需要资源时，现任领导层将给予其更多的关注。

梅耶尔对雅虎广告业务进行了大规模重组，将汤博乐的广告销售整合到雅虎的广告业务中，由雅虎团队和后台系统来负责。汤博乐作为轻博客社交网络，雅虎看重的是其广告潜力。汤博乐广告业务的整合，体现了雅虎对它的重视和支持，这意味着汤博乐的广告营收将迎来起飞。雅虎还借机推出多个广告产品，比如"雅虎受众"广告（面向特定受众）"雅虎广告管理器""广告管理器+""雅虎广告交易所"。截至2014年1月，汤博乐推出的最重要的广告产品是"赞助商博文"，未来这一产品将和"雅虎信息流广告”“雅虎图片广告”一起，成为雅虎原生广告组合的一部分。所谓原生广告，就是广告内容和所出现页面的内容高度契合，含有有价值信息，容易获得网民的关注。原生广告也称为“软文广告”。

通过这次广告产品整合，未来汤博乐的广告效果可以获得更准确的测量，使得广告主投放信心增强。对于“赞助博文”广告，汤博乐的首席执行官卡普表示，虽然仍在初期阶段，但是目前广告的转贴率（类似分享率）平均达到了一万次。根据美国知名的在线新闻平台 BusinessInsider 旗下研究机构的统计，从 2013 年 7 月品牌厂商博文内容被转载转贴的次数来看，许多品牌很难超过一万次，这意味着品牌对于汤博乐进一步推出更丰富的广告产品心存期待。目前在汤博乐的博文转载传播上，领先的品牌包括雪碧、MTV、迪斯尼等。

2014 年 5 月 5 日，汤博乐创始人大卫·卡普在接受《纽约时报》采访时表示，雅虎履行了当初许下的所有承诺。卡普称：“我们有自己的领导团队，以自己的方式做事。”在雅虎和首席执行官玛丽莎·梅耶尔的大力支持下，汤博乐的员工总数已快速增至 220 人，而且公司继续保持独立运营。汤博乐已拥有 1.8 亿个博客账号，开始和广告主合作，一起搭建博客。汤博乐的目标是实现营收大幅增长，以证明雅虎的收购决定是明智的。但目前汤博乐还没有找到正确的商业模式。

从效能看，梅耶尔的技术整合体现在 3 个方面。

①收购的初创公司技术符合雅虎个性体验和移动业务的发展目标——填补、充实、加强雅虎的技术弱项。梅耶尔已进行的 37 宗收购都是围绕雅虎的复兴目标。

②发挥收购项目既有的技术和产品优势，通过资源支持和赋予自主权，进一步放大技术优势，加快开发和新出系列新产品。

③盘点雅虎过去的收购项目，对仍有技术发展潜力的项目，将收购来的初创公司整合到该项目中去，进行技术升级，使其做得更好。尽管对

Flickr 的整合失败，梅耶尔仍看好它的发展。她说："Flickr 曾经很棒，然后走了下坡路。我们会让它再次变得很棒。"

雅虎一直试图恢复 Flickr 的活跃度，不仅对其网站设计进行大幅调整，还向用户提供 1TB 的免费空间。雅虎 2013 年 6 月收购的 iOS 系统拍照应用开发商 GhostBird，就是帮助 Flickr 改善照片编辑功能，将 GhostBird 并入 Flickr 团队。8 月收购的图像识别创业公司 IQ Engine，其团队加入 Flickr 团队，从事"改进照片管理和搜索"的工作，其技术被整合至 Flickr 应用，增强 Flickr 的搜索及内容发现体验。10 月收购的图像识别创业公司 LookFlow，同样并入 Flickr 团队。对于这次收购，LookFlow 方面表示："Flickr 拥有大量备受人们喜爱的图片。他们分享了我们的激情，创造了非凡的经验和技术帮助人们寻找这些图片。我们对即将加入雅虎兴奋不已。"雅虎则称："我们已经收购了拥有先进图像识别技术的 LookFlow 公司。作为收购的一部分，Flickr 团队将迎来 5 名才华横溢的工程师以及先进的技术。"

雅虎的广告业务模式就是通过销售网络页面上的广告赚钱。用公式来表示，就是：访问网络页面的次数 × 雅虎在这些广告页面上的广告费率 = 营收。按照这个公式，梅耶尔可以通过两种方式来实现业务的增长。①提升雅虎页面的访问量，这可通过增加新流行产品和媒体来实现。②提升投放在雅虎页面上的广告费率。而想要实现这一点，则需要使用广告技术来尽可能地发现用户在雅虎页面上关注什么，而且需要向买家"即时"提供愿意购买的产品。关键的问题在于，雅虎缺少一支梅耶尔信赖的广告技术团队。

2007 年，雅虎斥资 6.80 亿美元收购了热门的广告技术公司 Right Media。通过这一交易，雅虎也获得了大量的广告技术高管。但时至今日，Right Media 的高管，包括迈克尔·威尔拉斯、比尔·怀斯、文迪·斯特吉斯和拉姆塞·麦克格罗里均已离职并加盟其他公司。即便是 Right Media 的高管已经离职且技术已经落伍，雅虎依旧认为自己拥有着"Right Media"这一强大品牌。梅耶尔决心收购初创公司，并入 Right Media，为雅虎组建一个拥有强大执行力的广告技术团队。

2013 年 7 月，雅虎收购了移动广告技术公司 AdMovate。AdMovate 的目标是帮助广告客户在恰当的时间与消费者互动，发布个性化的消息。雅虎展示广告和广告技术部门高级副总裁斯科特·伯克称："这一收购交易是我们进一步投资广告技术平台，使广告客户能更方便地购买广告努力的一部分。AdMovate 的个性化技术能增强我们在移动广告领域的实力，我们将获得一个天才的技术团队。"10 月，雅虎收购了广告技术公司 Bread，该公司的 6 名工程师和产品经理同时加入雅虎的广告技术团队。Bread 的目标是帮助社交媒体上有影响力的用户以及内容出版商更好地利用他们在线上的内容以实现盈利。雅虎称："该团队为社会化媒体提供了有创意和有针对性的广告，实现了桌面端和移动端广告体验的统一，这与我们的目标完全相符。"

4. 雅虎的创新文化

梅耶尔努力让雅虎恢复以工程师为核心的文化。由雅虎联合创始人大卫·费罗和首席架构师阿莫兹·迈芒组成的雅虎技术委员会，在新产品的审批中发挥着关键的作用。梅耶尔说："如果我从产品角度不认可一个创意，而且大卫或阿莫兹从技术角度不认可这个创意，它就没法实施。"同时规定，如果一款新产品不能在 6 个月内发布，并且用户量没希望达到 1 亿，或为公司贡献 1 亿美元营收的潜力，雅虎就不会开发这款产品。

梅耶尔给了被收购公司相当的自主权，这些公司都可以在内部自主创新，自由发展。梅耶尔称她处理汤博乐就是将其"封起来，让他们自己找出路"。汤博乐保留了在纽约的独立运营与创新文化。它的创始人大卫·卡普也留任，并直接向梅耶尔报告。

梅耶尔将谷歌的免费午餐制度带到了雅虎，规定每周五下午举行全体员工大会，还耗资百万向全体员工免费赠送 iPhone5 智能手机，淘汰原来的黑莓手机。对雅虎的办公大楼和员工的工作场所做大量改变，以让雅虎的员工们能更好地协作办公与感受温馨的氛围。这一切聚焦于文化的变革都带着深深的谷歌烙印。

梅耶尔原本打算在上任后实施万人裁员计划，但为了稳定军心，最终她并没有这么做，而是推行了一套严苛的绩效考核，对业绩较差的员工减薪甚至辞退。她还取消了雅虎“允许部分员工在家办公”这一数十年的弹性传统，同时又给予男性员工不曾享有过的带薪产假（8周）。

5. 雅虎的个性体验

37宗收购交易凸显梅耶尔对于搜索业务的思考。如果说雅虎还有机会在搜索业务上有所突破，那么机会决不在传统网络上，而是在移动网络。收购让雅虎加强了在移动互联网领域的布局能力。很明显，梅耶尔正努力将雅虎变为移动公司，雅虎所推出的新产品都注重个性体验，并且是移动端的个性体验。梅耶尔认为，从总体来看，雅虎正在简化业务，简单化是雅虎重新定义产品、广告系统和未来计划的导向力。

2013年第三季度雅虎的月移动用户总数首次突破4亿。2014年1月，雅虎收购了两家旨在移动端增收的初创公司。

一家是基于使用数据和位置信息、面向Android用户呈现最佳显示方式的动态主屏应用开发商Aviate。Aviate公司开发的主屏应用可根据用户的位置、日常数据及使用习惯，为智能手机用户组织和更新主屏显示，有助于给雅虎移动产品带来更好的用户体验。比如当你早上浏览股市信息时，Aviate可以自动地将雅虎财经推送到你的智能手机主屏上。“试想，如果你的手机能在正确的时间带来正确的体验，而不用你去主动搜索。”梅耶尔说，“如果你的手机能在你进入车内时推荐音乐和地图应用，在你进入健身房时推荐健身应用，情况将会怎样？”

另一家是美国移动营销公司Sparq。Sparq的技术，可以帮助用户在智能手机上切换应用软件，发现新的数字内容，驱动消费。简而言之，其产品可以促使手机用户消费更多的数字内容。通过整合Sparq的技术，雅虎可以将移动产品的庞大流量，转化成真金白银的收入。

第十节 › 向移动预测搜索突围

收购动态主屏应用 Aviate 和移动营销 Sparq，说明梅耶尔正蓄势要重振雅虎的搜索业务。雅虎当初就是靠搜索业务起家的，现在这块业务被谷歌统治了，雅虎要重振雄风必须找到新的搜索突破口。在传统网络搜索方面，雅虎很难撼动谷歌的霸主地位，但是，梅耶尔瞄准移动网络搜索，依靠 Aviate 技术推出的预测搜索向谷歌发起了挑战。移动互联网时代的搜索同传统互联网有很大的不同，用户倾向于不通过浏览器进行关键词搜索，而是基于地理位置等用户特征，享受智能化的推荐服务。这就给了雅虎提供主动搜索服务的机会。读者注意，这是传统网络向移动网络发展在搜索业务上凸现的重大商机，梅耶尔捕捉到了，决定在 2014 年推出移动端的预测搜索服务。

雅虎要实现搜索突围，首先必须重新拥有自己的搜索技术。因为轻技术重媒体，一直以来雅虎的搜索业务都是外包性的技术合作，最早将搜索技术包给谷歌，放弃谷歌后，2009 年又和微软达成了一份从 2010 年 2 月份起生效的搜索引擎协议。在这份协议中，微软向雅虎承诺在未来 18 个月里，对于来自雅虎网站的每一次搜索请求，微软都将向雅虎支付一定额度的费用。在达成协议后，雅虎的搜索站点将采用微软的必应搜索技术，这项费用是对于雅虎放弃已有搜索技术的补偿。

然而，微软在协议的履行阶段越来越无视先前对雅虎的承诺。这让雅虎的管理层非常恼火，在雅虎的多份财报中都提到了微软没有履行承诺事项。2013 年 4 月，雅虎和微软达成了该协议延期一年的共识，但合作范围限制在美国境内。此项延期将在 2014 年 4 月到期。

为摆脱与微软之间已有的搜索引擎协议的束缚，以及弥补与微软搜索合作到期带来的技术空档，雅虎正在迅速推进自有搜索引擎技术的开发进程。搜索引擎的开发项目，被雅虎以两个体育术语命名，即“快攻项目”和“曲线球项目”。项目的开发时间安排得非常紧凑，从启动到开发结束只有3~4个月的周期。这两个项目于2014年1月启动，完成时间是2014年4月，这也是雅虎与微软的搜索合作延期到期的时点。

说到搜索业务，雅虎在这方面本应是鼻祖型的，因为它是最先靠搜索业务起家的。但一直以来雅虎并没把搜索技术放在心上，反而认为它会增加运营成本的负担，将该业务视为非核心业务，以外包的方式处理。先是包给谷歌，后来包给微软，结果谷歌、微软的搜索市场份额越做越大，雅虎的搜索市场却被不断蚕食，份额持续下滑。

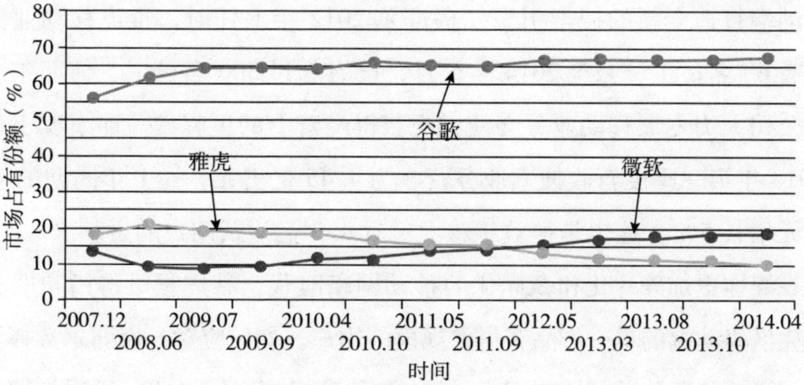

图2-16　2007~2014年美国搜索市场占有份额分布

资料来源：邓正红软实力研究应用中心。

与谷歌合作搜索业务，雅虎没占到好处，反倒帮谷歌做大了。2009年7月，雅虎再次放弃自有搜索，将其外包给微软。当时，美国搜索市场份额分布（见图2-16）大致成三足鼎立态势，谷歌是老大，占64.6%，雅虎是老二，占19.3%，微软是老三，占8.9%。雅虎的市场份额是微软的两倍多。与微软合作以后，雅虎的份额逐年下滑，微软的份额逐步放大。到2014年4月，微软的份额增至18.7%，坐上老二的位置，雅虎的份额则降至10%，堕落成老三。微软与雅虎合作的初衷是“用金钱置换市场份额”，现在看来这一目的已部分实现。

在互联网转型时代，公司不把用户体验放在心上，市场会逐渐离你而去。对于雅虎重新回归搜索业务，梅耶尔表示：“对我们而言，搜索业务是战略性的。我们很擅长做搜索业务。我们将继续为了改善用户的搜索用户体验而维持投入。我们会尽全力确保用户在雅虎的网络中获得切切实实的优异用户体验。”

谷歌在桌面搜索方面占据着统治地位，用户不会轻易转到雅虎。不过从梅耶尔实施的37宗收购交易和全新的技术开发项目看，雅虎正全力向移动搜索转型。如果“快攻项目”和“曲线球项目”取得成功，雅虎将在移动端打造全新的搜索引擎。梅耶尔2012年上任时，雅虎移动业务部门仅有60名员工，截至2014年5月，已有超过500名员工。梅耶尔一直坚持公司大力发展移动业务会使雅虎获得经营上的里程碑。而事实上，雅虎2014年第一季度营收搜索业务营收为4.45亿美元，比上年同期的4.25亿美元增长5%，这也是得益于雅虎每月4.3亿活跃用户的贡献。

在媒体更加碎片化和多样化的移动网络时代，雅虎很难像门户时代那样，凭借移动端的单一产品获得大规模的用户。如何应对？梅耶尔选择了个性化阅读。收购移动阅读应用Summly和移动视频应用Ptch，说明梅耶尔将目光投向了移动端的媒体服务。在移动端雅虎集结了阵容强大的技术力量，推出了专注于科技和美食的数字杂志，以及一款提供简短新闻摘要的移动应用和智能电视应用等多款移动产品。数字杂志是专门为平板电脑设计的，使用对象为希望了解最新科技产品信息的消费技术用户。雅虎美食频道，向用户推荐美食、食谱和餐饮潮流等内容。雅虎新闻文摘早晚各一次，每天向用户发送两份新闻摘要。这个应用从多方来源获取新闻信息，对各个领域的重大新闻进行提炼。智能电视应用能根据用户收视习惯向用户推荐因人而异的内容，还能自动显示与用户正在收看的节目相关的信息。

梅耶尔执掌雅虎后，雅虎对于网络游戏的兴趣开始加大。2014 年 1 月收购了虚拟世界游戏网页游戏开发商 Cloud - Party，2013 年收购提供游戏基础设施后端服务的 Player Scale 公司和开发体育类手机游戏软件的公司 Bignoggins。梅耶尔的这些游戏收购为雅虎搜罗了一批网络游戏开发高手，但前景如何还不清楚。不过在网络游戏领域，作为老牌门户的雅虎只算是小玩家。

台式电脑端的搜索有着明确的商业模式，而移动端的搜索前景还是未知。不管怎样，在梅耶尔的领导下，雅虎通过不断对邮件、搜索及其他产品进行升级、推出新服务，令雅虎产品线耳目一新，目前其以更加强大的阵容出现在了竞争对手谷歌和脸谱面前。在移动领域，雅虎的举措则更为激进，通过不断并购，使其业务整体向移动领域迈出了一大步。雅虎在移动端的活跃用户增长似乎证明了梅耶尔移动媒体战略的成功。

从梅耶尔执政雅虎一年半的情况看，雅虎的战略布局和战略发展更加清晰。尽管营收并没有实质性增长，雅虎软实力实际指数（见图 2 - 17）却在提升。2013 年软实力指数比 2012 年提升 8.9 个百分点，比 2011 年提升 10.8 个百分点。

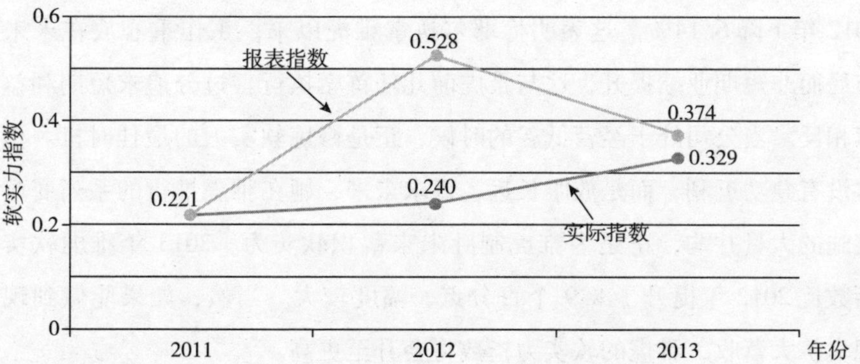

图 2 - 17　2011 ~ 2013 年雅虎软实力指数

资料来源：邓正红软实力研究应用中心。

雅虎软实力实际指数，是剔除了雅虎的外来价值因素而得出的独立运营评价。这个外来价值因素主要来自阿里巴巴。雅虎财报中的净利润包含了来自阿里巴巴的回报，计算雅虎软实力实际指数就要将这部分予以剔除。

2012 年 9 月，阿里巴巴集团对雅虎所持股份的 50% 进行了回购。在这次回购中，阿里集团向雅虎支付了 63 亿美元的现金及市值 8 亿美元的阿里集团优先股。同时，对正在使用的技术，阿里集团一次性支付雅虎技术和知识产权许可费 5.5 亿美元现金。在未来公司上市时，阿里集团有权力优先购买雅虎手中持有剩余股份的 50%。雅虎从这次阿里巴巴回购交易获得净利润 27.55 亿美元。2012 年雅虎财报净利润总额为 39.45 亿美元，得出的软实力报表指数为 0.528，剔除从阿里所得，得出的软实力实际指数则为 0.240。

2013 年雅虎财报净利润为 13.66 亿美元，其中包括第二季度阿里巴巴集团业绩表现非常突出，为雅虎贡献的 6.69 亿美元净利润。雅虎软实力报表指数为 0.374，软实力实际指数为 0.329。

2012 年雅虎营收与 2011 年基本持平，2013 年营收 46.80 亿美元，较 2012 年下降 6.14%。这表明梅耶尔执掌雅虎以来，工作重心放在未来的布局而非短期业绩提升，这与雅虎前几任首席执行官过分追求短期利益截然相反。当公司处于经营低谷的时候，正是修炼软实力的最佳时机。梅耶尔没有急功近利，而是放眼长远，谋求未来，她在雅虎推行的系列变革和实施的大量并购，正是为雅虎制胜未来蓄积软实力。2013 年雅虎软实力指数比 2012 年提升了 8.9 个百分点，幅度较大。当然，如果能做到现买现卖扩大营收，雅虎的软实力指数将会升至更高。

2012 年 7 月 17 日雅虎股价为 15.84 美元，2014 年 1 月 10 日雅虎股价涨至 41.23 美元，增长 160%。业界评价，雅虎股价增长来自阿里巴巴努力公开上市的动力和阿里巴巴业绩的支撑。作者以为这种说法不无道理，雅虎软实力报表指数远高于实际指数就是最好的证明。但作者又不完全认同这种说法。如果是阿里巴巴的因素在影响雅虎股价，2013 年前 3 个季度的软实力报表指数明显低于 2012 年，按理，雅虎股价不增反降，可实际情况恰恰相反，雅虎股价不降反而持续增长。如果是阿里巴巴的因素在直接推动雅虎股价的增长，投资者则完全可以避开雅虎这个弯子而直接投资阿里巴巴。如果雅虎股价持续增长完全依赖于外来价值因素，那么雅虎就失去了存在的意义。在作者看来，雅虎股价的持续增长是内因和外因共同作用所致。内因是主要的，就是雅虎软实力的基本面稳定下来了，并且呈现持续上升的势头，这是梅耶尔领导雅虎改革、收购、创新，对雅虎所做出的最大贡献。这种价值尽管短期内还没有释放出来，但潜力很大，投资者看中的也是这点。至于阿里巴巴对雅虎的价值贡献，无非是给投资者带来了直接的现实利益，当然，这个外因对稳定股东的情绪也起着至关重要的作用。

在作者研究的世界知名公司案例中，公司转型大致分为两类：一种是运营转型，改变或者改进公司既有的运营模式，直接促进营收增长和利润提升，时间短，见效快；另一种是基因转型，从根基上彻底颠覆公司原来的战略思路，重塑公司的价值基因，创造新的商业模式，确保公司未来的业绩持续增长，时间长，见效慢。毫无疑问，雅虎的转型属于后一种类型，梅耶尔的前几任首席执行官就是因为短期内看不到实质性的营收增长，遭到雅虎的股东踢脚。梅耶尔十分清楚这一点，她很有信心地期待股东有足够耐心。她表示，伴随着用户流量的增长，将会出现广告收入的增长，“但很难说清楚具体增长的时间”。雅虎在一封电子邮件中称：“雅虎将与广告商密切合作，借助公司旗下的媒体、移动端及视频等资源，以更完整的模式开拓商机。”据市场研究公司 ComScore 数据显示，在 2013 年 12 月，雅虎来自台式电脑的美国独立访客数量已超过 1.95 亿，超过谷歌、微软和脸谱。2013 年 7 月，雅虎旗下网站独立用户访问量曾超越谷歌，为

2011 年 5 月以来首次超越谷歌。当时许多分析师认为，这只是暂时的。但在持续的 6 个月中，雅虎访问量一直高于谷歌。有业内人士称："现在可以确定的是，雅虎又回来了。"

表 2-9　2011～2013 年雅虎价值放大一览表　单位：亿美元

年份	营业收入	公司市值	资源整合率	模式运转频次	研发投入	研发投入比例	价值放大比例	软实力指数
2011	49.842	184.10	0.152	0.34	10.05	20.2%	3.694	0.221
2012	49.866	233.60	0.149	0.29	8.86	17.8%	4.685	0.240
2013	46.804	454.80	0.222	0.28	10.08	21.5%	9.717	0.329

资料来源：邓正红软实力研究应用中心。

梅耶尔 2012 年 7 月上任，以梅耶尔上任前和上任后的各一年半时间，即 2011 至 2013 年 3 年间，对雅虎价值放大情况进行比较（见表 2-9），分析梅耶尔到来之后到底对雅虎进行了哪些改变以及仍需要努力之处。很明显，三年的软实力是递增的，2013 年雅虎软实力指数较 2011 年提升了 10.8 个百分点，这是梅耶尔对雅虎最大的贡献。换言之，梅耶尔执掌雅虎以来，雅虎软实力得到充实和加强，以 2013 年与 2011 年相比，主要体现在资源整合率提升 7 个百分点，研发投入比例提高了 1.3 个百分点，价值放大比例扩大了 1.63 倍。资源整合、技术研发是公司软实力的重要支撑，这两方面的能力加强了，公司软实力提升是不言自明的。但是，梅耶尔太过于重视雅虎的价值修炼和软实力积累，对软实力的消耗和价值放大却做得不足，由此就影响了业绩增长。梅耶尔到来后，雅虎的商业模式运转连续两年放缓，2012 年运转频次同比减缓 0.05 次，2013 年继续减缓 0.01 次，整体减缓 0.06 次。商业模式是放大业绩的利器，运营速度不提反降，营收必然下滑。梅耶尔为雅虎放大了市值，却没有放大营收，尽管时间不长，但这对雅虎来说是相当致命的。雅虎急需业绩增长，没有业绩增长，所有的努力都将苍白无力。梅耶尔已经为雅虎蓄积了放大业绩的价值基础，如果在接下来的运营中不能为雅虎拓展营收，作者以为梅耶尔可能适合做技术官而不宜做执行官。

其实，对于雅虎的运营问题，梅耶尔是比较纠结的。梅耶尔来雅虎，把谷歌全球伙伴商务解决方案前副总裁亨利克·狄·卡斯特罗也一并挖了过来，担任雅虎首席运营官。但卡斯特罗任职雅虎仅 15 个月，2014 年 1 月就被梅耶尔解雇了。显然，没有成功扭转雅虎广告业务的下滑是卡斯特罗离职的主要原因。对于卡斯特罗的离职，梅耶尔不打算招新的首席运营官，而是亲自接管。梅耶尔表示，雅虎的销售团队实力强大，她现在可以有更多机会参与公司的收入层面业务。她将与销售和媒体团队更紧密合作，打造一个更扁平化的组织结构。卡斯特罗的被解雇和梅耶尔亲自接管首席运营官，表明雅虎营收增长问题已将梅耶尔推到风口浪尖上，如果雅虎广告营收还不见增长，那么，梅耶尔在雅虎的下课时间也为期不远了。

当然，雅虎多年的萎缩症不是一下子就能扭转的。但作者以为，只要方向对头，走的快慢就要视情况而定。开始的时候，虽然找准了方向，但面临的困难也是最大的，这个时候走得慢是为以后走得快做准备，关键是要朝着正确的方向坚定不移地走下去。雅虎在梅耶尔的领导下，正朝着移动业务的方向全面发力，并且取得一定的进展。雅虎复兴取决于两点：一是股东要坚定信心，全力支持梅耶尔，千万不能因为暂时看不到营收增长就让她中途退场，否则前功尽弃，雅虎必死无疑；二是雅虎战略布局要注意兼顾长期与短期的平衡，尤其是近期，既然方向对了，就应在近两年内快速推出新产品，快速放大，形成凌厉的市场攻势，力争实现最大化的营收，以此稳定军心，提振士气，彻底扭转运营颓势。

梅耶尔上任以来，围绕雅虎的复兴战略，一直在提升“数字日常生活”的主题，包括大举进入移动互联网，通过雅虎应用产品线与公司庞大的受众每天重新连接在一起。如收购了轻博客汤博乐等 37 家移动创新公司，重新发布了图片共享网站 Flickr，向用户开始提供海量的存储空间，还发布了新电子邮件、天气、新闻应用。

2014年5月8日，梅耶尔在出席TechCrunch Disrupt大会时承认，雅虎涉足移动业务的时间太晚，雅虎的核心业务被市场分析师低估。她说："去年我们才开始对移动业务进行投资。我们迟到了，而且已经落后。我们已落后12个月。首先必须获得用户，然后再考虑创收的问题。"不过她补充说，自她加入雅虎以来，雅虎已经"取得了长足进步。"她对雅虎邮件、天气、Tumblr等移动应用在去年的变化感到骄傲。梅耶尔说，用户的参与度一直在不断上升，雅虎正在开发一个新游戏平台，并将继续改进其通讯工具。梅耶尔预计，到2014年年底，雅虎的移动用户将超过台式机用户。雅虎目前拥有4.3亿移动用户，较上年同期增长了43%。假设雅虎的台式机用户数量保持不变，仍为7亿左右，那么在未来8个月的时间中，梅耶尔预计的雅虎移动用户的增长率将超过60%。

梅耶尔执掌雅虎之后，虽然收购消息接连不断，2013年的疯狂收购使雅虎意外获得一个名号：最活跃的非上市美国科技公司买家，然而令人失望的是，雅虎的广告收入却持续下滑。2013年在美国市场，雅虎网络广告老二的位置被脸谱抢走。尽管如此，对梅耶尔来说，她来雅虎之后还是很幸运的。雅虎的股东对待梅耶尔的态度与她的前几任似乎完全不一样，对她的经营作为保持着足够的耐心和容忍度，这样使得梅耶尔有足够的精力布局雅虎未来。对于雅虎可预见的未来，华尔街的分析师们则看得更清楚更现实。瑞银分析师谢瑞丹表示，他相信雅虎将在2014年恢复营收增长，而且2015年还将实现加速增长。标普预计，从2015年开始，雅虎公司搜索广告业务将呈中低单位数百分比增长，显示广告业务将最终出现增长。

第三章

客户体验：从微数据到大数据的价值之路

亚马逊是与雅虎同一时期出道的互联网公司的先辈，但它的命运恰恰与雅虎相反。亚马逊1997年上市，当年营收仅1.5亿美元，市值14亿美元，到2013年营收已达744.5亿美元，市值高达1779亿美元。通过“微物质”放大模型和软实力指数工具的分析，亚马逊已成功地走出一条始终以客户体验为中心、从微数据到大数据的价值扩张之路。

按照“微物质”放大模型，公司业绩和市值的放大取决于两个关键因素：核心价值和商业模式。核心价值即公司最具价值的产品、技术和服务，商业模式则是放大核心价值、创造大数据的利器。客户体验是亚马逊一以贯之遵循的“道”，亚马逊从1995年成立开始就从核心价值和商业模式两方面发力部署未来。从1995年至2004年的10年间，亚马逊经受了泡沫危机的冲击、连续8年的亏损和连续5年的资不抵债，这10年的“潜伏”使亚马逊完成了技术和商业模式的布局，并以强大的技术实力支持和提升客户体验。

亚马逊坚持一切从客户出发，坚守核心价值，四面出击，以颠覆式创新改写了诸多传统业态，使一茬又一茬的竞争对手遭受其威胁和挑战；持续创新技术、产品及服务，努力为客户提供最大的价值；商业模式运转快如车轮势如破竹，客户价值增长成为常态；构建了像亚马逊热带雨林一样的庞大的电商生态系统，并以稳健的软实力走势和高效能的价值放大及资源整合优势穿越竞争丛林，成为称霸互联网的商业巨头。

第一节 › 连续8年亏损的网络抗战

一个公司的发展首先取决于它要做什么样的公司。互联网公司的发展，取决于两个要素：一是公司要做什么业务，二是公司对所做的业务是否形成强大的技术支持。之所以强调技术，因为互联网本身就是技术发展创新的产物。公司要在快速发展的互联网上立足，没有技术支持就寸步难行。在互联网初期阶段，网络遍地流金，网络公司只要略略懂得运用互联网这一崭新的运营载体进行资源整合，就可从网上大把掘金。这一时期，网商的崛起源于对刚刚兴起的互联网技术的成功运用，而非网络技术研发创新的推动。这种原始的网络淘金方式比较简单，只是利用了互联网这一运营平台，就像美国西部淘金，只要早起先行总是能比后来者多挖到金子。雅虎当初的成功就是先人一步掌握网络商机，从而轻而易举地博得网络淘金的头筹，但好景不长，网络泡沫破灭后，它最终因缺乏技术支持而走向衰落。因此，我们可以得出这样一个结论：在互联网上什么业务都可以做，但是，如果缺乏相应的技术支持，公司就注定做不大，也走不远。

在互联网公司发展史上，亚马逊与雅虎同辈，都是同一个时代成立的。雅虎1994年成立，1996年上市，亚马逊起步于1994年，1995年成立，1997年上市。两家公司的创立都是源于第一波网络商机的爆发，不同的是，雅虎做网络媒体，亚马逊则做网络零售。

从1995年到2002年，这8年互联网经济的发展可谓大起大落（见图3－1）。所谓大起，指网络公司的市值高企，公司以个位数的营收实现高达三位数甚至四位数的市值，由此创造了高达三位数的价值放大奇迹，这主要集中在1998和1999年。有道是，不合常规的大起必然导致符合常规的大落。2000和2001年，网络危机爆发，泡沫经济退潮，不合常规的公司高市值回落至自然本位状态。在这 8 年中，最受益也最受害、最具典型代表的要数雅虎。雅虎的放大比例轨迹非常形象地说明了雅虎市值的大起大落，再次证明，单纯靠网络投机创造的辉煌业绩，来得快去得也快。大落的雅虎市值真实地反映了它作为网络媒体的价值，基本与技术无关。

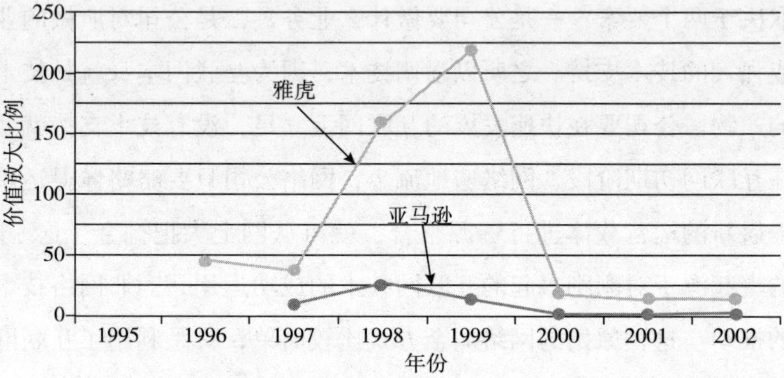

图 3－1　1995～2002 年雅虎、亚马逊价值放大轨迹

资料来源：邓正红软实力研究应用中心。

作为与雅虎同时代的亚马逊，自然避免不了这一波网络兴衰的影响。从亚马逊的价值放大轨迹看，它没有雅虎那样的大起大落，却更符合常规性的起落。在公司市值暴涨的 1998 和 1999 年，雅虎价值放大比例（见表 3－1）分别达到 159. 738、219. 396，并且 1999 年的比例同比提高了 59. 658；亚马逊的放大比例在 1998 年达历史最高 27. 796，但 1999 年降至 12. 685，缩小了 15. 111。2000 年、2001 年，亚马逊的价值放大轨迹与雅虎一样，都在缩小（注：可能用“缩水”更形象）。

分析两家公司的价值放大轨迹，都受到了网络经济暴增暴跌的影响，不过亚马逊所受的影响比雅虎小多了，这就是非常规性的大起大落与常规性的起落所表现的差异。从业绩表现看，亚马逊的价值放大轨迹不同于雅虎之处有三。

表3-1　1997~2002年雅虎、亚马逊业绩比对（单位：亿美元）

年份	雅虎			亚马逊		
	营业收入	公司市值	放大比例	营业收入	公司市值	放大比例
1997	0.67	25.89	38.406	1.48	14.15	9.574
1998	2.03	324.70	159.738	6.10	169.50	27.796
1999	5.89	1291.38	219.396	16.40	208.01	12.685
2000	11.10	208.43	18.774	27.62	61.65	2.232
2001	7.17	99.10	13.814	31.22	53.00	1.697
2002	9.53	108.30	11.363	39.33	84.80	2.156

资料来源：邓正红软实力研究应用中心。

其一，在网络泡沫暴涨的最高峰1999年，雅虎的放大比例达到巅峰，亚马逊的放大比例看似缩小，但它的营收和市值却在增长。营收突破两位数达16.40亿美元，同比增长169%，市值增长22.7%，达208.01亿美元。换言之，亚马逊放大比例的缩小，是营收大幅增长冲淡市值小幅增长所致。

其二，1998年亚马逊的价值放大比例比雅虎小131.942，但是，亚马逊的营收却超出雅虎4.07亿美元，其营收是雅虎的3倍。当然，两家公司的业绩增长在很大程度上都受益于网络泡沫膨胀，雅虎的营收和市值同比分别增长203%、1154%，亚马逊则分别增长312%、1098%。很明显，市值都在1000%以上的增长级，亚马逊的放大比例却比雅虎差了很大一截，是亚马逊营收增长比雅虎高出109%所致。

其三，从1997到2002年的6年间，雅虎的营收只有一年（2000）突破两位数，为11.10亿美元，其他年份都在个位数徘徊，而且2001年的营收同比减幅达35%；亚马逊则不同，营收年年增长，即使在网络泡沫破灭最艰难的2001年，营收仍保持了13%的增速，并且连续4年营收都在两位数。从市值看，网络泡沫破灭，公司市值彻底回归本位是在2001年，雅虎市值由最高1291.38亿美元缩至99.10亿美元，亚马逊市值由最高208.01亿美元缩至53.00亿美元，亚马逊与雅虎的市值差距由最高

1083.37 亿美元缩至 46.10 亿美元。随着网络经济的缓慢复苏，两家的市值差距还在继续缩小。2002 年，雅虎市值增长 9.3%，为 108.30 亿美元，亚马逊市值增长 60%，为 84.80 亿美元，增速比雅虎高出 50.7 个百分点，与其市值差距则大幅缩至 23.50 亿美元。

通过上述对两家公司价值放大轨迹的比对，读者不难觉察到亚马逊在运营方面的不同凡响之处。一家公司的经营潜质有多大，只有通过比对才能见分晓，尤其通过网络危机这一难得的试金石，更能检验出公司的运营能力和成熟度。同是互联网先行者，雅虎为什么在危机中败得那么惨？通过与亚马逊的比对就知，它原来只是网络早期繁荣下的一个催产儿，先天不足（被网络泡沫误导）加上后天的功利，使其从股市高峰迅速滚至谷底，至于从此一蹶不振，是因其后天的功利色彩没有彻底根除。

同样，通过危机这一试金石以及与雅虎的比对，亚马逊则显得更加沉稳老练。在这场早期网络的繁荣与衰败中，亚马逊亦有益有损。益者是其公司市值在一年内被股市哄抬至 1000% 的增长级，损者也是公司市值，从最高至最低缩水 155 亿美元。但这点损失比起雅虎 1192 亿美元的市值缩水，只是小巫见大巫，无足轻重。为什么这样说呢？不管是网络泡沫还是网络危机，亚马逊的营收在一如既往地增长，公司运营并没有受到影响，似乎置身在股市之外，任凭互联网潮涨潮落，因此，危机过后，它的市值立马以 60% 的高幅上涨。

雅虎营收徘徊在个位数，市值却被股民吹成四位数，无疑这样的市值偏离公司业绩太远，以雅虎的功力无法维持泡沫膨胀，最终爆炸。亚马逊的业绩则是稳打稳扎稳增，即使其市值掺入了一定的泡沫因素而出现升降，也是正常的市值波动，这和市场环境对产品价格的影响一样。

从网络泡沫膨胀到破灭的全过程看，亚马逊在泡沫经济中做到了独善其身，既挺住了泡沫膨胀的诱惑，又挺住了泡沫破灭的冲击，且营收和市值的增长恢复很快，增幅很大。这说明亚马逊是靠软实力拉动业绩增长，因而能顺利闯过泡沫经济危机这一难关。

公司软实力运作是靠价值基因维持的。一般的规律是，公司在创业发展初期，利用市场旺盛顺势积累软实力，同时将软实力通过商业模式放大转化为业绩增长，以增强公司的抗风险能力。软实力在转化中也在消耗，这就要求公司将业绩增长中获得的硬实力投入到技术研发和价值提升上，以充实和强化被消耗的软实力。如此持续下去，公司就能一次又一次地成功穿越竞争和风险丛林，实现业绩持续增长。

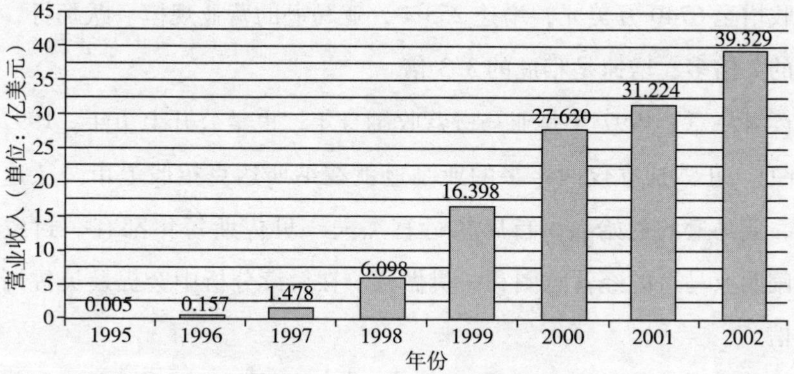

图 3－2　1995～2002 年亚马逊营业收入

资料来源：邓正红软实力研究应用中心。

为什么公司业绩增长能够抵御泡沫危机？网络经济本身是一种虚拟经济，如果大家都不干实事，都把获利的希望寄托在股市的鼓吹，那么这样的网络经济自然就更虚了，也难以长久。正如人不能空着肚子来抵抗病毒侵入，自然而然，抵御泡沫危机最简单的良方就是以实对虚。所谓实，绝非片面的网络炒作，而是将线上的需求转化为公司实实在在的营收增长，如此虚拟经济就变成了实体经济，就能坚实地抗住泡沫危机。

亚马逊就是这样做的。从 1995 到 2002 年这 8 年间，不管互联网气候如何，它的营收却在持续增长（见图 3－2），公司在持续做大，坚强地抗住了网络极热极寒的恶劣天气。利用网络商机，雅虎将传统媒体广告搬到线上，亚马逊则将零售实体店搬到线上。1995 年，雅虎营收 140 万美元，是亚马逊营收 50 万美元的近 3 倍。1996 年，雅虎、亚马逊营收分别增至 1910 万美元、1570 万元，雅虎同比增长 1364%，亚马逊则增长 3040%，亚马逊的增速是雅虎的 2 倍多，雅虎的规模优势相对变小，由上年是亚马逊的近 3 倍降至 1.2 倍，相对缩小近 2 倍。从营收增速看，雅虎已明显落后于亚马逊，照此态势 1997 年亚马逊的营业额必然超越雅虎。果然，1997 年亚马逊营收突破 1 亿美元大关，为 1.478 亿美元，增速 841%，雅虎营收增至 6740 万美元，增速 253%，亚马逊的营业规模一跃翻身，成了雅虎的 2 倍多，增速是雅虎的 3.3 倍。

读者注意，1997 年是亚马逊营收翻身年，也是公开上市年。1997 年 5 月 16 日，正式成立仅两年多的亚马逊就在纳斯达克招股上市。从这年上市后，亚马逊的创始人、首席执行官杰夫·贝佐斯每年都有一封致股东信，阐明亚马逊的经营意图和一贯做法。在后续分析中会提及贝佐斯的致股东信。

雅虎的营收自 1997 年落后于亚马逊，以后与其落后的步子和差距越拉越大。两家公司都是网络巨头，但从营收增长看，亚马逊是巨人，雅虎则越来越成小不点了。比如，1999 年亚马逊营收突破 10 亿美元大关，为 16.4 亿美元，雅虎则是 2000 年稍微冲出 10 亿美元，为 11.1 亿美元，2001、2002 年雅虎营收又回落至个位数。而这两年亚马逊的营收则突破 30 亿美元，接近 40 亿美元。这样的增速，雅虎确实难望其项背。

从图 3－3 可以看出，1995、1996 年是早期互联网公司的起步创业阶段，雅虎、亚马逊的业绩线重叠，彼此业绩相差不大。1997 年网络经济朝极热天气开始升温，两家公司的业绩重叠线绽露分歧，亚马逊的价值斜率略高于雅虎。1998、1999、2000 年是网络经济狂热的三年，亚马逊以 1997 年高于雅虎的起势，乘着狂热的网络东风，业绩跑步高扬，雅虎业绩以行走的姿势抬升，虽然都在增长，但因所走的路线不同，彼此差距彻底拉开，亚马逊走高端线，雅虎则走低端线。走的路线不同，公司命运肯定不一样。2001 年，泡沫破灭，雅虎业绩下行，亚马逊却逆势而上。一抑一扬，两家路线差距进一步扩大。2002 年，网络经济开始复苏，亚马逊又乘势而上，一扫之前危机阴霾，价值斜率大幅洞开，让人看到光明的业绩前景；雅虎的价值斜率虽有好转，但幅度不大，好像推出一条缝，给人的感觉只是看到一线希望。

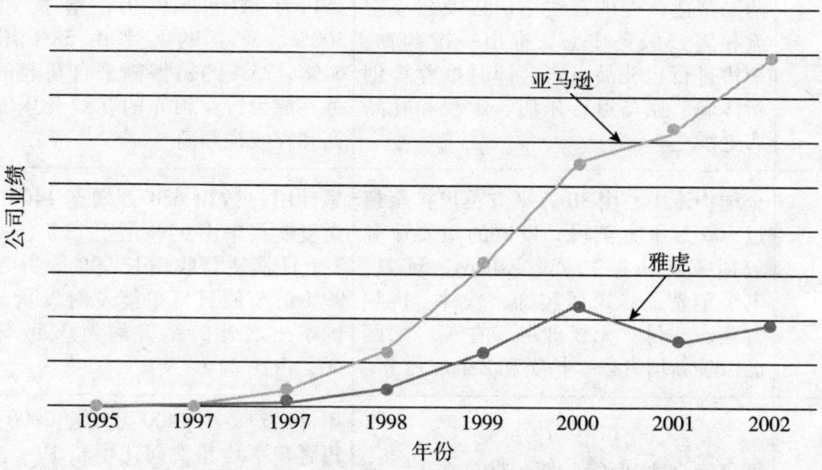

图 3－3　1995～2002 年亚马逊、雅虎业绩路线比对

资料来源：邓正红软实力研究应用中心。

为什么雅虎、亚马逊起步相同，走的路线却不一样？为什么亚马逊的抗风险能力大大强于雅虎？为什么亚马逊的业务越做越大，雅虎的业务却日渐萎缩？分析到深处，就是两家的基因不一样。雅虎做的是利润基因，注重短期盈利，亚马逊做的是价值基因，追求长远价值。从 1995 至 2002 年的 8 年间，为了谋求未来的发展路子，亚马逊不惜以连续 8 年亏损的代价，在拓宽客户基数、强化品牌认同度以及基础设施方面投入了巨大资源（见表 3－2），坚持做大规模，提升商业模式的竞争力，巩固并拓展市场领导地位。

表 3-2　　1997~2002 年亚马逊基础设施建设及突出的成绩

年份	基础设施建设	突出的成绩
1997	员工从 158 人增至 614 人，仓储物流中心从 5 万平米扩充到 28.5 万平米，西雅图的设施扩充近 70%，在特拉华州建立第二个仓储中心，库存增加到 20 万种	累计用户账户由 18 万增至 151 万，同比增速为 738%，重复购买率由 46% 增至 58%
1998	员工从 614 人增至 2100 人，在英、德两国塑造领先的在线书店以及建立物流和客户服务中心，推出一键购物、销售排行、礼品点击、即时推荐等创新体验，亚马逊音乐店、影视和礼品店上线	大幅改善用户体验，累计用户数由 151 万增至 620 万，增长超过 300%，重复购买率由 58% 增至 64%，25% 的销售额来自新起的业务，成为行业领先的在线音乐零售商和在线视频商
1999	全球物流中心由 30 万平方英尺扩至超过 500 万平方英尺，发展的主要业务包括：亚马逊拍卖、Zshops、玩具、电子消费品、家居装饰、软件、视频游戏、支付、无线业务，在英、德两国市场新增音乐、拍卖和 ZShop 业务	累计用户数由 620 万增至 1400 万，重复购买率由 64% 增至 73%，仅用 3 个月就使营收增长 90%，并保证 99% 的节假日订单能及时发货，美国本土之外的销售额为 3.58 亿美元，占比 22%
2000	推出第三方平台，即企业和个人，通过在亚马逊产品页面上展示丰富的产品详情，向客户销售新、旧产品，同时从亚马逊高流量获益	累计用户数由 1400 万增至 2000 万，每客户平均花费同比增长 19%，达 134 美元，帮助合作伙伴 Toys-rus.com 完成 1.25 亿美元玩具和视频游戏的销售额，在美国消费者满意度指数中获得 84 的高分，在服务类公司中是最高的
2001	为顾客建立起多种选择性、便捷、疯狂降价等 3 个重要的购物体验，电子消费品超过 4.5 万种，厨具类产品数量增至原来的 3 倍，推出计算机和杂志的订阅商店，便捷体验增加订单更新功能、自助服务功能，购书推出“看看书的内容”功能	累计用户数由 2000 万增至 2500 万，国际市场销售额增长 74%，美国之外的市场贡献超过 25% 的营收。第三方平台第四季度生成的订单占到美国市场总订单数的 15%，在美国消费者满意指数中连续第二年获得 84 的高分，在所有零售商和服务类公司中是最高的

续表

年份	基础设施建设	突出的成绩
2002	库存增加18倍，图书数量增加15%，大部分是很难寻找到的和不再发行的图书，新增的服装配饰商店拥有500多种顶级服装品牌，降价范围包括各类产品，对于购物超过25美元的订单，提供全年365天的超级免费送货服务，在有限的时间内对少量产品进行打折销售，每天推出低价产品	在美国消费者满意指数中获得88分，创下有史以来的最高分，不仅是在线商务和零售业的最高分，也是服务业有史以来的最高分

资料来源：邓正红软实力研究应用中心。

8年间，雅虎有4年亏损、4年盈利，亏损额1.187亿美元，盈利2.003亿美元，盈亏相抵净盈利0.816亿美元；亚马逊则年年亏损，累计亏损30.093亿美元。雅虎赚的并不多，不到1亿美元。亚马逊虽然亏了30亿美元，但这些钱并没有打水漂，而是投入建设都进了固定成本。固定成本不是一次能分摊完的，在亚马逊看来，只有规模做大，这些成本才能完全消化。

亚马逊大力推进基础设施建设，旨在为客户创造领先世界的体验价值，如丰富的品类选择、方便用户购买的个性化功能以及快捷的物流，同时提供价格最低的产品。提升用户体验需要大量投入，无疑会增加成本，这与提供价格最低的产品比较冲突。既要提供高端用户体验，又要提供低价产品，看起来实现这双重目标似乎自相矛盾，亚马逊如何做到两全其美？

贝佐斯的2002年致股东信给出了答案："我们把大部分用户体验功能——比如提供无与伦比的选择、丰富的产品信息、个性化的建议和其他新软件功能——转变成固定费用。随着用户体验成本基本固定（更像是出版模式而不是零售模式），我们的营运成本占销售额的比例随着业务的发展迅速缩小。此外，依然保持变化的用户体验成本——比如运营成本的可变部分物流成本——随着缺陷的消除也将在我们的模式中得到改善。消除缺陷可以改善成本，带来更好的用户体验。"

亚马逊借助电商优势，构建精简高效的商业模式，且在不断完善和提升，让其持续受益。贝佐斯在1997年致股东信中写道："如今，电子商务为顾客节省了开支和宝贵的时间。未来，通过'个性化'，电子商务将加速这个特殊的发现进程。亚马逊将利用互联网为客户创造真正的价值，同时希望建立一种经久不衰的专营权利，不管是对于已经建立的市场甚或更大其他市场。"贝佐斯在14年前就提出了个性化、电子商务等先进理念，可见其对互联网以及市场发展趋势看得很远。正是这种坚如磐石的核心价值追求，使亚马逊始终如一地做自己值得做的事情。

与雅虎先得后舍的短期盈利刚好相反，亚马逊是先舍后得，这些大投入随着时间推移逐渐显现成效。传统的实体店需要建立各自的仓储，亚马逊以物流中心为支撑，推行集中式管理的物流模式。1999年全球物流中心由30万平方英尺扩至超过500万平方英尺，包括设备在内仅花费5.38亿美元，便可收益超过20亿美元的年销售额。从1995至1999年，累计仅使用了6200万美元的运营现金。设施完善了，功能提升了，反过来运营费用大大降低，就更能为客户提供价低的产品。

亚马逊连续8年的亏损实际上进行的是一场旷日持久的网络抗争，包括线上、线下与同行对手抗争，与互联网泡沫危机抗争，从而积蓄竞争实力，巩固和拓展市场领导地位。当然，在网络抗战中，互联网泡沫破灭，亚马逊也付出了惨重的代价。2000年，美国共有210家互联网公司倒闭，亚马逊之前收购的两家小规模的电子商务公司living. com和Pets. com亦随着经济形势的不景气而倒闭了。为此，亚马逊在2000年计提了高达2亿美元的商誉减值准备。全年营收增长68%，但亏损额扩大96%，亏损率达51%，亏损高达14.1亿美元，成为亚马逊历史上损失最为惨重的一年。2000年亚马逊首次资不抵债，所有者权益变成负数！从这年开始亚马逊连续5年资不抵债，但它居然没有破产，并且营收越做越大，这不能不说是亚马逊创造的又一个奇迹！

第二节 › 连续5年资不抵债构筑“称重机”

在作者的软实力研究范畴，公司变重就是指公司越来越“硬”化，缺乏活力，创新缓慢，成本负担加重，难以适应市场竞争。那些曾经创造过辉煌而最终走向衰败、甚至破产的公司，都有一个共同的症结——公司变得越来越沉重，盈利能力和抗风险能力急剧下滑，跟不上市场的变化和发展。

由“重”而衰的迹象

总结那些因变“重”而衰败的公司，大都有以下迹象。

（1）商业模式运转像老牛拉大车，非常沉重和缓慢，公司的技术和产品优势不能充分放大，创造的业绩很低。

（2）公司资产由现金流变成呆滞资产的现象日趋严重，造成资产规模庞大，但现金流奇缺。

（3）营业额虽然维持在一定的规模，但成本居高不下，盈利能力脆弱甚至丧失。

（4）公司频繁收购，对收购项目整合能力差，收购项目不能为公司创造理想的效益，由此造成公司资产分散、闲置。

（5）公司对市场敏感度差，漠视市场发展新趋势和客户个性需求变化，缺乏价值创新。

（6）公司机构庞大，人员过多，缺乏活力和创造力，业务流程烦琐，工作效率低下。

（7）公司战略与市场发展背道而驰，业务扩张太快，摊子铺得太大，难以掉头。

（8）资产总额越来越高，营业收入越来越低，营业规模与资产规模不相匹配。

（9）产生效益的资产占总资产比例小于20%，非效益资产占总资产比例超过80%。

雅虎掉头难，主要是沉疴已久，积重难返。网络公司一般都是靠技术吃饭，雅虎技术不足，想通过简单的收购来补充技术，结果对技术消化不良，收购一个死一个，形成“坟堆效应”，活资产沦为“死资产”，使得整个公司失去活力，加之所处的市场日落西山，因此雅虎变得穷途末路。

衰落型公司的变“重”，不外乎两方面原因：一是对外来的技术性资产消化不了，二是对内部的价值性资产放大不了。这是软实力不强造成的。价值基因弱化，运营能力退化，资产陷入僵化，就会使得公司的收入资产率越来越高，也就是投入的资产越来越高，所实现的营业收入越来越低。收入资产率就是公司为实现营收所投入的资产额度，这一指标更形象地说明了公司变“重”的过程。

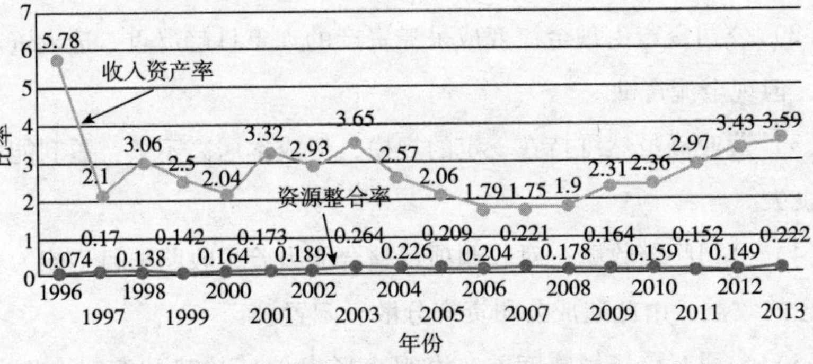

图3-4　1996～2013年雅虎收入资产率、资源整合率

资料来源：邓正红软实力研究应用中心。

雅虎如何变“重”？

下面，我们以雅虎为例，通过分析雅虎收入资产率的变化（见图3-4）来说明雅虎是如何变“重”的。

收入资产率下降，表明公司运营能力增强，资产有效利用率提高，营收增长；反之，则是公司运营能力弱化。从1996至2013年的18年间，雅虎的运营经历了两个黄金阶段，即1998至2000年和2003至2007年，这两阶段收入资产率走势均为下行。前一个阶段是互联网公司野蛮成长时期，后一个阶段是泡沫危机后的网络复兴时期。2008年是雅虎进一步变重的转折点。2007年收入资产率创历史最低，1美元的营收投入的资产降至1.75美元，2008年收入资产率增至1.9美元，并且连续6年上增，到2013年增至3.59美元。这说明2008年以来至今，雅虎运营艰难，营收增长困难，技术发力有限，只能靠拼资产维持萎缩的营收局面，这也是雅虎时下面临的最大问题。

营收难以增长，资产必然臃肿呆滞。这从另一方面说明，与雅虎营收相匹配的资产比较充裕，但资产有效利用率不高，即从资产中整合出有价值、能够刺激营收增长的动力不多，反映雅虎的资源整合能力较差。从1996至2013年，雅虎的平均资源整合率为17.8%，也就是说，这18年为雅虎创造效益的资产只有17.8%，而非效益资产高达82.2%。产生效益的资产占总资产比例小于20%，非效益资产占总资产比例超过80%，必然导致公司变重。雅虎的资源整合率这么低，主要是因为缺技术、缺价值创新。

资源整合是公司做大做强不可或缺的能力与手段。但是，公司凭什么整合资源却是非常重要的问题。首先公司要有自己的技术和价值优势，而整合则是以我为主，旨在加强和扩大自己的经营优势。缺乏优势的整合等同于简单的拉郎配。雅虎进行了那么多的收购，却没有整合出技术和价值优势，关键是自身缺乏值得整合的优势。

看雅虎的黄金成长期，1998至2000年属非正常的网络泡沫所至，2003至2007年则回归价值本位。2003至2007年雅虎每年的资源整合率都在20%以上，创造效益的资产超过20%，所以雅虎的营收保持增长。这一时期，雅虎比较重视技术收购和技术整合，并实现了短期内的效益提升，运营效率高使收入资产率持续走低。2013年虽然雅虎的资源整合率超过20%达到了22.2%，这是梅耶尔进行大量技术型收购所带来的积极成果，表明雅虎已积蓄了一定的技术优势，具有价值放大的潜力，但是，运营效率不高，技术价值没有得到及时放大，因此，收入资产率仍在上增。

公司软实力有两种存在形式：一种以潜在方式存在，就是具有技术实力和价值潜力，没有转入应用，还无法从业绩上体现。比如IBM、谷歌每年都有大量的技术专利问世，很大一部分新技术都是备用或库存，如果长期得不到转化，就是一种软实力的浪费。

另一种以显现方式存在，即将技术成果形成的创新产品和智慧方案直接投放市场，通过相匹配的商业模式将其转化为最大化的营收和利润，实现微数据向业绩大数据的放大。比如苹果在这方面就做得比较出色。显现的软实力意味着软实力被消耗，在市场周期内如果公司的技术价值得不到足够放大，也是一种软实力的浪费。

软实力的备存和放大是一个联动的过程，即不断消耗软实力、不断充实软实力，如此就能使公司持续发展。软实力的放大和加强则通过资源整合来实现。资源整合率低，导致软实力库存低，或者软实力放不大，使软实力的源头和流向变窄，这样，公司软实力就会变弱，毫无价值的硬实力势必增加，公司就显得更加沉重。

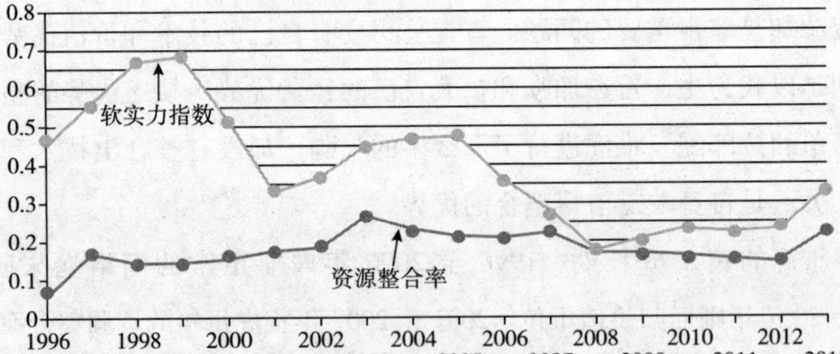

图3-5　1996~2013年雅虎资源整合率与软实力指数的面积变化

资料来源：邓正红软实力研究应用中心。

资源整合率是软实力指数构成因素之一。如果资源整合率小于软实力指数，说明公司软实力没有得到放大，或者说，公司留有一定的软实力备存，软实力应有的价值潜能没有得到充分释放，公司的部分硬实力没有被软实力激活而沉淀，使公司变重。雅虎的资源整合率较低，软实力得不到转化并充分放大，因而营收增长受阻。

图3－5反映了雅虎1996至2013年资源整合率、软实力指数走势的面积变化。软实力面积明显大于资源整合面积，说明雅虎软实力转化能力相当低，存在大量软实力浪费。雅虎的整合面积变化分三个阶段：第一阶段是1996至2001年，软实力面积较大，整合面积较低，面积差距悬殊，软实力积累程度高，受互联网泡沫气候影响，软实力消耗幅度也是最大的。第二阶段是2002至2008年，软实力面积较上阶段缩小了近1/3，整合面积有所扩大，面积差距较上阶段大幅缩小，软实力有一定的积累，但消耗力度加大，由于软实力后续跟进迟缓，以致2008年的软实力指数降至历史最低，几乎被资源整合率赶上来，相差只有1个百分点。第三阶段是2009至2013年，软实力面积较第二阶段缩小近2/3，整合面积进一步缩小，面积差距较前两个阶段大幅变窄，2013年软实力指数和资源整合率均有所抬升，内部整合力度加大，软实力积累扩大，不过外部整合趋于停滞，软实力消耗放大不明显。

综上所述，雅虎从上市以来，软实力每况愈下，为用户提供的价值日益减少，使得资源整合面越来越窄，从公司外围获得的动态性资产不多，既有资产大部分被沉淀。因此，公司就变成了官僚主义的老爷车，在超负重状态下缓步蹒跚。

很有意思的是，雅虎、亚马逊这两个同时代的互联网公司都在变“重”，不过二者之“重”却有着绝然的不同。雅虎之“重”是资产因效能低下而被囤积，亚马逊之“重”则是资产因效能高而被放大一空。雅虎整合率低，变重的资产全是自己的资产，而亚马孙整合率高，变重的资产全是别人的资产。雅虎之“重”是资产之重，亚马逊之“重”体现在哪方面呢？

亚马逊之“重”的体现

从 2000 至 2004 年，亚马逊连续 5 年资不抵债，所有者权益均为负数（见图 3－6）。读者可能要问，连续 5 年资不抵债，公司为什么不破产呢？亚马逊变“重”的奥妙就在这里。连续 5 年资不抵债，亚马逊不仅没有破产，而且营收持续增长、越做越大，公司市值从网络泡沫破灭后的最低值 53 亿美元跃升至 203 亿美元，接近泡沫破灭前的最高市值 208 亿美元。雅虎有这能耐吗？当然没有，雅虎只顾一味收购，结果越收购自己变得越臃肿。亚马逊则不同，它完全是做空自己，说白了就是不花自己一分钱，却创造了营收规模持续增长、市值接近危机前最高纪录的辉煌业绩。

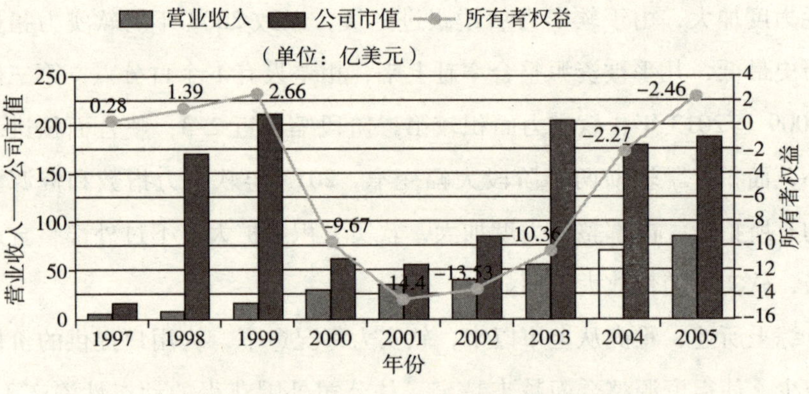

图 3－6　1997～2005 年亚马逊所有者权益

资料来源：邓正红软实力研究应用中心。

亚马逊凭什么实现空手套白狼？当然是软实力。亚马逊手中握有长远的价值筹码，获得了投资者的青睐和支持，因此，亚马逊能够用别人的钱不断做大自己，资源整合率在 100% 以上。这反映了亚马逊软实力强大，并凭借软实力博取消费者、商家、软件开发者和投资者等各方力量的支持。亚马逊自己宛如一张白纸，正因为软实力强大，所以能做到要市场有市场、要技术有技术、要资金有资金，几乎无所不能，把软实力的整合特性淋漓尽致地发挥至最大，堪称资源整合的超一流高手。

表面看，亚马逊之重是营收之重、市值之重，其实也是资产之重，不过资产并不属于自己，但实质是价值之重、技术之重。亚马逊正是因为具有厚实的价值本源，才得以在整合方面大显身手，毫无顾忌地将软实力持续放大，创造持续增长的营收，同时在技术创新上不断突破，使软实力的强化与消化得以持续良性运转。亚马逊价值之重表明它是一家名副其实的轻公司，换言之，资产是别人的，价值却掌握在自己手中。

亚马逊空手放大价值的做法与本书阐述的“微物质”放大模型如出一辙。“微物质”放大模型从“道”开始，提炼和创造核心价值，通过商业模式和企业文化，将“微物质”放大成公司业绩和公司市值，整个过程体现了从无到有、从小到大的软实力运作规律。亚马逊的资不抵债就是典型的“无”，但它把握互联网运作规律和用户的需求，围绕为用户提供最大的价值这一宗旨，创造满足用户体验的“微物质”，通过电商运营模式整合各方资源，从而实现业绩之大、价值之大。

以资产效能论，雅虎是地地道道的重公司，亚马逊则是流水四溢的轻公司。但是，亚马逊创始人贝佐斯却不是这种看法，他要把亚马逊打造成更具“重量”的公司。不了解亚马逊情况的人似乎会质疑贝佐斯的“重公司”是脱离实际的天马行空。能实现吗？经连续 8 年亏损和连续 5 年资不抵债，亚马逊彻底被掏空了，能“重”起来吗？简直令人无法相信！

2000 年股价大幅下跌，亚马逊也难逃厄运。面对华尔街的一片指责，贝佐斯在 2000 年致股东信中引用了华尔街金融大师本杰明·格雷厄姆的一句名言：股市从短期来看是“投票机”，从长期来看则是“称重机”。对危机前的网络泡沫，贝佐斯认为，很明显，繁荣的 1999 年使得市场上出现了很多“投票”行为，但我们是一家想要获得市场“称重”的公司。

从长期来看，我们以及其他所有公司都需要成为这样的公司。与此同时，我们也将努力把公司打造更具“重量”。

早在1997年的致股东信中，贝佐斯就提出了以创造长远价值为核心。他说：“如果被要求在最优化财务报表和最大化未来现金流二者之间做出选择，我们会毫不犹豫地选择后者。”2001年开始，亚马逊除了宣传自己是最大的网络零售商外，同时把“最以客户为中心的公司”确立为努力的目标。此后，打造以客户为中心的服务型公司成为了亚马逊的发展方向。贝佐斯在每年的致股东信中都会附上1997年的致股东信，表明他们对价值追求的一贯性，并特别推荐股东阅读“关于长期投资价值”那部分内容。

2000年是亚马逊首次出现资不抵债，为赢得股东的信任和支持，贝佐斯给股东打强心针：“我们坚信，股东的长期利益和用户利益紧密联系在一起。如果我们努力方向对了，现有客户的重复消费率将提升，新增用户数量会提升，公司现金流也会增加，股东的长期价值随之而增加。”“最后我想说的是，我们一直都致力于通过提升用户价值，进而提升投资收益的方式，来扩大我们在电商领域的领导地位，离开其中任何一方，我们都不可能成功。”由此看出，贝佐斯追求的重公司并非资产型的重公司，而是价值型的重公司。

亚马逊价值之重体现在营收持续增长、市值保持强劲。营收增长说明给消费者提供的价值越来越多，市值强劲说明在投资者眼中亚马逊的未来潜在价值巨大。对亚马逊来说，整合不成问题，资源不成问题，它唯一要做的是不断放大和强化技术价值，通过技术创新、产品创新和服务创新，为用户提供最大的价值，使用技术减少成本，消除缺陷，提高效率，寻求最大化的客户价值，从而拉动用户的增长和营收的增长。

按照“微物质”放大模型评价，亚马逊越来越像价值型重公司，资源整合所起的作用功不可没。试想，倘若没有高效能的资源整合，亚马逊的核心价值只能待字闺中。超100%的高效能资源整合为亚马逊解决了一切资源问题，尽管资产不是自己的，但是，用别人的资产去创造最大的绩效和价值，更体现了亚马逊超乎寻常的软实力。

在2000至2004年连续5年的资不抵债中，亚马逊到底用多大的整合能力创造了高业绩高市值的？同样，我们可通过资源整合率与软实力指数的面积变化（见图3－7）来分析亚马逊的整合效能。

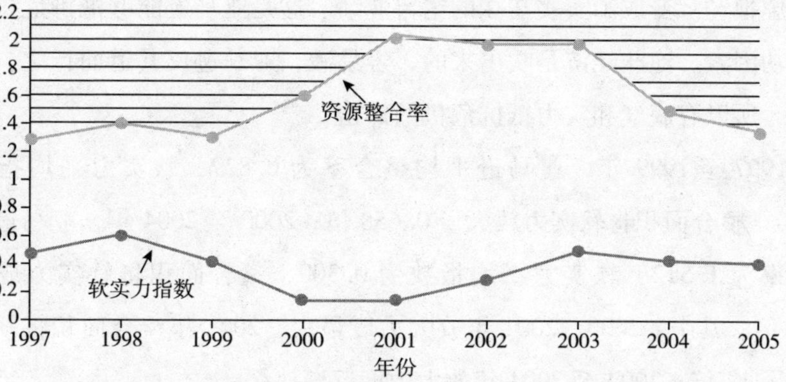

图3－7　1997～2005年亚马逊资源整合率与软实力指数的面积变化

资料来源：邓正红软实力研究应用中心。

按照整合面积变化原理，雅虎的资产之重是资源整合率低于软实力指数且软实力越来越弱造成的；亚马逊则刚好相反，它的价值之重源于资源整合率远高于软实力指数，且软实力在不断消耗中持续得到强化。2000年网络泡沫破灭，亚马逊受到一点影响，但不大，它的营收逆势增长。亚马逊能轻松挺过这一危机，说明它的抗风险能力非常强。作者在培训讲座或与企业家交流中，一再强调软实力能够化解风险，大家听后似乎感到很玄乎，危机中公司更需要资金援助，仅凭软实力就能抵抗危机吗？不错，在危机中资金就是公司的生命线，但要看到，那些在危机中纷纷倒下的公司无一不是过分依赖资金等硬实力，一旦断炊，公司当然必死无疑。

亚马逊正是一个很好的反例。2000年亚马逊变得身无分文，靠负债度日，它没倒下，反而将软实力努力放大，整合到21亿美元资产，支撑营收实现了68%的大幅增长。2000年亚马逊的整合率是软实力指数的10.5倍，也就是说，亚马逊能顺利迈过危机，是因为将软实力放大了9.5倍。从图3－7可看出，为抵抗网络危机，从1999年开始亚马逊就大幅消耗自身的软实力，因此，软实力指数在下走，到2000年降至最低。这些软实力都消耗到哪里去了？实际上，都被通过整合放大为营业收入，使所谓的虚拟经济变成了实实在在的销售业绩。这是亚马逊能够抵御危机的又一成功因素。泡沫经济是吹出来的，容易破，亚马逊反其道而行之，将其做实，所以有底气和实力抵抗危机的冲击。

1997至1999年，亚马逊平均整合率为0.829，软实力平均指数为0.500，整合面积将软实力放大了0.658倍；2000至2004年，亚马逊平均整合率为1.512，软实力平均指数为0.300，整合面积将软实力放大了5.04倍。其中，2000、2001年放大力度最大，2001年整合面积将软实力放大了12倍；2002至2004年放大力度逐渐放缓。

亚马逊颇具战略前瞻性，它利用网络危机爆发的两年，大肆举债，在互联网上迅猛"圈地"，扩充规模，增加品类，推出第三方平台，邀请商家来平台开店，极大地丰富了消费者的购物体验。后来，那些没有针对消费者个人仓储物流经验的第三方商家也将物流外包给亚马逊管理，使之前亚马逊建立的全球仓储物流中心发挥出规模效应，有效地摊薄了亚马逊仓储物流中心的成本。

针对顾客体验，亚马逊推出了方便购物的多项功能。建立起多种选择性、便捷、疯狂降价等3项重要的购物体验，电子消费品超过4.5万种，厨具类产品数量增至原来的3倍，推出计算机和杂志的订阅商店，便捷体验增加订单更新功能、自助服务功能，购书推出"看看书的内容"功能。

1997至1999年是亚马逊的第一轮基础建设阶段，主要任务是建立和完善线下的全球仓储物流配送中心；2000 至 2001 年是亚马逊的第二轮基础建设阶段，主要任务是拓展和完善在线的经营模式。基础性投入属于一次性投入的固定成本，投资额度大，亚马逊必须提高资源整合率，尤其是对外部资源整合必须加大力度。这是为亚马逊未来掌控市场主导权铺路搭桥，也渗透着贝佐斯的长远价值意识。

2000 至 2001 年，亚马逊的累计用户数由 1400 万增至 2500 万，2000 年帮助合作伙伴 Toysrus. com 完成 1. 25 亿美元玩具和视频游戏的销售额；2001 年国际市场销售额增长 74%，美国之外的市场贡献超过 25% 的营收，第三方平台第四季度生成的订单占到美国市场总订单数的 15%。

2002、2003 年，亚马逊整合面积略有收缩，一则整合力度放缓，二则软实力指数持续提升。这两年亚马逊的整合主要放在内部，关注持续改善客户体验和低价，修炼经营内功，因此软实力得到进一步提升。值得注意的是，2003 年亚马逊实现首次盈利，尽管利润只有 3500 万美元，却扭转了连续 8 年的亏损状况，说明亚马逊基于长远价值的经营布局开始见效。

2004 年亚马逊整合率进一步下降，软实力指数下降 6. 6 个百分点，但是，盈利猛增至 5. 88 亿美元。这说明亚马逊长达 10 年资源整合铺好的商业模式，开始投入软实力运营，消耗软实力，放大客户价值，并转化成实实在在的利润。亚马逊认为，好的客户体验是正向的输入，如果持续不断地保持好的输入，那么销售额、利润等一系列输出的指标就会好。输入、输出正是通过事先铺好的商业模式运作实现的。

通过上述分析可知，亚马逊连续 5 年的资不抵债并非是常规中的那种经营不下去的情况，而是基于未来市场布局所实施的战略性整合。这样的价值型重公司能破产吗？答案是不言而喻的。与雅虎资产之重相比，亚马逊的收入资产率就显得很轻（见图 3 –8）。从 2000 至 2013 年，雅虎平均收入资产率为 2. 62，亚马逊则为 0. 51，也就是说，雅虎每实现 1 美元的营收平均要投入2.62美元的资产，而亚马逊几乎只要50美分就能创造1美元的营收。即实现1美元营收，雅虎所投入的资产是亚马逊的5倍多。雅虎的“重”、亚马逊的“轻”就体现在这里。

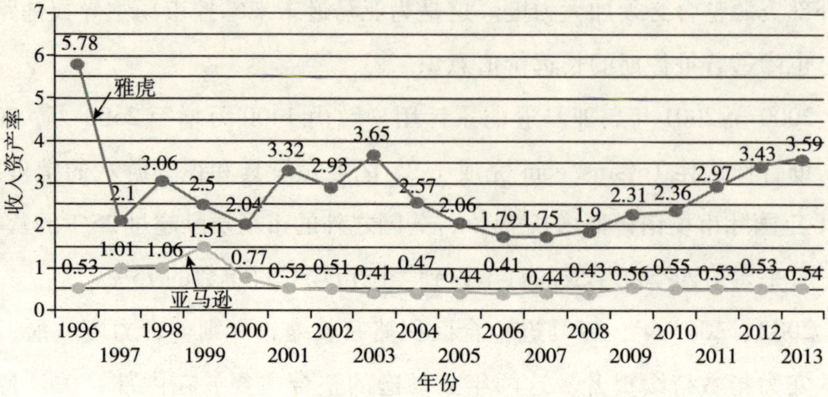

图3－8 1996～2013年亚马逊、雅虎收入资产率比对

资料来源：邓正红软实力研究应用中心。

表3－2 亚马逊与雅虎的运营差异

项目	亚马逊	雅虎
经营宗旨	为客户提供最大的价值	最大限度地提高利润
目标	创造长期利润	获得短期利润
营收状况	营收持续增长	营收萎缩
整合能力	资源整合率高	资源整合率低
资产效能	有效资产增加	无效资产增加
收入资产率	低	高
软实力放大能力	强	弱
公司类型评价	价值型重公司	资产型重公司

资料来源：邓正红软实力研究应用中心。

由此可以总结一下亚马逊与雅虎的运营差异（见表3－2）。不同的经营宗旨决定了公司类型的不同。按照“公司综合实力＝软实力×（1＋硬实力）”这一公式，软实力放大能力即软实力×硬实力，这部分硬实力是被软实力激活的，通过资源整合实现的。雅虎的资产沉淀，是因为软实力弱，能被激活的硬实力很少，所以造成资产型重公司。亚马逊则是软实力强，它自身的资产都被软实力激活了，但是这部分资产不足以支撑客户价值放大，所以它必须用软实力去激活外部的资产，以弥补自身资产的不足。由此看来，亚马逊的资不抵债实际上是软实力高度放大的体现，亚马逊空手套白狼的诀窍也就在这里。所以，亚马逊既是价值型重公司，又是资产型轻公司。

第三节 › 连续9年盈利崛起在线商业帝国

贝佐斯是一位善于谋划未来的理想主义者，亚马逊连续8年的亏损和连续5年的资不抵债都是着力于布局未来。为了将未来的运营摊子铺好，贝佐斯拒绝将亚马逊的盈利能力变现，宁愿亏损和资不抵债，这体现了贝佐斯的魄力和远见。为此，贝佐斯曾受到华尔街的指责，让投资人相当沮丧。

贝佐斯野心很大，并非不想盈利，而是想赢得长期的利润。他所做的这些亏空，都是投入，当然这些投入不是三五年内能见到成效的，如果能的话，贝佐斯也不会这么做。亚马逊的亏空状态长达10年之久（注：在8年的亏损中有3年资不抵债），连投资人都对亚马逊逐渐失去了耐心，可贝佐斯仍旧保持着他的招牌笑容，竟然说，“利润像是维生的血液，却不是存在的理由，人不会为了血液而生存……1995年12月，亚马逊曾经短暂获利了一小时，但那也许是一项错误”。贝佐斯认为，要创新，就要接受长期的误解。

在经历8年的亏损潜伏之后，2003年，在大家毫无预期的情况下，亚马逊全年转亏为盈。贝佐斯与美国媒体、华尔街间的紧张关系终于逐渐放松。不仅如此，亚马逊还连续9年实现盈利，从2003至2011年累计盈利49.49亿美元，堪称厚积薄发，尽管年均利润率只有2.87%（注：相当于沃尔玛1995、1996年的利润率水平）。贝佐斯唱的这一曲，令华尔街爱恨交加，连《经济学人》与《商业周刊》都搞不懂且不知如何评价贝佐斯这个人，“我们不知道该如何定位这家公司！”

作者以为，对于亚马逊这样一家价值型重公司，如果仅以微薄的盈利来评价它这9年的发展，那未免太小看它了。它既然能耐得住8年的亏损、嘲讽和指责，潜心做自己关注的事情，那就已经远远超出了一般的公司。尤其当投资人对它的亏损按捺不住心情的时候，它却迎来了利润的曙光，并且持续盈利，这就充分验证了贝佐斯特立独行的远见卓识。2008至2009年，金融海啸席卷美国公司，就像当初抵御泡沫危机一样，亚马逊不畏冲击，营收和获利照样增长。贝佐斯的战略着眼于长远，他一直在做的是要抢占尽可能多的市场份额，盖过已有的竞争对手，整合销售商和更多细分市场的在线零售商。只要这些做到位了，至于抗风险、盈利，对他来说都是小菜一碟。

连续9年的盈利尽管在一定程度上满足了投资者的需求，但亚马逊的精彩远不止于此。就像巴菲特投资长期股，亚马逊9年的业绩亮点主要集中在营收和市值的增长方面（见图3－9）。2003至2011年，它的营收一路持续增长，2011年的营收是2002年的12倍多，2006年营收首次突破100亿美元大关，2009年突破200亿美元，2010年突破300亿美元，2011年突破400亿美元，达480.77亿美元。营收大幅增长，意味着亚马逊的市场地盘在加速扩张，也体现了贝佐斯的“抢位”战略，再次证明贝佐斯对长远价值的追求深得客户之心。

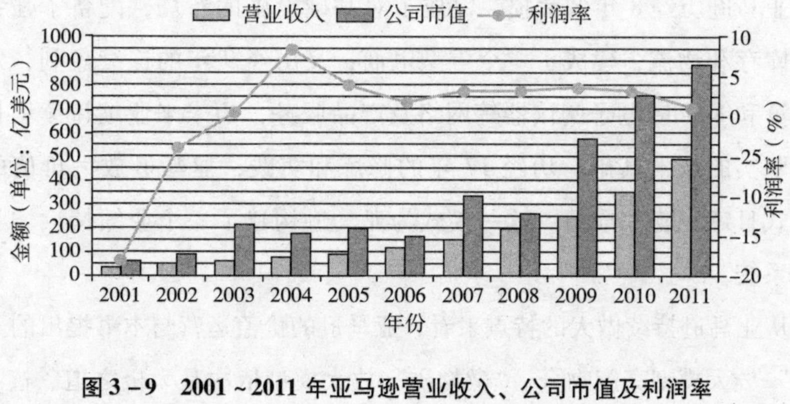

图3－9　2001～2011年亚马逊营业收入、公司市值及利润率

资料来源：邓正红软实力研究应用中心。

泡沫经济破灭后，2001 年亚马逊的市值降至最低点——53 亿美元。在连续 9 年的盈利中，虽然市值有所跌宕，但亚马逊的业绩增长和价值放大的强劲势头是明摆着的，所以整个市值走势表现坚挺，2009 至 2011 年的 3 年更是高歌猛进。2009 年，亚马逊市值突破 500 亿美元，2010 年突破 700 亿美元，2011 年突破 800 亿美元，为 877 亿美元，是 2001 年市值的 16 倍多。

经过 8 年的亏损潜伏和 9 年的市场扩张，亚马逊已成为美国乃至全世界电子商务领域中的标杆公司，可贵的是它通过过去 17 年的实践，建立了一个稳固的基础，从而打通了“任督二脉”，更难得的是，它所面临的市场才刚刚开启，未来前景广阔无边。

当一个公司具备了适应市场发展趋势的核心价值，价值的转化和业绩的放大就取决于商业模式了。这是贯穿本书一条最重要的理论经脉，也是从微数据走向大数据的必经之路。亚马逊是一家很特别的公司，从成立至今，它的营收增长就一直没有停下脚步，而且它的客户价值放大也不仅仅表现在此，它还是最早推行云服务（Amazon Web Services，AWS）的公司，就是将客户体验的微数据放大成云端的大数据。

亚马逊历经 8 年的亏损，完成了对基础设施的布局，配备了强大的地面库存和物流，建成了一个重型电商；又历经 9 年的连续盈利，发展云计算和 Kindle 电子阅读器等网络及产品服务，为未来业绩持续增长奠定了坚实的技术基础。历经 17 年的修炼和实践，亚马逊放大价值的商业模式日臻完善和成熟，这一模式为亚马逊构建了一个业绩持续增长的生态系统。

从亚马逊持续做大的特点来看，亚马逊的价值运营与本书提出的“微物质”放大模型高度吻合。“微物质”放大模型依次是太极之道、核心价值、商业模式、企业文化、公司业绩和公司市值。亚马逊的“道”是先予后得，比如低价格、赔本销售电子阅读器等，正如贝佐斯所言，“我们依靠用户使用设备来赚钱，而不是他们第一次购买的时候”。亚马逊将客户价值作为商业模式的输入端，输出端则是营收、利润，其中的运营部分就是商业模式和企业文化。这与“微物质”放大模型是一个道理，就是通过商业模式和企业文化将核心价值放大为公司业绩。

亚马逊的商业模式是怎样的内在结构？按照价值输入和业绩输出的逻辑，作者绘制了一个简图（见图3－10）来描述亚马逊的运营。亚马逊的经营宗旨是为客户提供最大的价值，体现在运营中就是提供好的客户体验，即丰富的选择、便利和低价，这是亚马逊基于客户体验的三大支柱，也是亚马逊商业模式的核心内容。强大的技术能力和数据化运营是驱动商业模式加速的引擎。

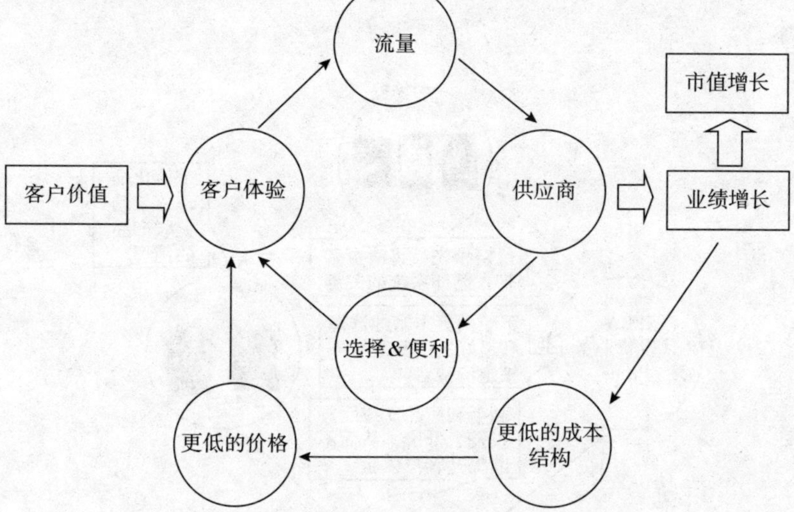

图3－10 亚马逊业绩持续增长的商业模式

资料来源：邓正红软实力研究应用中心。

亚马逊把客户体验作为起点和终点。当一个公司不断致力于客户体验的提升时，流量就会在口碑效应的带动下自然地增加，流量的增加会吸引更多的供应商与亚马逊合作，这样消费者就有了更丰富的选择以及便利的服务，从而带动客户体验的进一步提升。随着这个循环的不断往复，电商公司的高固定成本便会被不断地分摊，带动成本与效率的极大提升，从而使得公司可以以更低的价格出售商品或服务，而低价则是提升客户体验的一个关键因素。在17年时间里，亚马逊依靠这套循环体系从一个线上的图书零售商转变为世界上最大的在线零售商、物流大佬、云计算先驱、数字内容平台、客服和用户评论的地标型公司，还推出了在阅读领域有革命性的电子阅读器——Kindle。

亚马逊业绩的持续增长，来自于它所构建的生态系统的良性循环（见图3-11）。丰富的选择、便利的服务以及天天低价是亚马逊提升客户体验的关键。在这三者之中，天天低价又最为重要。天天低价使得客户的重复购买率得到极大提高，这保证了亚马逊可以一直保持低于同行的客户获取成本。

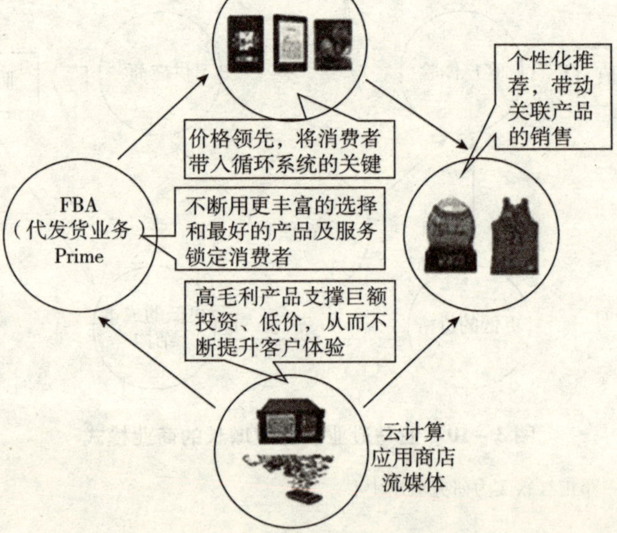

图3-11　亚马逊的良性循环

资料来源：邓正红软实力研究应用中心。

在保持价格优势的情况下，亚马逊不断使用个性化的推荐技术向客户推荐相关商品，提高客户购买的客单价和购买频率，从而维持公司合理的毛利率水平。亚马逊还不断将获取的利润投资于物流以及信息技术等方面。这些投资不仅使得亚马逊在这些领域保持着较强的竞争力，也不断地拓展着亚马逊商品和服务的内涵和外延，使亚马逊有能力进入更多的市场，为公司的高速成长开辟更多的机会。

亚马逊在物流上的投资使得其有能力提供物流服务 FBA（Fulfillment by Amazon，亚马逊物流），极大了支撑了第三方商家开放平台的发展。开放平台不但为亚马逊创造了大量的营收，也为用户提供了大量可选择的低价商品，使得亚马逊有能力作为网购的第一入口，而且是极为优质的入口。

对于美国的商家，亚马逊根据其需求提供不同的服务：一是针对没有配送能力的商家，亚马逊提供 FBA 服务，包括仓库发货、售后服务、换货、退货等一系列服务，这也降低了亚马逊自建仓储物流的成本。二是对一些不擅长经营网站的商家，亚马逊为其提供网站运营服务。三是一些商家需要方便的支付，亚马逊为其推出了结算服务。四是对于一些需要流量的商家，亚马逊通过广告来帮助其实现更好的销售。

亚马逊的 Prime（金牌会员）项目是一个将其诸多优势汇聚成一个独特服务的很好实践。Prime 是为亚马逊大量的高净值且高忠诚度的客户设计的，客户只需每年支付 79 美元就可以享受大部分订单两天内的免费送货服务。亚马逊通过这项服务为客户带来了很大的价值，也使得这些客户经常在亚马逊上购物，实现了对客户的锁定。

亚马逊自创立之初就非常重视信息技术的发展，并在这方面投入了大量的资金。当然这些巨大的投资也为亚马逊带来了丰厚的回报。亚马逊的技术水平不但支撑了公司极其复杂的业务体系，而且开拓了许多新兴领域的发展机会，例如云计算、数字内容以及硬件等。亚马逊的云计算服务不仅分摊了自身数据中心的成本，而且带来了大量的营收，且成长非常迅速。亚马逊的 Kindle 系列硬件在为用户提供无缝的数字阅读和消费体验的同时，实现了对客户的锁定，这也是亚马逊征战数字市场的重要武器。

在 17 年的时间里，亚马逊最大的成就在于通过实践构建了这样的良性循环系统。鉴于全球在线零售市场尚处于初期发展阶段，亚马逊未来的成长空间十分巨大。亚马逊主营业务是出售、配送实体商品，随着公司不断积累在购买平台的能力，未来将可能直接挑战线下的大型零售商。亚马逊网站流量巨大，足以吸引到足够的买家和卖家来这里完成交易。

好的核心价值需要好的商业模式相匹配，好的商业模式需要好的企业文化向辅佐。低价是支撑亚马逊客户体验的关键要素，这就注定亚马逊的企业文化是精益高效、充满活力的。当初贝佐斯将公司命名为亚马逊，就希望公司像孕育多种生物的亚马逊河一样，气势磅礴，充满生机。将亚马逊公司与亚马逊河相比对，有诸多类似之处。

其一，流量。亚马逊河是世界上流量、流域最大的河流，流量达每秒 21.9 万立方米，比其他三条大河——尼罗河、长江、密西西比河的流量总和还要大几倍。亚马逊则通过提供良好的客户体验实现巨大的网络流量。亚马逊以亚马逊河流量为目标，足见其不同凡响之处。

其二，生物多样化。亚马逊热带雨林是世界上最大的雨林，具有相当重要的生态学意义。这个雨林的生物多样化相当出色，聚集了 250 万种昆虫、上万种植物和大于 2000 种鸟类和哺乳动物。亚马逊的业务看似是网上零售，却是多元化的，比如物流、云计算、数字内容平台、出版、游戏、渠道与快递服务、支付、开发支持、智能推荐等等。这些多元化的业务使得亚马逊的经营五彩斑斓、生机勃勃，充满开拓和创新。更重要的是，亚马逊的商业模式是一个良性循环的生态系统，在某种程度上不亚于亚马逊热带雨林的生态学意义。亚马逊多元化业务的发展，使得业界至今对其公司性质定位仍是一头雾水，是零售公司、快递公司还是技术公司、数据公司？似乎都可称得上，也简直像一个综合性的怪物。这似乎是亚马逊河多样化生物基因使然。

其三，丛林法则，充满竞争。亚马逊雨林的生物生存法则是典型的达尔文主义，即物竞天择，适者生存，不适者淘汰。整个丛林环境险象环生，充斥着残酷和血腥。每当太阳升起，每个物种为了自己的生存，都必须全力以赴向前奔跑。贝佐斯在亚马逊的企业文化中就引入这种丛林特质，即对抗和竞争，这也是亚马逊一直保持创业公司特色的根本所在。

总之，亚马逊以亚马逊河为比对，就是要打造世界上最大的在线商业帝国。

亚马逊从线上销售图书起家，虽然以电商著称，却在不断拓展音乐、云存储、内容制作等新领域。这些尝试看似随意，实则都有一个共同的目标，就是一切从顾客的需求出发。这就是贝佐斯提出的“逆向工作法”，也是贝佐斯推崇的管理哲学。“逆向工作法”不同于“技能导向法”，要求一切从顾客的需求出发，而非根据现有技术和能力来决定下一步动作。贝佐斯在2008年致股东的一封信中写道：“最终，现有的技能都将过时。‘逆向工作法’要求我们必须探索新技能并加以磨炼，永远不会在意迈出第一步时的那种不适与尴尬。”

与硅谷其他科技巨头不同的是，亚马逊不是靠高薪酬高福利来激励员工，它更推崇“精益经营”。它不向员工提供免费的午餐，相反，会将薪水压得很低，甚至有传言亚马逊曾将门板当作办公桌使用。但这并不意味着亚马逊员工报酬不丰厚。亚马逊更喜欢用期权而非现金激励员工。贝佐斯在1997年致股东的信中称：“我们很清楚，亚马逊能否成功很大程度上取决于我们能否吸引和留住员工，每一名员工都希望成为主人，因此就应该让他们成为主人。”

在亚马逊，员工基本上拿不到什么津贴，绩效奖金也不会多得出乎意料。创业早期，贝佐斯甚至不愿意发给员工公交卡，因为他不想让员工找到匆匆走出办公室以便赶上当天末班车的任何理由。当然，现在好多了，员工有公交卡，可以免费乘坐西雅图的公交车。把自己的车停在“南湖联盟”区的亚马逊办公楼里，费用是每月220美元，公司可以报销180美元。在亚马逊会议室里，把没有抽屉的平板桌并排拼在一起就成了会议桌。自动售货机的东西要用信用卡买，在公司食堂吃东西也没有补贴。新员工入职时会领到一个背包，里面有一个电源适配器，一个笔记本电脑基座，以及一些新人培训材料。当员工辞职的时候，公司会要求他们返还所有配发的东西，包括那个背包。因为“亚马逊的领导原则”中有这么一条：

我们避免把钱花在对顾客不重要的东西上。不花冤枉钱可以培养我们解决问题、自力更生的能力，还会激发我们的创造力。在员工数量、预算规模和固定费用方面，我们能省就省。

“亚马逊的领导原则”是公司的核心价值观，亚马逊对其极为重视，经常在公司里讨论它，并且把它灌输给新员工。在50人以上的部门里，经理需要经常“优化”自己的下属，也就是说，他们必须解雇那些表现最差的下属。所以，亚马逊的很多员工永远都生活在恐惧中，连那些在考核中获得好评的员工，有时候都不敢相信自己的眼睛。

亚马逊的企业文化被员工称为“角斗士文化”。在员工看来，亚马逊很奇怪：它是一家努力要当超级大企业的创业公司，同时又是一家努力保持创业公司特色的大企业。有一名年轻女员工，在亚马逊当了5个月的营销经理，发现上级不能很快接受利用社交媒体做宣传的想法，而且在亚马逊每天要工作很长时间，不利于她照顾家人，所以她选择了离开。如果员工跳槽到竞争对手公司那里做类似的工作，亚马逊就会发邮件给他，威胁要采取法律行动。一名从亚马逊跳槽到易贝的员工就遭受过这种威胁，后来还是易贝出面私下解决了此事。

贝佐斯把人们寻求共识的自然冲动称为“社会凝聚力”，他对这种东西深恶痛绝。贝佐斯希望手下的人能以数据为依据，充满激情地争论出一个结果来。这一点也被他纳入到了“亚马逊的领导原则”中：“要有骨气，敢于表达不同意见，要有责任心。”贝佐斯认为，如果领导者不赞成某个决定，那他就有义务不失恭敬地挑战这个决定，提出自己的质疑，即使他觉得这样做会很尴尬，或者是费力不讨好。领导者要有信念，要坚毅顽强。他们不应该因“社会凝聚力”而妥协让步。但是，当事情最终确定下来之后，他们就要全力以赴地采取行动。

贝佐斯主导的这种挑战性文化，使员工天生就具有某种对抗性和竞争性，这是亚马逊保持精益高效、充满活力的文化之源。所以，在亚马逊能够立足并如鱼得水的人，往往很善于应对接连不断的摩擦和冲突，并在对抗性的氛围中获得成长。不少管理者在离开亚马逊一段时间后，又回到了这家公司。这部分人似乎习惯了这种对抗性的文化，也似乎只有在这种文化土壤中才能有效地开展工作。在亚马逊零售业务部门工作过5年的费萨尔·麦斯欧德说：“你不断学习，创新的步伐让人觉得惊心动魄。你不管做什么竞争都很激烈。”

尽管员工流失现象在亚马逊是常事，但并未给亚马逊造成损失。因为亚马逊的股价在稳步上升，借助着这种吸引力，亚马逊在招募人才方面没有遇到什么困难。在2013年7月发布的第二季度盈利报告中，亚马逊称员工人数已增至9.7万名，含全职和兼职员工，较上年增长了40%。

亚马逊即使抠门，给员工的薪资激励还是有的，不过它的做法与谷歌、微软有所不同。亚马逊给新员工开出的基本工资属于行业平均工资，签约奖金在两年内发放完毕。但是，股票激励（即公司赠送给员工的股票，个人不需要任何资金投入）则分4年发放，而谷歌和微软的激励股则均匀地逐年发放。亚马逊的激励股会在4年内逐渐递增地发放：员工通常在第一年年底拿到5%，第二年年底拿到15%，然后在后两年里，每6个月可以领到20%。亚马逊采取这种做法来鞭策员工继续勤奋地工作。

贝佐斯为亚马逊制定的经营原则，使这家公司在17年里获得了快速的市场扩张和业绩做大。从某种意义上说，整个亚马逊就是围绕着他的大脑建立和发展起来的。贝佐斯的大脑好比是一台放大器，可以把他的聪明才智和进取心传播到尽可能大的半径范围中。亚马逊北美零售高级副总裁维尔克说："贝佐斯一边实干，一边学习，他从我们每个人有专长的人身上学习，并把精华吸纳到他自己的大脑里去。现在大家都希望尽可能地像贝佐斯那样思考。"

以公司吸引对象来划分，作者将公司的软实力分为四个层次。

第一个层次的软实力（SP1）：公司靠什么吸引消费者，消费者对公司的忠诚度有多高，即如何为消费者持续创造和提供最大的价值，这是公司最大的软实力。

第二个层次的软实力（SP2）：公司靠什么吸引投资者，投资者对公司的支持度有多大，即如何为投资者持续创造最大化的资本回报，这是仅次于顾客的软实力。

第三个层次的软实力（SP3）：公司靠什么吸引优秀人才，员工对公司的忠诚度和归属感有多大，即如何解决拴心留人的问题，这是公司基础性的软实力。

第四个层次的软实力（SP4）：公司靠什么吸引合作者，合作者对公司的兴趣和投入有多大。这是公司获取外援所必备的软实力，原则是合作共赢。

从彼此关系来看，SP1决定SP2。贝佐斯主张的"股东的长期利益和用户利益紧密联系在一起"，从长期看，股东利益与客户利益是一致的，所以在亚马逊推行“逆向工作法”，即一切从顾客的需求出发。贝佐斯的这一套思想和方法完全符合软实力 SP1、SP2 的层次关系。

再进一步看，SP1 + SP2 则决定 SP3 和 SP4。从广义的合作看，员工也是公司的合作者，即公司内部的合作者，SP4 特指公司外部的合作者。至于合作者的合与不合、去与留，只要公司做得不是很过分，能够保证共赢，都是很正常的现象。亚马逊经常有一些员工流失，但不影响大局，因为它具有强大的 SP1，人才招聘所以不成问题。

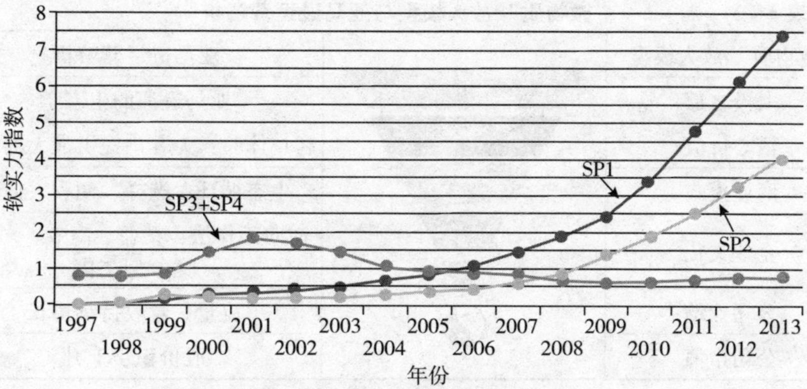

图 3－12　1997～2013 年亚马逊软实力层次指数

资料来源：邓正红软实力研究应用中心。

从 1997 至 2013 年亚马逊软实力层次指数看（见图 3－12），亚马逊的消费者软实力指数（SP1）走势呈正向提升，且提升幅度越来越大；其次是投资者软实力指数（SP2）走势也是正向提升，不过提升幅度比 SP1 小多了；合作者软实力指数（SP3 + SP4）在 1999 至 2001 年是上升的，从 2002 年起就一直在下降，2006 年以前 SP3 + SP4 大于 SP1，2009 年以前 SP3 + SP4 大于 SP2，从 2009 年开始，SP3 + SP4 就远低于 SP1、SP2。从整个情况来看，消费者软实力最强势，且越来越强；其次投资者软实力，也是越来越强；合作者指数最弱势，且越来越弱。这说明，在创业发展早期和抵御泡沫危机期间，也是公司处于最艰难的时期，亚马逊依赖合作者的程度远远超出消费者和投资者；但随着基础设施和商业模式日益完善、成熟，亚马逊对合作者的依赖程度日趋降低，对消费者和投资者的依赖大幅提升，这似乎有点功成后“卸磨杀驴”的味道，少了人情味。其实这也反映了亚马逊企业文化中的一个致命弱点，就是不能稳定地善待合作者，短期内或许看不出得失，但从长期看一旦这种不善于合作的现象成为畸形文化，就可能导致团队整体活力的下降。雅虎就曾因为官僚文化的顽固阻碍，导致高级人才流失严重，使公司走向衰败。

表 3－3　“微物质”放大模型与亚马逊运营解析

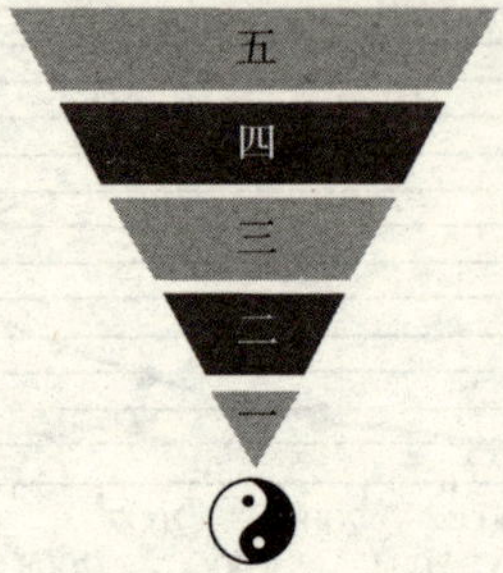

“微物质”放大模型	亚马逊运营解析
太极之道	亚马逊河的生态学
核心价值	客户体验：为客户提供最大的价值
商业模式	生态循环：选择、便利、低价
企业文化	逆向工作法：精益、高效、对抗、竞争型文化
公司业绩	流量、营收持续增长
公司市值	股价稳步上升

资料来源：邓正红软实力研究应用中心。

下面运用“微物质”放大模型，对亚马逊的运营逻辑进行简单梳理（见表 3－3）。

亚马逊的太极之道从某种意义上是取自亚马逊河的生态学，以巨大的流量孕育丰富的物种。亚马逊河的流量来自各支流，亚马逊的流量则来自客户体验，因此，亚马逊的核心价值是客户体验，为客户提供最大的价值。客户获得最佳的体验就会重复购买，就会吸引更多的消费者来亚马逊购物。

物流、第三方开放平台、电子阅读器、云计算等先进的设施、产品和技术服务，一方面是不断提升客户体验，另一方面也是商业模式运转的基本架构。客户体验和基本架构撑起亚马逊商业模式的三大支柱：丰富的选择、便利和天天低价。商业模式的运转与客户体验是融为一体的，亚马逊在提升客户体验的同时也在放大核心价值。

亚马逊的商业模式围绕客户体验展开，同样，亚马逊的企业文化也是从客户出发的。精益高效的企业文化润滑着商业模式的运转，对抗与竞争的文化更是激发员工活力，使创新成果不断涌现。客户体验是单个的微数据，亚马逊通过商业模式将其放大变成营收大数据和市值大数据，业绩节节攀高，股价稳步提升。

综上所述，我们不难知道，2003～2011 年亚马逊营收持续增长，并连续 9 年实现盈利，从效能看，主要是商业模式、企业文化与客户价值放大非常匹配、融为一体，但要实现业绩快速增长还取决于运营上的最后一公里——商业模式的运转频次，高效能还需要高效率来实现。

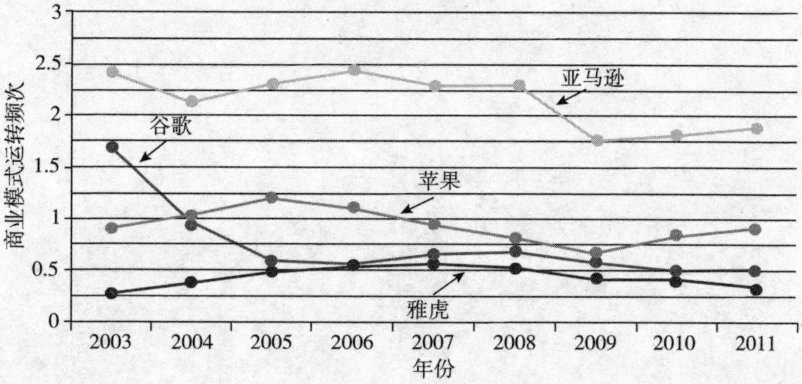

图 3－13　2003～2011 年亚马逊、苹果、谷歌、雅虎商业模式运转频次比对

资料来源：邓正红软实力研究应用中心。

本书一直采用比对的方法看一家公司的优劣，同样用比对的方法来分析亚马逊的商业模式运转频次。在比对之前，作者以为亚马逊既然是一家资产型轻公司、价值型重公司，那么在运营上肯定没有什么包袱，商业模式运转频次肯定很快。当作者比对 2003～2011 年亚马逊、苹果、谷歌、雅虎等 4 家公司的商业模式运转频次（见图 3－13）后，发现果然如此。最快的是亚马逊，年均运转频次 2.16；其次是苹果，年均运转频次 0.95；

第三是谷歌，年均运转频次 0.75；最慢的是雅虎，年均运转频次 0.44。亚马逊的运转频次是雅虎的近 5 倍，这就是价值型重公司与资产型重公司的差异所在，所以，雅虎越做越小，亚马逊越做越大。另外，为什么苹果、谷歌两家科技巨头对亚马逊的崛起有竞争危机感？从商业模式运转效率看，亚马逊的运转频次均超出这两家巨头 1 倍以上，也就是说，亚马逊在商业运营上比苹果和谷歌具有绝对的优势。亚马逊的崛起形如猛兽，谁见了这头大鳄都惧怕三分。

第四节 › 从“一键下单”到第三方平台

本书重点是分析互联网公司如何靠技术做大业绩，实现技术掘金。当今时代，网络技术升级可谓一日千里，网络转型的频率也在日益加快。作为互联网公司，如果没有自己的独特而强大的技术做后盾，恐怕在网络竞争中会捉襟见肘，寸步难移。

本书介绍的“微物质”放大模型，所说的“微物质”绝非空穴来风，而是实实在在靠技术创造的客户体验价值。这种体验是很细微的，是针对每个消费者个体，因此又是个性的。将这些独具个性、细微的消费者体验数据汇聚在一起，无疑就成为公司网络掘金的宝贵的大数据。来自消费一线的体验性数据，蕴藏巨大的商机，亟待公司用创新的技术来开挖。

互联网是虚拟的、开放的，也是现实的。在这个平台上，引不来消费者，或者即使产生了一定的访问量，却无法将流量转化为营收和利润，就说明公司缺乏软实力，不能带给消费者足够的体验，面向消费者的技术薄弱。雅虎就属于此类，因此，梅耶尔才会大肆收购创业公司，扩充技术和人才，弥补雅虎的技术不足。

第一代互联网公司的诞生，往往是利用网络平台，将传统的线下商业模式搬到线上，变实体模式为虚拟模式，这样，成本更低，效率更高，影响更大，网上消费也更方便、更快捷。无疑，这是互联网兴起、变革传统商业模式带来的的商机。因此，第一代互联网公司大都是利用网络做传统生意，公司的性质加上“网络”就可区别于传统商。相比华尔街日报，雅虎则是网络媒体商；相比沃尔玛，亚马逊则是网络零售商。

但是，互联网技术在不断飞跃，网络功能已从最初的简单显示发展至网络搜索又到现在丰富的网络个性体验；网络终端也由台式向移动端迅猛蔓延。第一代互联网公司如果不能及时地把握网络变迁，必将被日新月异的网络竞争所淘汰。

当然，互联网的每一次变迁都预示着重大的网络商机，移动网络的兴起即如此。但不管固定网络还是移动网络，当今的互联网公司要获得持续发展，首先必须重视并解决用户的个性体验。用户体验五花八门、内容丰富、个性独特，涉及每个人工作、生活、学习、娱乐、旅游、社交、保健等各方面的每一个细节。用户对每一个细节的体验就是一个微数据，这些微数据通过云计算汇聚起来就成了无所不包的大数据，成为公司攫取网络利润的金钥匙。

解决用户个性体验靠的是网络科技，每一个细小的网络体验背后都充满着网络技术的研发和创新。对于这些微体验，大公司很难顾及，多半由3到5个工程师组成的微型创业团队完成。这些初创公司成立时间虽短（一般为1至3年），但他们很专注，专做某个细节的网络应用开发，效率高，研发的技术成果有着极大的推广价值，一经放大，就能产生可观的经济效益。所以，这些初创公司的身价极高，深受那些科技巨头的青睐。科技巨头收购这些初创公司，常常是连人带技术一锅端，少则几百万美元，多则上千万美元乃至上亿美元。像这样的网络高价并购，在如今的网络商海中屡见不鲜。大公司收购创业公司有两个需求：一是弥补微体验、微创新的不足，二是加强网络体验方面的技术力量。

靠单纯的网络商业模式起家的第一代互联网公司，现在都面临转型，不转型就只有死路一条。进入互联网体验时代，摆在网络公司面前的首要问题已经不是简单的卖产品、卖服务，而是要让消费者在网上得到体验满足。所谓的网络转型，并非是放弃原有的网络商业模式，而是要更加重视网络商业竞争背后的技术竞争，必须补上用网络科技支撑网络体验这一课。

顺应互联网发展趋势，曾经利用网络创造过辉煌业绩的第一代网络大佬们，都在努力充实和强化自身的技术基因，使公司的定位由单一的网商向综合的技术型网商蝶变。最典型的莫过于雅虎。在梅耶尔任首席执行官前，雅虎充其量不过是一家综合性网络媒体公司，梅耶尔从谷歌带着技术基因来雅虎后，雅虎的定位正悄然发生改变。

梅耶尔主政以来大肆收购技术性创业公司。从 2012 年 10 月至 2014 年 5 月，雅虎总共收购了 37 家初创公司，耗资巨大，收获颇多。这些收购主要集中在丰富用户体验和加强向网络移动端转型的技术力量，而且类似收购看不出有丝毫停步之意。2014 年 2 月，雅虎完成了对日志应用开发商 Wander 和视频面试开发商 Distill 等两家初创公司的收购。雅虎收购这两家创业公司，旨在加强和改进移动端的客户体验及广告产品。梅耶尔的大肆收购并没有改变雅虎主打的媒体业务，梅耶尔希望通过技术来发展雅虎的媒体业务，增强网络竞争力。因此，雅虎并不是真正意义上的转型，不过是以技术来充实和加强雅虎的价值基因，即以技术为支撑，打造综合性的媒体公司。如此看来，雅虎的定位已超越以往，俨然更像一家技术性网络媒体公司。

雅虎是因传统网媒运营陷入困境，才被迫如此狂热地收购技术性创业公司。亚马逊自成立以来一直把提升客户体验作为最大的价值追求，网络功能和内容越来越丰富，低价策略从未改变，吸引的客户越来越多，营收年年增长，支撑这一系列经营业务的幕后推手就是技术和不断的技术创新。从一开始，亚马逊就把“技术—体验—价值”这三个核心元素牢牢绑在一起，随着规模的不断做大和营收的持续增长，亚马逊的技术实力也越来越强大。

互联网时代的早期，处处充满商机。只要懂得网络运营，便可轻而易举地获得一片市场。但随着网络的快速发展，网络形态呈现多样化，传统的网商们切身体会到运营日趋艰难，有没有技术介入，网商是否掌握核心的网络技术，公司业绩的情况完全是两重天。亚马逊和雅虎都是第一代网商，但是，雅虎的技术部分一直是外包（先是谷歌后是微软），亚马逊却始终坚持以技术支撑客户体验，把客户体验作为技术创新的驱动力，结果两家公司市场规模的变化走出了两条截然不同的轨迹（见图3－14）。从亚马逊和雅虎1997至2013年市场规模变化轨迹看，亚马逊的市场规模始终保持着正扩张，尤其2007年以来扩张的幅度快速加大，整个轨迹线呈昂首抬头势；雅虎的市场规模则徘徊不前，2008年后进入萎缩状态，整个轨迹线显得有气无力，萎靡不振。造成如此大差异的原因是，亚马逊靠技术做大，而雅虎直到2012年7月梅耶尔到来后，才在技术上真正觉醒。

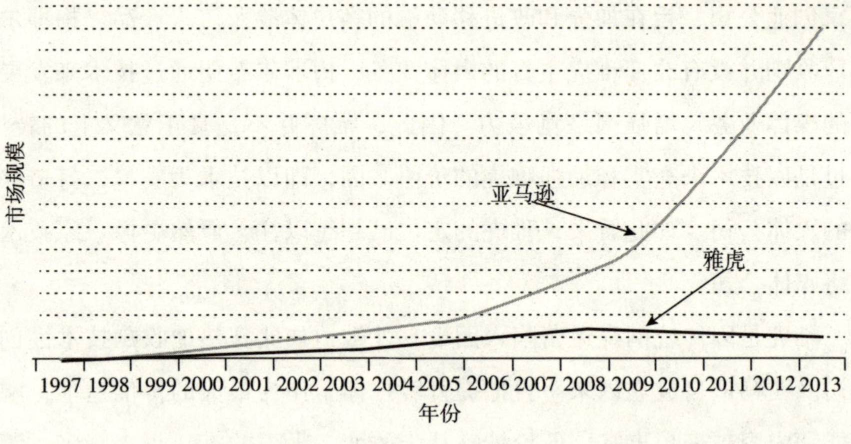

图3－14　1997～2013年亚马逊、雅虎市场规模变化轨迹

资料来源：邓正红软实力研究应用中心。

亚马逊的市场迅猛扩张，得益于它坚持自主性的双脚走路，即以技术创新提升客户体验，以客户体验推动营收增长。所谓自主性，指亚马逊的核心技术完全立足于自主研发，而且是根据业务需要来进行的，这样不受竞争对手的威胁，且难以复制。雅虎的核心技术都是依托外委，常常受制于人，技术不能自主就少了竞争的底气，就只能委曲求全。

亚马逊做的是传统零售的生意，它却能跨越网络时空，穿越竞争丛林，不管互联网如何变迁，始终处在网络潮头，立于不败之地。亚马逊一直将自己置于网络电商的定位，但从它的技术实力看，它已成为一家实实在在、有强大技术实力的网络科技巨头。

读者可能疑惑，亚马逊明明是一家电商，什么时候又变身技术公司？从它的发展历程能察出它变身的端倪吗？读者莫着急，一切变化皆有源。依作者的观察，亚马逊的技术吐芽始于网络危机爆发。读者细心比对1997至2013年亚马逊与雅虎市场规模变化轨迹就会发现，1997至1999年两家公司的轨迹线几乎重叠，说明当时彼此的市场规模相差不大；但是，2000年下半年以来，亚马逊的市场规模开始上升，雅虎的市场规模则开始下滑，两条重叠的轨迹线开衩；进入2001年，雅虎轨迹线与亚马逊的距离拉大，说明亚马逊市场规模逐渐迈上快速扩张的轨道。据作者的分析，亚马逊的市场规模在危机期间能持续扩张，必定有重要的技术创新成果介入，因为在所有要素中技术的抗风险能力最强。

这一重要的技术应用成果就是亚马逊于2000年11月推出的第三方商家开放平台，并从2001年开始大规模推广第三方开放平台，使得数以万计的小企业和个人，通过在亚马逊产品页面上展示丰富的产品详情，向客户销售新、旧产品，从亚马逊高流量中获益。

1999年，亚马逊依靠易贝大卖家推出C2C（即个人卖家对个人消费者）的拍卖业务，但失败了，总结经验教训，亚马逊推出的第三方平台以B卖家（即企业卖家）为主，用B卖家带动C卖家（即个人卖家），与易贝展开直接竞争，获得巨大成功。

第三方平台对亚马逊有三大价值。①发展战略方面：集合各品类最好的商品，为用户提供包括品类、价格、服务的最佳一站式购物选择，在综合化的过程中，开拓了很多新产品线。②经营目标方面：邀请每个产品线领域最优秀的品牌、零售商带着它们的商品和最佳供应链管理实践进驻平台，快速提升亚马逊的市场竞争力，提高整体的营业额、市场份额和净利率，同时分摊降低成本。③竞争优势方面：亚马逊借助第三方平台彻底压倒了竞争对手易贝，第三方平台是B2C业务，易贝的平台是C2C，且绝大部分是交易二手商品，第三方平台成功阻止了易贝的B化对亚马逊自营产生的威胁。

第三方平台的成功得力于亚马逊以下的因素。

（1）用户量和品类：推出第三方平台时，亚马逊拥有2000万的海量用户，这是吸引第三方商家最重要的因素。亚马逊把已经开拓的品类分享给其他商家，积极和第三方商家一起开拓更多的品类。自营和联营的良性竞争，使得第三方平台在每个品类都具有足够的深度和竞争力，能满足更多用户的不同需求。

（2）同等优质：开展平台业务时首选的是大量拥有好商品和好服务的大中型线上线下零售商及品牌商，因为这些实力商家可以达到和亚马逊自营一样的服务水准，直到今天这些商家仍是第三方平台的中流砥柱。

（3）公平竞争：亚马逊坚持一视同仁对待商家，联营商家和商品与亚马逊自营采购的商品具有同样的展示机会和曝光度，在站内搜索排序页面，显示规则默认商家是以综合优势，而非一定是自营商品。

（4）突出商品：以商品为单元聚合商家，通过系统让商品和服务最好的商家排在前面，让用户非常便利地买到最好的商品，提升了用户的购物体验，也激励商家努力提供更好的商品和服务。

（5）配套设施：亚马逊为联营商家提供开放配套的基础设施，包括建站及系统服务、物流服务、广告营销服务、云服务（存储、计算、排列、数据管理等）、开放API等。这些服务项目由商家灵活选择搭配，使商家可以利用亚马逊的强大资源为用户提供最优值的服务。

第三方卖家平台的特点就是方便、快捷。从日常维护的商品库存管理系统到每笔生意的订单管理系统，亚马逊在每个节点上力求详尽、细致与严谨，商家能很快熟练运用这些工具。商家通过API接口可将数万种商品资料极速上传与更新，以最小的工作投入获得最大的工作效率；通过全自动化数据分析可随时辨析自身的销售状况与库存状况，随时调整经营方针。

亚马逊的电商模式是从第三方平台获得突破的，围绕第三方平台的服务，除了先前建立的物流系统，亚马逊展开了全方位的网络技术研发，陆续推出了一系列的技术应用成果，为第三方配套设施服务提供了强大的技术支撑。可以说，第三方商家开放平台的成功是亚马逊网络技术创新综合运用的结果。

亚马逊以先进技术为用户提供无缺陷服务，研发了大量的软件与商业方法相结合的应用创新成果，这些技术一旦获得专利保护。就能与其他专利一样获得长达20年的保护，这意味着每当其他电商获得使用许可时就必须向亚马逊支付费用。其中“一键下单”（又称“一次点击”技术）就是创新中最成功的一项，这是最为赚钱也是竞争极为激烈的与电子商务相关的专利。

“一键下单”软件主要是由一位名叫佩里·哈特曼的程序员开发的，他于1997年加入亚马逊。贝佐斯曾说：“我们需要做点事情来让订购系统完美无缺。我们一定要做出来，这样顾客就能花最少的工夫来订东西。他们应该能够通过一下点击，所有的事情就都完成了。”不久，哈特曼将这个简单想法变成了专利，专利申请标题为“通过通信网站进行订购的方法和系统”。专利正文主要是由一系列的流程图组成的，显示顾客通过怎样的步骤来实现一键购物：提取顾客第一次购物时输入的身份和付费方式，输入系统，等他第二次查看一本书时，只需用鼠标点一下欲购之物，网络系统就会帮你完成之后的手续，其中包括消费者的收件资料，甚至刷卡付费也可由网络系统代劳，顾客只需点一下“确认”按钮。

贝佐斯认为，在一个被日益复杂的计算机、软件、互联网技术淹没的年代，在网上做任何事情都要简单。很多对细节的关注都是通过技术和流程简化实现的，这是亚马逊专利的一大特点，被称为“过程专利”。“过程专利”尽管在一些技术人员看来非常宽泛，却给用户带来了实实在在的购物体验。

贝佐斯一直狂热地想在亚马逊网站上尽可能地增加适用性。这些特色通常都像一键购物这么简单，后来发展到一键定制礼物并进行包装。一位上了年纪的老太太写邮件给亚马逊，说她喜欢网上购书，但不得不等着她侄子过来给她撕开那些非常难打开的包裹。贝佐斯让人重新设计了包装，这样更容易打开了。

在20世纪90年代末，网站设计改进的空间是非常大的，任何渐进的进步都像登顶珠峰时多得到的一罐氧气。“要想比离你最近的竞争对手的规模大9倍，你实际需要做的就是服务比他好10%。”1998年，贝佐斯对《华盛顿邮报》说。那是亚马逊网站推出3年以后，他说大多数来他网站的顾客不是因为广告，而是因为良好的口碑。

“一键下单”专利给亚马逊带来了巨大的利益，然而也带来了长达10年之久的专利争议。因为在网上，“一键下单”是一个很常见的购物程序，亚马逊将其据为专利，就给任何想在网上卖东西的人带来了麻烦——被禁止添加“一键下单”的购物流程，除非他们愿意向亚马逊支付专利费。这个专利的范围太宽泛了，竞争对手不光被禁止模仿代码，还被禁止添加任何单一的点击功能，无论他们怎么做都不行。因为，可以添加这一功能的办法不是很多，而且没有哪种办法可以独特到避免违反专利。

“一键下单”专利权由美国专利和商标局在1999年9月授予。授予以后，很多业者都嘲笑亚马逊，“这也叫专利?”专利应该只授予那些“非显而易见的”发明。将订购过程缩短成一次点击究竟需要多少思考？法律专家开始将其称作“臭名昭著”的专利。一篇法律期刊上的文章将其形容为“可能是一款最让人忘不了的非原创软件专利”。科技书籍出版商、开源软件倡导者蒂姆·奥莱利将这一专利形容为“知识产权圈子里又一个疯狂的案例”。在写给贝佐斯的一封网络公开信里，奥莱利说那项专利“对一个该领域的专家来说，连最基本的新颖性和非显而易见性都不满足”，而且还会扼杀互联网上的创造力。他呼吁人们签一份请愿书来使贝佐斯放弃这项专利。

竞争对手巴诺书店试图绕过这项专利，将“一键下单”变成“两键下单”。1998 年 5 月，巴诺推出了自己的快速结账系统，叫“快速通道”，这个系统就是简单增加了第二次点击：当顾客点了快速购买按钮以后，第二个按钮弹出来，让购买人再次点击确认购买。

贝佐斯认为巴诺书店这种变戏法有明显的专利侵权嫌疑，在专利权授予 3 个月后就对巴诺书店进行了起诉。他说，“我们在开发‘一键下单’程序上花费了几千个小时，这个国家之所以设置专利制度，就是为了鼓励人们敢于为客户冒这类风险，并进行这类投资。”

巴诺书店则坚持认为亚马逊的起诉是“对我们正在增长的网上销售市场份额的绝望的报复”。但是，1999 年 12 月，华盛顿州的一个地方法院对亚马逊的专利作出裁定，通过了一项初级禁令，禁止巴诺书店使用“快速通道”。直到 2002 年，巴诺终于与亚马逊和解，才使“快速通道”放到了网上。2000 年，苹果向亚马逊购买了专利许可，将其用在 iTunes 商店里。2010 年 3 月，美国专利局裁定“一键下单”为永久性专利。有些人认为亚马逊走了狗屎运，专利局经常撤销一些看起来太显而易见或太宽泛的专利，但这次他们没有这么做。

2008 年 6 月，亚马逊又推出一项新专利——“动作识别输入机制”，希望计算机或者其他设备能够追踪用户的动作，专利申请上举了一个例子：“用户可以把点三次头、笑一下，然后抬高眉毛来作为密码。”业界把这戏称为“点一下头专利”，即通过对计算机、Kindle 电子阅读器或者手机点点头来购物。

从开创网络购物的新模式后，亚马逊就一直没有停止过创新的脚步。亚马逊将网络零售定位为信息技术产业，而不是一般的商品流通业。传统实体店主要的员工是门市的店员，但是在亚马逊最多的却是软件工程师。这也是亚马逊在网络电商竞争激烈的今天仍遥遥领先并独树一帜的主要原因。贝佐斯非常自豪于自己公司的软件，因为亚马逊的技术软件不断开发创新，竞争者难以望其项背。

第五节 › 客户价值增长成为常态

比对雅虎和亚马逊的发展，这两家公司似乎处在两个截然不同的世界。雅虎持续萎缩，亚马逊却不断扩张，营收飞速增长。贝佐斯行事注重长远和客户体验，长远的是布局，体验的是价值。他很巧妙地将长远利益与短期利益融为一体，短期利益就是通过客户体验赢得客户，长远利益就是通过放水养鱼持续赢得客户。

亚马逊的营收增长，反映了亚马逊的客户在增加。从 1995 年的 50 万美元到 2013 年的 744.52 亿美元，19 年间亚马逊的营收增长就一直没有停止，也说明亚马逊的客户增长已成常态。对这家扩张性超级巨头来说，如果仅仅研究它的营收增长，作者以为没有多大意义。为此，作者为这家公司设计了一个特殊的“微指标”——客户价值增长指数。请注意，这是基于亚马逊的客户增长已成常态而考虑的，不仅仅是客户价值。

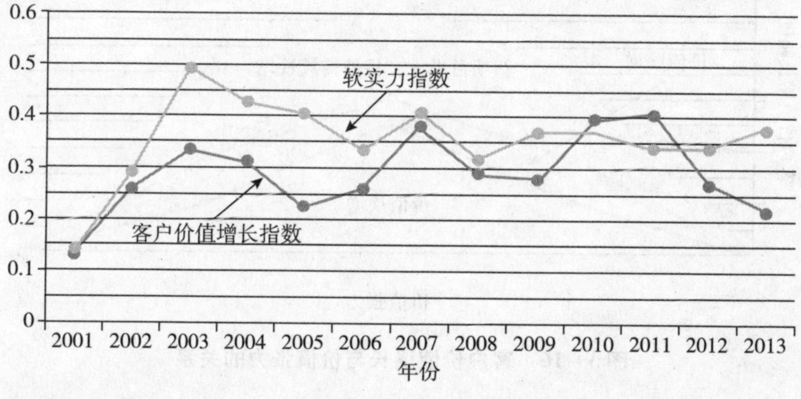

图 3－15　2001～2013 年亚马逊客户价值增长指数、软实力指数变化轨迹

资料来源：邓正红软实力研究应用中心。

客户价值增长指数与软实力指数紧密相连，公司软实力在一定程度上左右着客户价值增长。亚马逊大规模放大客户价值是从 2001 年开始的，之前走过了两年 C2C 模式的失败历程，自从第三方平台上线以来，亚马逊的平台越做越大，客户与日俱增。从 2001 至 2013 年亚马逊客户价值增长指数和软实力指数变化轨迹看（见图 3－15），亚马逊的客户价值增长紧挨着软实力变化，并呈现一定的规律性。

客户价值增长指数每连续两年递升，第三年就会转向下降；同样，客户价值增长指数每连续两年递减，第三年就会转向上升。从轨迹变化看，客户价值增长指数上升的年份是 2002～2003 年、2006～2007 年、2010～2011 年，客户价值增长指数下降的年份是 2004～2005 年、2008～2009 年、2012～2013 年。按此规律预见，2014～2015 年是亚马逊客户价值增长指数递升时期。

2001 至 2013 年亚马逊客户价值增长平均指数为 0.291，软实力平均指数为 0.357，软实力平均指数大于客户价值增长平均指数 6.6 个百分点，这说明亚马逊有足够的软实力储备支撑客户价值增长。

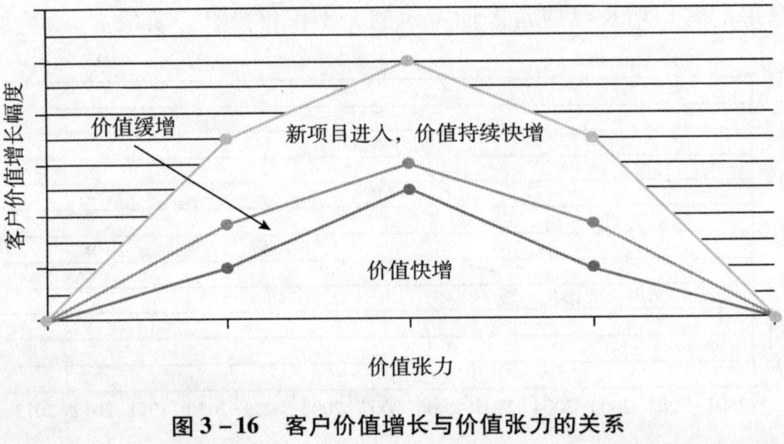

图 3－16　客户价值增长与价值张力的关系

资料来源：邓正红软实力研究应用中心。

从客户价值增长和软实力变化方向看，读者注意，2001 至 2008 年两条轨迹线的变化方向基本是一致的（除了 2006 年异向），即软实力上升，客户价值增长幅度扩大；软实力下降，客户价值增长幅度缩小。但是，2009至2013年两条轨迹线的变化方向则基本相反（除了2010年同向），即软实力下降，客户价值增长幅度扩大；软实力上升，客户价值增长幅度缩小。据此，从整体方向看可将亚马逊2001至2013年的客户价值增长分为两个时期：客户价值增长与软实力同向期（2001~2008年），客户价值增长与软实力反向期（2009~2013年）。

亚马逊的客户价值增长为什么会同向和反向的现象？据作者的研究，主要是周期性的价值张力在起作用。价值张力的作用就像拉弓，弓拉得越开所费的力量越大，同样，价值张力越到后期所释放的力量也越弱。价值张力决定客户价值增长幅度（见图3-16）。一个新的应用体验项目投放市场，它吸引客户的数量会随着项目影响的增大而迅猛增加，但当客户数量增长到一定的程度，增长幅度就会随之减弱，此时若有新的体验项目进入，客户价值增长指数仍然可以保持上升。

以2001年为起点，这一年亚马逊大规模推广第三方开放平台，开始给其他公司提高技术相关服务，包括2001年给美国两家著名线下零售商鲍德斯和塔吉特提供网站技术支持和运营服务。

鲍德斯公司成立于1971年，是美国著名的图书连锁店和第二大传统图书零售商。这家公司在经营40年后，因受网络书店的冲击，于2011年2月宣布破产。鲍德斯最大的失误是未能预测到亚马逊和顾客消费习惯的变化带来的威胁，这些变化使实体书店走上下坡路。2001年4月，鲍德斯将未盈利的互联网业务转让给亚马逊。当7年之后鲍德斯重新推出自己的网站时，亚马逊已经主导了蓬勃发展的在线书店市场。

鲍德斯之于亚马逊，就好比雅虎之于谷歌。在互联网行业，雅虎是老大，2000年将搜索引擎业务交给谷歌做，结果让竞争对手强大起来，为后来的业绩萎缩埋下祸根。同样，在图书行业，鲍德斯是老大，网络泡沫破灭后，将网上书店业务交给亚马逊，结果培植起一个强大的网络竞争对手，为10年后的破产挖掘了自己的坟墓。鲍德斯、雅虎两家公司相似的经历表明，在变迁的时代，如果看不到变化的未来，把握不住技术机遇，就会使公司在即将到来的未来遭受致命性的打击。

2002年，亚马逊推出网络服务（AWS）。当用户访问亚马逊网站时需要注册登录，用户将看到自己可以定制的店面，比如，最新的采购信息会展现在眼前，类似条目的数据库查询也准备就绪并且显示在主页上。这些推荐的汇总信息完全是通过亚马逊服务器来决定的。多数网络服务器尽管功能强大，但都不具备这种能力。因此，亚马逊的技术人员就不得不想出新的办法来应对如此繁杂的数据库交易和实现软件的快速计算。解决方案是使用一组由多重计算机组成的分布式计算环境，每台计算机都专门执行一项任务，这些计算机都互相通信协同工作。

亚马逊最初的业务是在线销售图书，后来发展成了百货纷陈的在线商店。为了跟上用户规模的发展速度，亚马逊需要与运营模式相适应的硬件设备和软件系统。但不幸的是，在亚马逊发展的初期阶段，这种系统还没有诞生。别无选择，亚马逊只能自行研发应对零售业务的大规模分布式系统。当这一切完成后，亚马逊意识到这将是一个全新的网络发展趋势，不仅自己超前掌握了技术主动权，而且还能为更多的用户所用。由此2002年亚马逊网络服务（AWS）诞生了。

亚马逊推出的网络服务非常了得，为后来的云计算奠定了强大的基础。像微软、谷歌、IBM等计算机产业大公司都在云计算的研究中投入了很大的成本，却赶不上亚马逊。2013年美国科技博客网站Business Insider总结出云计算领域最重要的10家公司，亚马逊就位列第1名，引领云计算潮流，可见亚马逊云计算是走在世界前沿的。这一切得归功于亚马逊在云计算方面起步早，因为亚马逊网络服务当时就孕育了云计算的雏形。

亚马逊刚开始研发亚马逊网络服务时，就决定既要简化个体计算机工作负载的分配，还要确保个体计算机能在随需基础上提供服务。比如，如果用户在亚马逊网站上只是浏览视频，没在使用留言板，处理留言板的服务器就不会留出存储空间；当有人使用留言板时，系统会自动留出存储空间。亚马逊研发的大型分布式系统能根据用户的需求分配资源，当用户不需要这些资源时，亚马逊就会将这些资源释放。这便是云计算的雏形。在云计算的世界里，大型网络服务器的每个部分都成为了一种服务，可供执行每项特别任务使用。这些服务在独立的硬件上运行，在其他计算机上运行的软件也能按需访问服务。

亚马逊的网络服务最初是立足自身的第三方平台，但亚马逊发现，在销售高峰过后存在大量闲置的服务器，于是就有了一个想法：假如可以运用自身在网站优化上的技术和经验优势，就可以将这些设备、技术和经验作为一种打包产品为其他公司提供服务，那么闲置的网络设备就会创造价值。这是亚马逊发展云计算的初衷，看似“无心插柳”，谁知却撞中了一个大的未来发展趋势。

技术成果投入初期，处于待消耗或未完全消耗的状态，软实力指数必定上升，同时价值张力处于“易拉罐”状态，客户价值增长指数极易膨胀。2001 年的第三方平台和 2002 年的网络服务，如同“双剑合璧”，给刚刚度过泡沫危机的亚马逊充上了客户价值增长的正能量。在与易贝竞争中小商户时，由于这些商户本身就是使用亚马逊网络服务，因而会更倾向于在亚马逊平台进行销售。第三方平台成功的背后就有网络服务强大实力的支撑。因此，2002 ~ 2003 年亚马逊的客户价值增长指数与软实力指数同向上升，并且 2003 年亚马逊首次盈利。

接下来看 2004 ~ 2005 年，软实力指数与客户价值增长指数同向下降。这两年亚马逊没有新的技术项目推出，前面投入的项目渐渐进入价值张力的后期，客户价值增长放缓，价值增长指数下降；同时，随着项目价值的放大，软实力出现消耗，因此，软实力指数也随之下降。

尽管这两年“双指数”同向下降，整个亚马逊表面看来很平静，实际上却做了两件影响未来——推动客户数量增长的大事：一件是2004年亚马逊专门聘请palmOne的前硬体工程部门副总裁葛雷格·塞尔，在硅谷设立Lab126，启动了电子阅读器的秘密研制，为3年后推出Kindle电子书阅读器，引领阅读方式革命做了提前准备。另一件是2005年亚马逊推出了金牌会员（Prime）服务，会员每年交79美元，享受两个工作日免费送货、类似Netflix的视频流租赁服务以及其他福利。通过金牌会员服务，亚马逊可锁定有价值的用户，更有针对性地提升客户体验。这项服务为亚马逊开辟了一条客户稳定增长的渠道。据2013年12月美国消费者情报研究合作伙伴发布的研究报告称，亚马逊已拥有1670万金牌会员，高于上年同期的970万，也就是说，2013年金牌客户增长率为72%。报告还指出，93%的金牌会员对该项服务感到满意，并计划在来年继续使用该项服务。由此可见，金牌会员服务对客户具有很强的吸引力。

2006年是亚马逊客户价值增长指数在同向期内的一个特殊年份，即软实力指数下降，客户价值增长指数上升。2006年亚马逊盈利1.9亿美元，同比减幅42%，市值156亿美元，同比减幅16%。尽管如此，2006年3月亚马逊却推出了简单存储服务（Simple Storage Service，S3），在第三季度又推出弹性云计算（Elastic Compute Cloud，EC2）。这两项重大技术成果开启了云计算的先河，比谷歌的云存储服务早3年，使亚马逊成为互联网技术行业中最早提供云服务的公司。按理说，亚马逊的软实力指数应上升，因为注入了新的技术项目，可为什么软实力指数不升反降？殊不知，亚马逊的云计算一问世，就加速扩建数据中心，扩大技术的应用和服务，将云计算的价值充分放大。

亚马逊高管在解释云计算业务发展战略时这样说："我们的服务降价是正循环促成的结果。随着越来越多用户使用亚马逊网络服务，亚马逊就需要投入更多到基础设施建设上去，随之获得的就是规模化经济后的低价效应，而低价效应则会让我们吸引到更多用户。亚马逊网络服务同其竞争对手的区别在于，那些面向大型企业的服务商，如甲骨文、IBM 和惠普等，更愿意去做有高利润的生意，这一点是由它们的历史沿革决定的。而我们则走了另外一条路，尽可能地扩大规模，利润再低也没有关系。”

亚马逊的高投入和低价，使简单存储服务吸引了众多用户，快速获得了规模化市场效应。主要是该服务与亚马逊的其他服务融为一体，如弹性云计算和简单数据库（SimpleDB）服务等。使用这三项服务，创业公司能够节省大量的存储开销，也为用户节省时间和金钱。

2006 年亚马逊利润率由上年的 3.9% 降至 1.8%，下降了 2.1 个百分点，利润同比减少 2.4 亿美元；投入技术费用 6.62 亿美元，同比增加 2.11 亿美元。将两组数据对比，读者就会明白，亚马逊减少的利润恰恰和增加技术费用相当，也就是说，亚马逊减少的利润都投到网络基础设施、开发新的业务，抓住和扩大新的客户群——软件开发商上了。提供了 10 种不同的网络服务，由此换来的成绩就是网络社区拥有超过 24 万的注册开发者，营业收入首次突破 100 亿美元大关，达 107.11 亿美元，客户价值增长指数较上年提升 3.5 个百分点。实际上，亚马逊减少的利润通过技术服务以低价的形式反馈给了广大客户，使客户数量获得快速增长。

亚马逊的意图很明显，要抢在对手前面，尽速放大技术优势，快速抢占新的市场。这种倾全力释放价值张力的做法，也在一定程度加速了新技术的完全消耗，使得软实力无法实现新的积累，反而，为了配合市场的规模化扩张，已积存的部分软实力也在随之转化。2006 年是亚马逊从电商迈向云商的重要一年，软实力起了关键性作用，其应积累和已积累的软实力都在推动客户数量增长。这就是软实力指数不升反降的原因。

2007 年是亚马逊的丰收年，客户价值增长指数创 7 年来最高水平，为 0.385，较上年提升 12.3 个百分点，上升幅度至今仍是最高纪录；软实力指数为 0.408，较上年提升 6.9 个百分点。因此，客户价值增长指数与软实力指数的变化由 2006 年的异向回归同向。

不可否认，2007 年亚马逊客户价值增长指数创造历史性的上升幅度，2006 年的云扩张为之奠定了强大的基石，价值张力仍在向最大化释放。但仅凭此，还不足以诠释，必定又有新项目推出；不然的话，软实力指数怎么会上升。只有新的技术项目投入，才会创造如此历史性的纪录。一般情况下，价值增长指数远在软实力指数之下，表明公司为了持续增长留有足够的软实力。比对 2007 年客户价值增长指数与软实力指数，就会发现二者的指数水平贴得很紧，价值增长指数比软实力指数仅差 2.3 个百分点，表明亚马逊推出的技术应用有部分价值张力得到释放，促使价值增长指数上升，另一部分未释放的价值张力则转入软实力积累，因而软实力指数上升。

2007 年亚马逊在云计算方面继续发力。7 月推出了简单队列服务（Simple Queue Service，SQS），这项服务使托管主机可以存储计算机之间发送的消息。通过这一项服务，应用程序编写人员可以在分布式程序之间进行数据传递，而无须考虑消息丢失的问题。11 月，亚马逊的云服务由美国扩展到欧洲地区。

在第三方平台配套设施方面继续强化，开始向那些没有 B2C 仓储物流经验的第三方卖家提供外包物流服务（Fullfillment By Amazon，FBA），极大地提升了客户体验，有效地摊薄了亚马逊的仓储物流中心的成本。在亚马逊全球的任何一个仓库，都采用自主研发的仓储物流系统，每个角落都布满无线信号。在亚马逊精密计算的仓储物流系统下，工作人员仅仅是系统的执行者而不是操作者。比如在包装的作业地点，工人只需拿起商品对着扫描枪一扫，系统会根据这件商品的尺寸、重量，算出所需的包装盒大小，而这位工人只需从面前的两三种包装盒里抽出系统建议的包装盒即可。

前面说了，2004 年亚马逊秘密启动研制电子阅读器，经过 3 年的努力，2007 年 11 月 19 日，亚马逊向客户推出了划时代的电子阅读产品 Kindle。这款阅读器当时的售价是399美元，能够提供9万部电子书的下载，以及200部图书的存储空间，通过无线网络可以访问超过11万种的图书、博客、杂志和报纸。Kindle发售不到6个小时，产品就销售一空。通过Kindle，亚马逊建立了线上零售之外的又一大平台，打造了仅次于iOS应用市场和iTunes的生态闭环，更重要的是，亚马逊正在改变传统出版行业的游戏规则。

2007年9月，亚马逊开始依托电子商务平台向数字内容服务挺进，推出了自己的网上音乐商店"亚马逊MP3"，成为"苹果iTunes"的有力竞争者。亚马逊MP3和苹果iTunes的市场定位不同。亚马逊提供不带数字版权保护的音乐文件，因此价格相当便宜，一张专辑2.99美元。而苹果的带有数字版权保护的音乐要贵很多，每张专辑9.99美元。此外，亚马逊销售的数字音乐可以在几乎任何音乐播放器中播放，而苹果一如既往执着于自有的音乐文件格式。在美国，亚马逊MP3每首歌售价从89美分到99美分不等，苹果公司网站的售价则统一为99美分。

2007年亚马逊推出了简单队列服务、物流服务、电子阅读器、MP3等4项新业务，形成强大的价值张力，客户价值增长迅猛，为后续发展新增6.9个百分点的软实力积累，也为抵御2008～2009年的金融危机构筑了铜墙铁壁。2007年亚马逊盈利4.76亿美元，同比增加2.86亿美元，利润率3.2%，同比上升1.4个百分点。

第六节 › 强大的技术与精确的客户体验

2008 年全球经济动荡，亚马逊的客户价值增长指数为 0.292，同比下降 9.7 个百分点；软实力指数为 0.319，同比下降 8.9 个百分点。从“双指数”降幅看，亚马逊的客户增长在一定程度上受到了恶劣经济气候的影响。但是，不管怎样，亚马逊的客户价值增长仍在继续，只是增幅有所下降而已，全年营收同比增加 43.31 亿美元，利润增加 1.69 亿美元，利润率 3.4%，同比提高了 0.2 个百分点。

穿越危机，持续增长，亚马逊逆势成长的功力就来自软实力。2007 年亚马逊新增软实力 6.9 个百分点，软实力指数达到 0.408，说明亚马逊的软实力累积达到较高水平，为应对危机做好了准备。2008 年危机侵袭，亚马逊只付出了 8.9 个百分点的软实力，就轻松地化解了风险，况且还有 0.319 的软实力节余，足够维持公司的持续发展。

2008 年 2 月 23 日，亚马逊推出第二代电子阅读器 Kindle2。Kindle2 具备了第一代 Kindle 的一切特性，但比一代 Kindle 更薄、更快、更清晰，电池寿命更长，并能储存 1500 本图书。读者可以从超过 25 万种最受欢迎的图书、杂志、报纸中自由选择。无论是 3G 还是 Wifi，下载一本书所需时间均不到 60 秒。Kindle2 一上市，价值张力就完全释放。贝佐斯在 2008 年致股东信中写道：“令人欣慰的是，Kindle 的销售超出我们最为乐观的预期。”

除了 Kindle2 的价值张力释放，上年剩余的价值张力也在继续释放。物流服务不仅提高了顾客体验，而且推动了卖家的销售。仅 2008 年第四季度，亚马逊替使用物流服务的卖家售出了总量超过 300 万件的各种商品，实现了消费者和卖家的双赢。

从更深层次讲，亚马逊强大的软实力是雄厚的技术实力与精确的顾客体验相结合。技术应用创新离顾客越近，技术价值就越大，显示的软实力就越强。顾客好比大地，公司恰如泰坦，在经济动荡之际，公司越紧贴大地，所获得的能量和勇气也越大，所以，亚马逊能以增长的方式轻松跨越危机。

从2009年开始，亚马逊的“双指数”变化进入基本异向期。2009年尽管危机仍在延续，但其影响对亚马逊似乎是强弩之末。2009年，亚马逊客户价值增长指数同比下降1.3个百分点，软实力指数同比上升5.4个百分点，说明旧的价值张力释放殆尽，新的价值张力（云计算服务创新）还未充分释放。

2009年，亚马逊加快创新云计算服务，推出的新服务和功能，包括亚马逊关系数据库服务（Amazon Relational Database Service，ARDS）、虚拟私有云（VPC）、EMR（Elastic Map Reduce）云服务、超大内存云主机等等，并不断扩大云业务的全球覆盖范围，包括在欧洲增加新的服务，在北加州新建一个数据中心等。

美国地区电子书店（Kindle Store）拥有图书的数量从25万种增至46万种，其中包括《纽约时报》110种最畅销图书中的103种。电子书店已在120多个国家推出，并提供6种不同语言的内容，还拥有8900个以上的博客，提供171种美国和国际权威报纸、杂志。

在世界范围内，加入亚马逊金牌会员服务的会员数同比有显著增长。活跃第三方卖家的账户数达到190万个，同比增长24%。新增21个来自世界各地的商品种类，包括日本的汽车、法国的布娃娃以及中国的鞋和服装，库存的商品种类同比增长50%以上。在全球范围内，使用亚马逊物流服务的第三方卖家在亚马逊物流中心网络存放了超过100万件各种商品，来自于第三方卖家的销售额占到总营收的30%。

11月，亚马逊收购了领先的服装和鞋类商品在线零售商Zappos，使客户在亚马逊平台上有了更多的选择。服装团队完善用户体验，推出了Denim Shop，可以提供100多个品牌的牛仔裤。鞋类和服装团队制作了12万种以上的产品说明，向网站上传超过220万张的图片，为客户提供了生动的购物体验。亚马逊全球网站有约700万条客户评论。

2009年亚马逊营收首次突破200亿美元大关，达245.09亿美元，利润9.02亿美元，同比增幅达40%，利润率同比提高0.3个百分点；自由现金流为29.2亿美元，同比增长114%；公司市值556.8亿美元，较上年增长了1倍多。贝佐斯称："2009年的财务业绩反映了我们15年来改进客户体验所带来的累积效应：日渐丰富的商品种类、快捷的物流、成本结构的降低，使得我们能够为客户提供前所未有廉价的商品和服务。"

2010年亚马逊"双指数"变化出现同向。客户价值增长指数为0.396，同比上升11.7个百分点，升幅较大；软实力指数为0.374，同比上升0.1个百分点。仔细比对就会发现，2009年亚马逊"双指数"虽然都得到提升，但客户价值增长指数却超出软实力指数2.2个百分点，说明上年新存的5.4个百分点软实力已完全释放价值张力；还推出一批技术应用、服务和产品，新的软实力有一部分转化为客户价值增长，计6.3个百分点。另一部分则是未释放价值张力，进入软实力留存，计5.5个百分点，因此，2010年亚马逊总计新增11.8个百分点的软实力。

适应持续增长的要求，亚马逊立足于建立一个超大规模的系统。2010年亚马逊对所有的网络技术进行了全面系统的梳理，明确提出亚马逊技术的基本构造方法——面向服务的架构（Service - oriented architecture, SOA）。其核心是状态管理（State management），开发了若干个可供选择、专用的持久化解决方案，包括key - value存储系统和单表存储系统。这种存储系统具有极高的可扩展性，同时保持了很高的性能和可用性，以及对成本等方面进行严格控制。

亚马逊超大规模的系统在数据更新管理方面采用了一种创新的方式：

数据的更新需要发送大量副本，通过放宽对数据更新的同步要求，能满足系统最苛刻的性能和可用性要求。整个系统建立在“最终一致性”（eventual consistency）概念的基础之上，成为亚马逊云存储与数据管理服务架构的基础。

2010年亚马逊网络服务发布了61个新功能与服务，SOA在亚马逊得到广泛应用。电子商务平台由数以百计的软件服务组成，它们协同工作，向外提供从商品推荐到订单配送到库存跟踪的各种功能。为了展示给访问客户一个内容详细的产品页面，亚马逊的软件需要调用200~300个服务，以实现高度个性化的用户体验。

2010年7月，亚马逊推出第三代电子阅读器Kindle3。数百万Kindle用户、数以亿万种图书、数以百计种的设备分布在世界100多个国家，如何确保用户不管身在何处、使用什么设备，都可以访问其网上图书馆，还可以在多款设备之间同步书签、笔记和标记？这一问题通过Whispersync技术得到解决。Whispersync技术的核心是一个建立在“最终一致性”基础上的冗余数据库，以及被定义为“冲突消解”（conflict resolution）的应用。“冲突消解”的应用能应对长达数周或更长时间的设备分离。当一个用户打开他的Kindle设备时，它总是保持同步并正好呈现用户想要的页面。这诠释了英国科幻作家阿瑟·克拉克的名言，“任何足够先进的科技，都和魔法难辨差异”。因此，对亚马逊用户来说，良好体验背后隐藏着先进的技术。

2010年6月30日，亚马逊宣布开始实施Kindle电子书新版税计划。电子书作者和出版商可以利用Kindle数字文本平台（Digital Text Platform，DTP）选择70%版税方案，从他们销售的每本Kindle电子书中获得更高的收入分成。根据新版税计划，选择了70%版税方案的作者和出版商能够获得电子书定价扣除交付费用后的70%收益。

除了70%版税方案，亚马逊还对DTP进行了一些完善，增加了更为直观的书架功能，并将出版操作简化为两个步骤。这些完善让作者和出版商可以更方便地使用数字文本平台来发布电子书。

亚马逊进一步扩充线下的实体仓库，以应对易贝和沃尔玛的强力竞争，提高商品的配送速度，更快地将产品交到顾客手中。2010 年开始，亚马逊启动了 139 亿美元的投资计划，加快建设仓储的步伐。

2010 年亚马逊所有推出的新项目都是旨在提升客户体验，价值张力释放、价值放大的力度前所未有，客户价值增长指数 0.396，超过最高年份 2007 年（0.385）1.1 个百分点。后续跟进的软实力多且快（比如网络服务），客户体验（比如第三代电子阅读器）就像润滑剂推动客户价值高速增长，这是客户价值增长指数高出软实力指数的重要原因。

2010 年亚马逊营收首次突破 300 亿美元大关，达 342.04 亿美元，同比增 96.95 亿美元；利润 11.52 亿美元，同比增 2.5 亿美元。但是，利润率同比下降 0.3 个百分点，这与投资物流建设有较大关系。公司市值 765.1 亿美元，同比涨幅 37%。

亚马逊推出的 Kindle3，获得了远超预期的客户效应。第四季度第三代电子书阅读器 Kindle 销量猛增，使季度销售首次突破 100 亿美元。Kindle 电子书已经取代传统纸质图书成为亚马逊最受欢迎的图书形式。贝佐斯表示："2010 年 7 月我们宣布 Kindle 电子书已超越精装图书销量，并预计 Kindle 将在 2011 年第二季度超越平装图书。但现在，这一历史性突破比我们预期得要早。Kindle 已超越持续增长的平装图书销量。"

随着第三代 Kindle 新增纸质显示功能，产品销量增长显著。Kindle 版本《哈利·波特与死亡圣器》成为亚马逊历史上销售最好的图书。Kindle 美国商店拥有超过 81 万本图书，包括《纽约时报》112 本畅销图书中的 107 本。超过 67 万本电子图书售价低于 9.99 美元，包括 74 本《纽约时报》版上有名的畅销图书。此外 Kindle 还提供了上百万本免费电子图书。

亚马逊在 2010 年第四季度推出 Windows Phone 7 版本 Kindle 应用软

件。此外亚马逊还推出 Android 应用程序更新，方便用户购买阅读超过 100 种 Kindle 报纸及杂志。Kindle 应用软件方便用户在 Kindle、Kindle 3G、Kindle DX、iPad、iPod、iPhone、Max 黑莓以及 Android 移动设备中使用。

亚马逊在 iPhone 中推出价格对比分析软件。该应用程序可方便用户在购物过程中对比同一商品价格。在美国感恩节假期中，该分析应用软件使用次数超过 100 万次。在 12 月份，用户使用该软件次数超过 200 万。

2011 年亚马逊客户价值增长指数同比微增 1 个百分点，为 0.406，创客户价值增长历史最高水平；软实力指数为 0.339，同比下降 4.5 个百分点；营收突破 400 亿美元大关，接近 500 亿美元，为 480.77 亿美元；利润 6.31 亿美元，同比减少 5.21 亿美元，减幅 45%；利润率降至 1.3%，公司市值升至 876.9 亿美元。

英国著名作家查尔斯·狄更斯在《双城记》的开头写道，“这是最好的时代，这是最坏的时代”，意思是讲最好的时候也是最坏的时候。亚马逊的业绩常常也是如此。2011 年虽然亚马逊利润不佳，软实力下降，但营收、市值均创新历史新高，客户价值增长创历史最高。

亚马逊一贯超乎寻常的地方，就是不断积累和消耗软实力，不断付出利润，从而持续提升客户体验，实现客户价值持续增长。2011 年亚马逊技术投入费用达 29.09 亿美元，同比增加的 11.75 亿美元相当于 2009 年全年的技术费用，增幅达 68%，说明亚马逊正全速开足马力向技术进军。

2010 年亚马逊新增软实力 11.8 个百分点，2011 年消耗积存软实力 4.5 个百分点，表明占上年留存 38% 的价值张力得到释放。但仅凭这点价值张力还不足以支撑 0.406 的客户价值增长指数，必须投入新的项目强化价值扩张的力度。2011 年客户价值增长指数超出软实力指数 6.7 个百分点，软实力指数下降 4.5 个百分点，亚马逊实际消耗软实力 11.2 个百分点，表明亚马逊 2011 年推出的项目全部转化为客户价值增长，没有留下余存的价值张力，这是软实力下降的直接原因。

亚马逊惯于以价值扩张推进市场扩张，以客户体验赢得客户数量增长，它的价值张力既像飞奔的列车，各大业务板块协同前进，更像百米冲刺的田径高手，越接近目标，速度越快，爆发的力量也越强劲。

2011 年亚马逊最突出的业务是 Kindle 出版、网络服务和物流服务。1 月 21 日亚马逊将数字文本平台（DTP）更名为 Kindle 直接出版（Kindle Direct Publishing，KDP）。8 月，亚马逊推出兼容 iOS 操作系统的云阅读器（Kindle Cloud Reader）。这是一款 HTML5 构成的 Web App，支持 Chrome 和 Safari 浏览器，实现云端的电子书阅读器。此前苹果的新规导致各大电子书发行商纷纷推出自己的 HTML5 应用来替代 iOS 原生应用，而电子书巨头亚马逊 Kindle 云阅读器的推出可以规避这一新规带来的不利影响。有了这款基于浏览器的 Kindle 应用，亚马逊不再需要向苹果支付 30% 的分成。

9 月28 日，亚马逊推出 4 款全新的产品：79 美元的新一代 Kindle，触屏版的 Kindle Touch 和 Kindle Touch 3G，售价分别是 99 美元和 149 美元，以及售价 199 美元的平板电脑 Kindle Fire。贝佐斯在告客户书中称："这都是一些高端产品，是我们迄今为止做得最优秀的 Kindle。Kindle 和 Kindle Touch 拥有目前最先进的 E Ink 电子墨水显示技术，而 3G 款的 Kindle 拥有免费的无线 3G 网络支持，没有什么包月费用，没有什么年度合同。Kindle Fire 集成了亚马逊 15 年历史所有积累的精华于一身，为客户带来全集成的体验：即时访问亚马逊庞大的选择面极广的数字内容，生动的色彩触摸屏，并且视角更为广泛，14.6 盎司的重量便于用户携带，双核处理器，支持亚马逊云存储服务，高速的无线网络浏览 Amazon Silk，这将是 Kindle Fire 所独有的。"

2011 年12 月，亚马逊首次透露 Kindle 设备的销量数据：每周超过 100 万台。Kindle 出版服务则以惊人的速度迅速增长，每个月有 1000 多位 KDP 作者的图书销量超过 1000 本，有些作者的图书销量达到数十万本，有两位作者进入了Kindle百万俱乐部（Kindle Million Club）。

对于作者来说，贝佐斯认为，“Kindle出版服务是巨大的胜利”，“KDP完全颠覆了出版产业”。使用KDP的作者可以按照自己的计划发表作品，保留自己的版权及衍生权利。通常情况下，KDP图书的销售价格为2.99美元，如果按照17.5%的传统版税计算，作者要得到每本书2美元的版税，电子图书价格将上涨到11.43美元。贝佐斯保证，作者销售定价2.99美元图书的数量会远远超过定价11.43美元的图书。

A. K. 亚历山大写了《父亲的家》（Daddy's Home），2011年3月进入Kindle前100名畅销书排行榜。亚历山大表示，“因为有了Kindle直接服务，我每个月获得的版税超过我为传统出版社写作一年的收入”，“亚马逊为我创造了自由发挥的平台。在此之前，我被归类为某种类型作家，无法撰写我想写的其他图书”。

2011年亚马逊网络服务发布了82个新功能与服务，上千家大型和小型企业以及个人开发商成为这项服务的用户。作为亚马逊网络服务最早提供的项目，简单存储服务拥有9000亿个数据对象，每天新增10亿多个数据对象。简单存储服务每秒钟可以处理超过50万次交易，在巅峰时刻每秒处理交易量达到近100万次。所有的简单存储服务都是先付费后服务，从根本上把资本支出改变为可变成本。

亚马逊在美国田纳西州查特诺加市的仓库中心在2011年落成，建设时间仅10个月，而此前较旧的仓库建设时间长达2年。与之前的仓库相比，该仓库中心空间更大、技术更先进，更能提升搜索商品的效率。

在2011年最后一个季度，亚马逊物流系统代表卖家送出数以千万件商品。卖家使用亚马逊物流系统，可以享受亚马逊金牌会员服务、超级免费送货服务（Free Super Saver Shipping）以及亚马逊退货流程和客户服务。亚马逊物流系统是自助式服务，配备容易使用的库存管理控制，作为亚马逊卖家中心的一部分。对于那些技术要求更高的客户，还附赠API接口，可以让客户使用亚马逊全球物流中心网络，就像使用巨大的计算机辅助设备。

2011 年亚马逊铆足技术劲全面向客户体验发力，客户价值增长被推上历史最高峰。亚马逊不仅实现了其“电子商务终点站”的战略，还变身为在线 + 移动智能 + 云服务平台。通过网络服务、物流系统和 Kindle 直接出版，亚马逊正在创建功能强大的自助服务平台，为开发商、企业家、客户、作家和读者创造了显著的价值。

第七节 › 从客户微体验到云端大数据

纵观亚马逊发展历程，有这样的奇怪现象：越是利润低甚至亏损的时候，业绩（包括营收和公司市值）越是突出。2012 年亚马逊亏损 3900 万美元，这是连续 9 年盈利以来的首次亏损，2013 年再次实现盈利 2.74 亿美元，但利润率是 10 年盈利中最低的，只有 0.4%。按照亚马逊“奇点规律”，低亏损和低利润率注定这两年亚马逊有不同凡响的表现。

2012 年亚马逊营收突破 600 亿美元，为 610.93 亿美元，公司市值破 1000 亿美元，为 1197.4 亿美元，增幅 36.5%；2013 年亚马逊营收突破 700 亿美元，为 744.52 亿美元，公司市值达 1778.9 亿美元，增幅 48.6%。

从“双指数”变化看，2010、2011 年亚马逊客户价值增长指数连续两年上升，并达到历史最高水平，连续两年超越软实力指数，说明亚马逊的软实力放大几乎接近极限，自由弹性式的价值张力已高度释放。按照峰谷变化规律，高峰过后就迎来下坡，2012、2013 年亚马逊客户价值增长指数连续两年下降，分别为 0.271、0.219，同比分别下降 13.5 个百分点和 5.2 个百分点；软实力指数则相反，连续两年上升，分别为 0.345、0.380，同比分别上升 0.6 个百分点和 3.5 个百分点。显然，客户价值增长指数降幅远超软实力指数升幅，这两年亚马逊客户价值增长指数累计下降 18.7 个百分点，尤其 2013 年的价值增长指数降至 2002 年以来的最低点，而软实力指数累计仅上升 4.1 个百分点。

与竭泽而渔、吃干榨尽的增长方式不同，亚马逊的业绩增长建立在放水养鱼基础之上。所谓放水，就是低价、便利的客户体验，这种增长方式需要巨额的技术投入来维持。单纯的业绩增长很简单，比如提价就是一种直接的方式，但远见的亚马逊一贯不行此道，坚持通过提升客户体验来吸引更多客户、提升顾客重复购买率，坚信只有客户价值增长才有持续的业绩增长。

客户价值增长指数下降，并非说亚马逊的客户价值停止增长，而是看其增长幅度。一般的增长指标，对亚马逊已失去意义，因为客户价值增长在亚马逊已是常态。看亚马逊的增长实质，营收只是一个笼统的数字，利润更无法评判，只有客户价值增长才是它经营的本源。

如何理解客户价值增长指数？对亚马逊来说，就是看它池中（指平台）养的鱼（指客户）有多少，每年增加了多少，增加的幅度是否持续扩大。客户价值增长指数这一指标旨在评价亚马逊客户价值的增长幅度，因为它以常态增长为前提，所以该指数又可称为“增长中的增长”指标。

在作者看来，增加顾客是亚马逊的第一增长源，增加顾客重复购买率是亚马逊的第二增长源，这两个增长源是以提升客户体验来推动和保持的。为了丰富和提升客户体验，促进客户价值和客户数量持续增长，亚马逊在技术和基础设施上的投入几乎不计盈亏。正如伦敦的分析师本尼迪克特·埃文斯所言：“贝佐斯已经做出的选择是，让亚马逊在20年后成为世界上最大、实力最强、最成功的零售商。如果想让它现在就盈利的话，傻瓜都办得到。”

2010年亚马逊启动了139亿美元的投资计划，建设50个新仓库。这项建设计划的总造价超过了亚马逊以前所有仓库的总造价。到2012年底时亚马逊拥有的仓库总数达到89个，2013年在美国又新建7个仓库，仓库总数达到96个。亚马逊建设的配送中心越多，就能离顾客越近，送货时间自然也就越短。每一次有新的配送中心启动运营，都会令出版商和传统零售商感到岌岌自危。

然而，仓库战略也给亚马逊带来了极大风险。仓库方面的开支成为亚马逊营业开支最大的项目，自2010年开始仓库战略以来，亚马逊送货开支的年增长率超过40%，远高于2009年的24%。开支的增长不仅拖累了利润率，2012 年亏损 3900 万美元也有这个原因。贝佐斯为此承受了巨大压力，但他认为，从长远来看，在送货速度方面优于易贝和沃尔玛，比短期的营收利润更重要。

亚马逊的客户体验靠强大的技术实力支撑，无论个性化推荐还是网络服务、Kindle 系列等，都是依托于技术来进行的。而这些技术的背后，则是贝佐斯一直所坚持的客户需求，正如他所说的："最开始我们就是以客户为出发点，现在只是回到起点，为了服务好客户，我们学习所有需要的技巧、开发和建造所有需要的技术。"恰恰是因为此，亚马逊才能从一开始便立足于客户的实际需求而展开技术研发。无论是坚守最低价的商品，给诸多企业提供云服务的网络服务，或者不惜牺牲自己利润以成本价出售的 Kindle 系列，都是依托于用户最基本而坚实的需求。对于用户来说，便宜、良好的服务是他们永恒的需求。亚马逊一贯紧扣这个主题，因而营收持续稳增长是必然的。

从 2001 年到 2013 年，亚马逊在技术方面的投入，除 2002、2003 年同比下降外，其他年份都是逐年递增的（见图 3－17）。显然，从 2010 年开始，亚马逊在技术上加大了投入额度。2010 年以前的年份技术费用同比最高增加额度在 2 亿美元左右，2010、2011、2012、2013 年这 4 年技术投

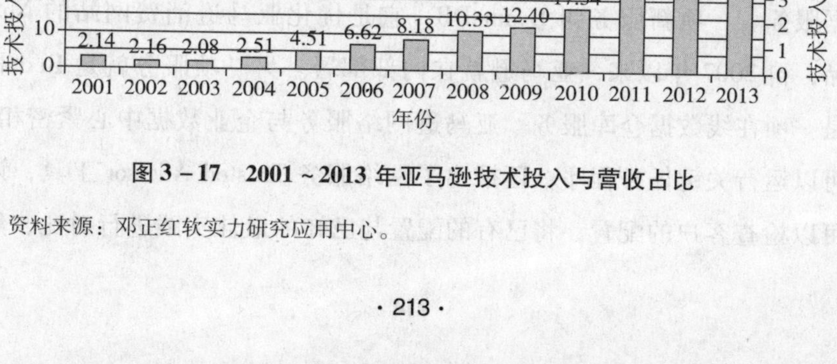

图 3－17　2001～2013 年亚马逊技术投入与营收占比

资料来源：邓正红软实力研究应用中心。

入同比增额分别为 4.94 亿美元、11.75 亿美元、16.55 亿美元、20.01 亿美元。这 4 年技术费用增额是一年比一年高，说明亚马逊正加快扩大技术研发创新。

在 2009 至 2013 年的 5 年中，2012、2013 年是亚马逊盈利最差的年份（见表 3-4），但这两年的技术投入却是亚马逊历史上最高的，总计投入费用达 111.29 亿美元，比前 11 年技术投入总和 97.63 亿美元还要多 13.66 亿美元。这符合亚马逊的发展规律：愈是效益差，投资力度愈大。2012、2013 年亚马逊客户价值增长指数连续下降，软实力指数却连续上升，这说明亚马逊扩大客户体验的步伐有所减缓，技术开发建造的步伐在加快，正孕育和推出一系列的新项目。

表 3-4　2009~2013 年亚马逊利润与技术投入比对　单位：亿美元

年份	利润	利润率	技术投入	技术投入占营收比
2009	9.020	3.7%	12.40	5.1%
2010	11.520	3.4%	17.34	5.1%
2011	6.310	1.3%	29.09	6.1%
2012	-0.390	-0.1%	45.64	7.5%
2013	2.740	0.4%	65.65	8.8%

资料来源：邓正红软实力研究应用中心。

亚马逊从 2012 年开始加大对原创内容的支持并进入各种类型的媒体行业，帮助作家自己出版作品并将其拍成电影。2012 年 8 月，亚马逊游戏制作公司成立，此后公司推出数款移动游戏。

2012 年亚马逊网络服务发布了 159 个新功能与服务。包括推出两项大数据服务。一项新服务叫 DyamoDB，它是优化亚马逊消费网站的 NoSQL 产品，自 2007 年以来，亚马逊就在内部部署。另一项服务就是 RedShift，它是一项在线数据仓库服务。亚马逊网络服务与企业数据中心紧密相连，它可以运行关键任务程序。还推出了网络服务 Trusted Advisor 工具，该工具可以检查客户的配置，将已有的配置与已知的最佳实践进行对比，然后通知和帮助客户提高性能、加强安全和节省成本。

自从2007年推出MP3以来，亚马逊一直在努力寻求音乐服务方面的突破，以期能赶上苹果iTunes的脚步。2012年7月底，亚马逊推出云播放器（Cloud Player），使用者可在云端储存音乐，在线上即时播放。云播放器的特色在于能够扫描用户储存在苹果iTunes与微软Windows Media Player中的音乐档案，并与亚马逊的2000万首歌曲资料库和用户电脑进行比对。比对后的歌曲，将被收入云播放器之中。

2012年9月7日，亚马逊推出新款电子阅读器Kindle Paperwhite和新款平板电脑Kindle Fire HD。Kindle Paperwhite技术耗时4年才开发完成，拥有前光（front－lit）显示触摸屏和最多8周的电池续航时间，用户在日间和夜间都可用来阅读，且用户还可调整光线亮度。Kindle Paperwhite显示屏对比度较原来的Kindle阅读器高25%，分辨率则高出62%。

Kindle Fire HD，配备速度更快的德州仪器芯片，较旧款的运行速度快20%，拥有更大的RAM和更长的电池寿命，配备8.9英寸高清显示屏，分辨率为1920x1200，内存为16GB，高于Kindle Fire的8GB。

2012年11月1日，亚马逊推出面向安卓设备的照片云存储应用（Cloud Drive Photos）。使用这项服务后，安卓手机和平板电脑的用户可以在外出时存储照片，更好地将亚马逊提供的5GB免费存储空间利用起来。

2013年1月17日，亚马逊推出主要针对苹果iPhone、iPod Touch用户的MP3音乐商店。用户可以从亚马逊购买音乐到设备中，然后从任何地方接入。通过亚马逊面向iPhone和iPod Touch的MP3移动网，用户可以直接从亚马逊MP3网站购买音乐到设备中。

亚马逊音乐副总裁斯蒂夫·布恩表示："自从推出面向iPhone和iPod Touch的亚马逊云播放器程序店，客户强烈要求可以直接从亚马逊购买音乐到设备中。第一次，iOS用户可以这样做了，现在他们可以接入亚马逊庞大的音乐库，还可以使用定制化的推荐功能……他们可以买音乐然后在各地使用。”用户一旦在亚马逊购买音乐，音乐会自动保存在Could Player收藏库中，可以直接从iPhone、iPod Touch、iPad、Kindle Fire、Android手机或平板、Roku、Sonos家庭娱乐系统、网络浏览器下载或者播放。

2013年5月13日，亚马逊发行亚马逊币（Amazon Coin）。用户可以使用亚马逊发行的亚马逊币在亚马逊Appstore应用商店和Kindle Fire购买应用、游戏及应用中的服务和道具。为庆祝新虚拟货币的发行，亚马逊为每位美国用户免费发放了500个亚马逊币（价值5美元），用亚马逊币购买产品还能够享受4%~10%的折扣。

2013年8月28日，亚马逊推出应用程序内实物商品购买服务，用户可通过Kindle应用程序向亚马逊购买实物商品。网上购物确实比去实体商店中购买商品方便，但亚马逊觉得还不够简便，这一服务意味着所有商品都可以实现一键下单。

2013年9月25日，亚马逊推出新款平板电脑Kindle Fire HDX。这款平板搭载了亚马逊最新的平板系统Fire OS 3.0（代号Mojito）。它基于Jelly Bean，继承了不少Kindle Fire HD的UI设计，是一款以内容为中心的系统，在其中可以找到大量的应用、电影、游戏等。Kindle Fire HDX具有全年无休的远程在线客服功能Mayday。在点击“Mayday”的图标后，稍等片刻屏幕上便会出现一位来自亚马逊的技术支持人员，会在远端“帮你解决遇到的问题”。该支持人员可以看到用户设备的屏幕，但不会看到用户本人，只需告诉他你需要什么样的帮助，他便会通过在屏幕上画圈、画箭头等方式一步步帮你实现目的。如果用户嫌麻烦的话，也可以让他直接代劳。在需要输入密码时，屏幕分享功能是关闭的。贝佐斯说：“如果你回顾亚马逊历史的话，你会发现我们一直在致力于提供这样的服务。我们已经有数以千计的技术支持人员，但如果需要的话，我们会聘请更多。”亚马逊的目标是将“Mayday”的等待时间维持在15秒以内，哪怕在圣诞假期这样的高峰期。

2013 年 11 月，亚马逊为那些拥有脸谱账号与亚马逊相关联的消费者推出一项新发现功能：用户通过在亚马逊网站购物确认页面增加“心愿清单”和评论功能，可以发现好友何时已评论或希望购买他们正在浏览的物品。当用户在亚马逊网站购物时，亚马逊根据用户在脸谱的社交爱好，向其推荐电影、音乐、书籍等。亚马逊推出这一功能，旨在提升消费者网购的社交体验。

2013 年亚马逊网络服务发布了 280 个新功能与服务。11 月，亚马逊推出流数据服务 Kinesis。Kinesis 的优势就在于，它能够以每小时上千个数据源的近百万兆的数据流为单位量级，实时地收集和处理数据，第三方再也不用忍受为了新的数据结构而等上几十分钟甚至一个小时的煎熬。

利用亚马逊的 Kinesis，对于广告平台而言，用户在互联网上的行为能实时地影响其广告推送内容，在用户下一次刷新页面时，就提供给用户新的广告；对于在线电商而言，用户的每一次收藏、点击、购买行为，都能被快速地归入他的个人模型中，立刻修正商品推荐；对于社交网络而言，用户社交图谱的变更和发言等行为，也能快速被反映在他的好友推荐、热门话题提醒上。Kinesis 服务让第三方平台能够在更短的周期内，提供更聪明的服务。目前，亚马逊是唯一一家提供流数据处理服务的云服务供应商。

细心的读者不难发现，2012、2013 年亚马逊的新项目直指两头：一头接地气，即客户体验，一头连云端，即大数据技术。亚马逊所有技术的源头始于电商，始于客户体验。随着技术的不断创新，客户体验不断提升，客户价值和客户数量随之增长，营业收入和公司市值也快速增长。因此，亚马逊的技术发展源于电商，又推动电商，如此循环往复，亚马逊规模越来越大，技术越来越强。

亚马逊的云计算起步早，从根本上发明了基础设施即服务（基础云）市场。2002 年推出网络服务，2006 年推出简单存储服务和弹性云计算，

2007 年推出简单队列服务，2009 年推出关系数据库服务、虚拟私有云、EMR 云服务、超大内存云主机，2010 年提出建立超大规模系统面向服务的架构 SOA，推出 key-value 存储系统和单表存储系统，2012 年推出 DynamoDB、RedShift 两项大数据服务和云播放器、照片云存储应用，2013 年推出流数据服务，2010 至 2013 年共推出网络服务新功能和服务 537 个。经过十多年的发展，如今亚马逊的云服务更成熟、更丰富、更先进、更高端，在全球处于领先地位。2013 年 4 月，美国科技博客网站 Business Insider 总结出云计算领域最重要的 10 家公司，亚马逊成为当之无愧的第一。我们很难想象一家电子零售商改变了互联网技术领域，但亚马逊做到了。

自亚马逊创立以来，贝佐斯就一直在宣传一个观点："在实体世界里，传统的利器是地段，地段，地段，而对于我们来说，最重要的 3 件事是技术，技术，技术！"亚马逊的客户价值增长能够成为常态，是因为它的技术创新一刻也没停止，它的技术都是从最低端的电商中衍生出来的，用技术支撑客户体验，每一次的技术创新为客户价值注入增长的力量，持续的技术创新确保了客户价值增长常态化。

亚马逊的云计算技术带来了高度个性化的客户体验。亚马逊网络服务从推出以来，服务价格降低了 27 倍，增加了企业服务支持功能，打造了创新的工具，帮助客户提高效率。亚马逊的个性化推荐技术通过跟踪客户的行为和数据，为客户打造了个性化的主页，并根据客户的实时行为为其推荐相关的产品。亚马逊通过自动化系统观察客户体验，如果提供的客户体验没有达到亚马逊的标准，系统就会主动向客户进行补偿。

大多数客户非常忙碌，在预订商品后没时间查看价格的变动，亚马逊会保证在客户下订单到商品发布期间得到最低的价格。主动退款对亚马逊来说成本更高，但是也会给客户带来惊喜快乐，赢得他们的信任。这就是细节性的客户体验。卓越的个性化推荐技术帮助消费者更有效率地找到自己需要的商品，极大地提升了顾客的搜索以及购物体验。

亚马逊第三方卖家平台在全球拥有超过200万个第三方商家，2013年在全球范围内共售出超过10亿件商品。在2013年“黑色星期五”之后的“网络星期一”那天，第三方平台在全球共卖出1300万件商品，相比2012年的购物季增长超过五成。亚马逊物流业务也在大幅增长，使用亚马逊物流服务的商家在2013年也增长了65%。

2013年亚马逊的会员服务有超过2000万件商品，比在2005年推出这项服务时增长了20倍。流媒体视频（PrimeInstant Video）的观看节目在一年多里增加了两倍，拥有超过38000部电影和电视剧。Kindle借阅图书馆（KindleOwners’Lending Library）的图书增加了两倍多，拥有超过30万本图书，包括斥资数百万美元购买了全套哈利·波特系列，供用户选择。

以客户体验为中心是亚马逊成功的基石，高端的技术则是亚马逊成长的动力。据2013年11月市场研究公司Synergy的一份研究报告分析中写道，从营收角度看，亚马逊在云计算领域仍然让其他竞争对手相形见绌。2013年第三季度亚马逊云计算市场总营收达到25亿美元，亚马逊不仅仍占有云计算市场的大部分份额，其云计算业务营收还实现了55%的同比增长，使其在云计算市场的整体市场份额获得了进一步增长。对于2013年最后一个季度，Synergy称，亚马逊来自云计算领域的营收将超过7亿美元。这使得亚马逊云计算业务的营收规模，比微软、IBM、谷歌和Salesforce.com等主要竞争对手的云计算业务营收加起来还要高出15%。

美国市场研究公司CIRP（Consumer Intelligence Research Partners）针对亚马逊在美国地区的顾客进行了为期3个月的调查。调查结果显示，截至2013年9月30日，亚马逊Kindle设备（包括平板电脑Kindle Fire和Kindle电子阅读器）的安装量已经达到2050万台，有28%的顾客拥有Kindle Fire，有21%拥有Kindle电子阅读器，而同时拥有这两款设备的顾客占到9%。这意味着有40%的亚马逊顾客同时是Kindle设备的用户，说明Kindle设备的用户渗透率相当高。Kindle设备和云计算是亚马逊提升客户体验的强大利器，为亚马逊的客户数量增长提供了有力的支撑。

俗话说：树大根深。亚马逊以电商为平台，生发出很多分支业务，而且枝繁叶茂，说明亚马逊的根扎得深，这个根就是客户体验。围绕提升客户体验，亚马逊不断研发和推出新的技术项目，使亚马逊的业务触角几乎无所不及，包括实体运营（比如物流）、产品销售（比如 Kindle 设备）和网络服务（比如云计算和流媒体），也使亚马逊掌握着海量的用户决策数据。这个巨大的商务平台已远远超越电商的定位，成为亚马逊纵横商海、开拓新业务的强大后援。

2012 年 9 月美国市场研究公司 comScore 的数据显示，有超过 8600 万美国智能手机用户使用零售商的 App 应用或者手机网站；7 月份约 5000 万美国用户在他们的智能机上访问亚马逊网站，占前一个数字的 47%。这意味着，亚马逊收获了全美移动电商用户群的一半。

网络转型时代蕴藏巨大的商机，互联网公司都想在移动端捷足先登。雅虎正努力向移动广告、移动体验转型，试图打造移动媒体公司；亚马逊也想在移动端上再造一个零售王国。在硬件入口方面，它已推出阅读器 Kindle、平板 Kindle Fire，暗中正抓紧研制智能手机，说明亚马逊的移动电商战略已付诸实施。

亚马逊做移动电商有得天独厚的条件：①销售数字媒体内容。包括 Kindle 商店里的书、亚马逊 MP3 里的音乐，还有亚马逊 Prime 里的电视剧电影。②销售各种应用。通过 Kindle 应用程序销售实物商品。③销售移动广告。通过庞大完备的消费者购买习惯数据库吸引广告商。④传统电商业务。消费者开始习惯在手机上到亚马逊购物。亚马逊只要将其已有的电商业务整合到移动端上，就可建立一个新的移动电商平台。

第八节 › 从零售电商到生态巨头

通过梳理亚马逊2001至2013年的客户价值增长历程，聪明的读者，你觉得亚马逊这头巨鳄更像什么性质的公司？电子商务网站？互联网技术服务提供商？电子阅读硬件制造商？KDP图书出版商？物流公司？数据公司？其实怎么定义亚马逊都不为过。亚马逊从一家在线书店成功转型为品类齐全的在线零售商，又历经13年的脱胎蜕变，它已不仅仅是一家零售商，而成长为一家硅谷科技巨头。

亚马逊从一开始就抓住市场竞争中最本质的东西——客户体验，尤其注重技术为客户提供便利和低价，可谓一发不可收。网上什么东西都可卖，由此带来的客户体验千差万别，使得亚马逊拥有星罗棋布的业务体系。当然，这一切，技术起了关键性的作用，最终的结果是客户价值持续增长，亚马逊的技术越做越强、越做越高端，这是亚马逊发展的必然。

如果说1995至2000年是亚马逊由在线书商向在线零售商的转型阶段，那么，2001至2013年则是亚马逊由在线零售商向网络技术服务提供商修炼升级的蜕变阶段。纵观2001至2013年亚马逊的项目推出（见图3－18），每个项目虽然推出的时间不同，却好像各路大军从不同年份涌现，浩浩荡荡向着2013年集结。我们今天看到的亚马逊错综复杂、庞大的业务和技术体系，实际上是其历年来技术成果累积的结果。

量变促成质变，质变推动跨越。亚马逊的强大不是一夜之间完成的，每一项技术成果都源于最简单的客户体验。贝佐斯曾说过："当你觉得你需要客户服务的时候，已经为时已晚。其实，最好的客户服务是消费者不用给你打电话，他不需要和你沟通就能完成整个交易流程。"亚马逊的第一项专利"一键下单"，就是把顾客最平常不过的购物程序用网络技术解决，却给顾客带来了高效、方便的购物体验。其他技术服务无不如此。云计算给客户带来了资源配置的高效和方便，Kindle给客户带来了阅读和出版的方便，物流、金牌会员、亚马逊币服务更是如此。每当客户的一个问题被解决，就意味着一项新的技术诞生，而技术的不断创新和升级，客户体验也随之不断提升。所以，亚马逊的技术更加高端，为客户提供的体验更加精确，为客户创造的价值也更加最大化。

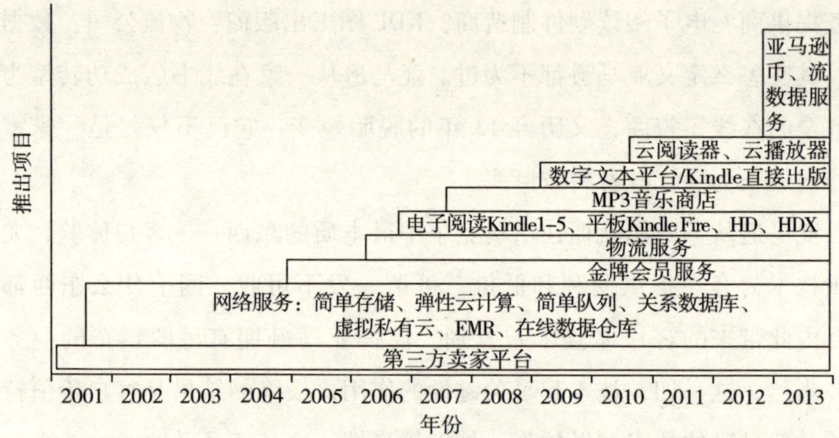

图3-18　2001~2013年亚马逊项目推出一览

资料来源：邓正红软实力研究应用中心。

亚马逊的商业模式是很传统的电子商务模式，当初把线下的实体店购物搬到线上，不过是利用了互联网这个平台。它的经营思路与传统店无异，一是品类扩张，增加选择性，提高订单量和客单价；二是提升用户体验及推荐功能，增加重复购买率。当然，网络经营并非简单地复制传统店的模式，网络优势是深层次的技术问题，没有强大的技术力量，网络优势就很难体现出来。亚马逊正是以此为切入点，用技术凸现出了网络购物区别线下购物的优势，因而吸引了数千万众的消费者。亚马逊提供一系列网上服务——包括网络服务、音乐云服务、云储存服务、运行在安卓系统上的应用商店服务、网游以及在线听书服务，就是网络科技创新的结果，是顾客在传统店体验不到的服务。

贝佐斯将丰田的流程管理同创新的理念结合在一起，他认为创新可以显著改善旧的事物。所以，虽然脸谱、谷歌和苹果经常向大众推出他们不曾预料的产品，而亚马逊却埋头改善一些比较枯燥的业务流程——物流、仓储管理、优化定价。贝佐斯表示："我非常清楚，即使再过十年，顾客们还是喜欢低价的商品、快速的物流，并且有更多的商品可供选择。"他专注于顾客需求，这一点是不会改变的，因为他时刻为客户体验着想。

亚马逊电商偏重自营式业态，基础设施建设相关固定投入巨大，尤其是对仓储物流和网络技术系统的投入，能有效提升系统效率和客户体验，使订单规模增大。规模化不仅降低了可变成本，又可以使电商在和供应商采购时获得议价能力，优化供应链能力，再将节约下来的成本以低廉的商品价格持续回馈顾客，进而提高网站重复购买率，使网站逐渐具备规模优势，从而有能力产生持续的现金流，进行再投入，进一步提升客户体验，实现规模化高效运营。

亚马逊长期的努力，在于构建自己的良性生态圈（见图 3－19）。亚马逊的生态圈是从基础设施投入开始的，它通过连续亏损 8 年的基础设施投入，完善了自身的物流系统，又通过 10 年的技术研发，完成了技术方面的布局。物流和网络技术的完备，使亚马逊的电商生态圈步入良性循环：客户体验/系统效率提升→订单规模增长→采购议价能力/可变成本降低→持续低价能力→新增客户/重复购买→规模化运营→现金流/融资→再投入……规模化运营和系统效率的提升，是电商模式形成良性生态循环的两个核心环节，也是产生持续现金流的前提。18 年来亚马逊的购物流程得到了很好的完善，出现状况的购物单比例非常小，让绝大多数消费者都很满意。

在零售业务上，贝佐斯的理论是：价格优势能带来更多客户，进而带来更多销售量；这使得亚马逊能对供货商有更多议价权，也能让更多第三方供货商在其平台上销售，亚马逊的固定成本（比如仓储和网站平台）能达到最大效用。在网络服务业务上，亚马逊的每个新客户通常都有长达一年的免费试用时间，而时不时地优惠和降价也总是让使用者喜出望外。

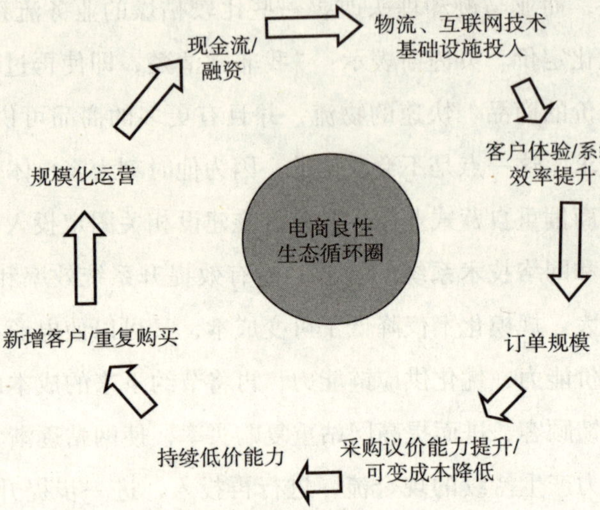

图 3-19　亚马逊良性生态循环圈

资料来源：邓正红软实力研究应用中心。

在亚马逊的生态圈中，低价和规模化是统一的。客户的增加能带来更多的使用量，就能让亚马逊继续增加基础设施的建设规模，这能减少成本，进而支持亚马逊继续降价。而在这过程中，得到好处的是整个系统，因为这种加速过程能产生更多创新，并给整个生态系统提供更多功能和服务。

这里要单独提一笔。为提升客户体验和系统效率，亚马逊在基础设施方面的舍得投入到了几乎不计盈亏的地步，以致股东们常常对贝佐斯怨声载道。有道是“无心插柳柳发芽”，亚马逊在巨大投入的网络技术系统建设中意外收获到似乎与零售电商不相及的技术业务，如云计算、Kindle 系列、流媒体、移动电商等，为亚马逊进军网络技术，超越易贝、沃尔玛等零售商，挑战苹果、谷歌、IBM 等技术巨头打开了一扇大门。

2001 至 2013 年亚马逊推出的项目中，云计算和 Kindle 系列就占了大头。亚马逊作为美国硅谷兴起的又一个科技巨头，它的云计算无人可及，Kindle 技术以其独特的生态系统正独步天下。

亚马逊零售、云服务、进入平板市场，都有一个共同点：数据。对于亚马逊来说，硬件不重要，它的目标不是向客户销售昂贵硬件获利。通过提高效率，亚马逊可以在零售领域、出版领域、企业服务领域进行实验。亚马逊拥有云基础设施、海量数据流、内容，它已不完全是一家商务公司，更是一家大数据公司。它开发了云基础设施，该业务是盈利的，可以援助自己的零售运营；它拥有移动设备、内容，可以快速在客户网中传播，这些客户会付费。亚马逊的主旨就是通过大数据统治“矩阵商务”。在矩阵商务中，拥有来自网络的渠道、来自大数据的需求信号、来自后勤的供应链、来自界面的支付技术、来自数字签名的无摩擦推动者等等。这就是亚马逊所要的未来。

贝佐斯称，云服务将成为亚马逊未来最大的业务。2013 年 11 月 14 日，在美国拉斯维加斯举办的亚马逊云计算大会上，亚马逊公布了 Gartner 调查数据，亚马逊云服务成为公共云市场的第一品牌，市场占有率是其他 14 家公司总和的 5 倍。亚马逊还宣布推出新产品桌面云 WorkSpaces，以及将计算量庞大的应用推送到不同设备的 AppStream。

亚马逊 WorkSpaces 是一套完整的云端桌面计算服务。借助这一服务，企业用户可以非常便捷地为终端用户提供完整管理、基于云端的桌面体验，而不需要担忧采购或部署硬件以及安装复杂软件。亚马逊 WorkSpaces 将承担软硬件管理与维护等所有繁重工作，保障企业用户可以关注于为终端用户提供高质量桌面体验。

亚马逊 AppStream 是一套灵活、低延迟的流式云计算服务，开发者可以从云端流式传输（Stream）SD 游戏或互动高清应用等资源密集的应用与游戏。借助这一服务，内容在云端渲染，而终端用户依旧可以在自己的设备上享受到高清流畅且响应迅速的内容体验。开发者可以灵活地流式传输他们的整个应用或者应用中需要额外资源的部分。

虚拟桌面云其实并不是一个新概念，目前市场上占有率较大的公司为Citrix。然而亚马逊凭借在业界公有云以及价格优势，希望进一步抢占桌面云的市场。

目前企业内部部署的虚拟桌面计算服务虽然能提供良好的桌面管理与安全性，但公司必须先投资一大笔钱建立网络与存储的基础设施，以达到想要的高品质虚拟桌面体验。亚马逊表示，传统公司所提供的虚拟桌面服务，亚马逊的WorkSpaces将以一半的价格优势吸引企业，将原本在私有云的业务转移到公有云，让企业不需要先投资大笔金钱，只要付月费就可以享受这项服务。

亚马逊电商平台是以低价优质的服务取胜，而亚马逊云服务的成功之道也同样如此。弹性、可拓展、低成本的基础设施服务，让亚马逊云服务牢牢占据着市场主导地位。正是得益于亚马逊的云服务，企业不必再为软件、硬件、安装、调试以及维护等诸多网络技术服务花费大量时间、人力以及资金成本，可以把运算、存储、网络、应用、管理等诸多烦琐的工作完全交给亚马逊云服务。

亚马逊云服务采取独特和弹性的价格策略，有三种不同的价格模式：基于需求（on - demand）、保留（reserved）和抢占点（spot）。企业可以根据自己需求选择不同的收费方式。例如，短期承接大项目的公司就可以选择按月付费；可预知使用量的大型企业可以选保底的“保留”模式；对于不讲求时效性，只需要完成大数据运算的学术研究单位，则可以用竞价方式抢占冷门时段的云服务。

在互联网市场上，亚马逊可谓软硬兼施，并且软的更软，硬的更硬。软的指云服务，硬的指Kindle产品。从2007年以来，亚马逊连续7年每年推出Kindle新款，并开始提速，由Kindle构成的亚马逊移动生态已清晰可见。与苹果的路径完全不同，亚马逊在证明硬件的互联网模式：硬件零利润甚至亏本销售，内容和服务是很好的利润来源，同时，硬件将是互联网电商的重要入口。Kindle Fire 平板电脑和 Kindle 电子书阅读器就像是通向亚马逊网站的一个门户，它们提供了通向亚马逊销售的所有商品的通道，而 Kindle 电子书阅读器则是用户们在网站上购买电子书的通道。

Business Insider 的一份报告深入研究了亚马逊的移动策略，认为 Kindle 是一个被低估的移动平台。①Kindle 生态系统对亚马逊营收贡献加大，其中包括数字内容播放和下载、应用购买和广告收入。②亚马逊会员订阅用户是亚马逊重要的营收来源，Kindle Fire 鼓励订阅模式，因为用户可以获得免费、无限量视频播放和电子书借阅。③亚马逊应用商店的营收表现强劲，热门 Kindle Fire 应用获得的收入是谷歌应用商店中的50%，热门应用下载量也是后者的50%。④亚马逊移动平台正处于全球扩展阶段。2013年亚马逊在 170 个国家销售高端 Kindle Fire 型号，并将亚马逊在线应用商店引入了全球 200 个国家。

亚马逊是一家极有个性的公司，从不在意短期的盈利，舍得为一项业务做长期投资。按照亚马逊的经营规律，一旦出现亏损，势必在加大新产品的投入。经过 7 年的积累，Kindle 正在加紧扩张的步伐（见图 3－20），慢慢形成自己的完整生态：Kindle 硬件以成本价销售，亚马逊通过电子书、应用、广告来获取利润，并且 Kindle 硬件产品慢慢演变为亚马逊电商的重要入口。亚马逊的定位是一个“万货店”，这个平台不仅销售一切实体产品，也销售电子书、数字音乐、应用程序或视频等数字产品。Kindle 硬件设备将成为亚马逊平台的入口，也是消费者的导购员。根据美国市场研究公司 CIRP 的数据，拥有 Kindle 设备的顾客平均每年在亚马逊上的花费为 1233 美元，要比其他顾客的平均年花费 790 美元高出 56%。通过这个数字，也就可以理解 Kindle 对于亚马逊移动战略的重要性。

2013年11月	Kinesis流数据服务
2013年9月	Kindle Fire3（HDX）
2012年9月	Kindle5（Paperwhite）、Kindle Fire2（HD）
2011年9月	Kindle4（Touch）、Kindle Fire
2011年1月	Kindle直接出版（KDP）、Kindle云阅读器（KCR）
2010年7月	Kindle3、Kindle数学文本平如（DTP）
2008年2月	Kindle2
2007年11月	Kindle1

图 3-20　亚马逊 Kindle 产品系列一览

资料来源：邓正红软实力研究应用中心。

2013 年 11 月，亚马逊在全球推广一个新项目——“Amazon Source”（Kindle 代销计划），即在传统书店销售 Kindle 硬件。2014 年 1 月，亚马逊正式进军实体零售世界，开始在机场、购物中心设置自动售卖机销售 Kindle 产品。

贝佐斯曾说：“如果你以竞争对手为中心，你就不得不等待你的竞争对手有所作为。如果你以客户为中心，你就会更具有开拓性。”Kindle 的出现是因为客户需求。无论是 Kindle 成本价销售，还是 Kindle 提供越来越多的服务内容，都不是从竞争的角度出发，而是抢占客户时间。随着 Kindle 硬件销售量越来越大，并且新的商业模式不断出现，亚马逊移动生态逐渐形成。亚马逊希望通过这种形式，为客户的购买扫除一切障碍，让客户可用最方便的方式买到亚马逊平台上的一切产品。亚马逊推出售卖机销售 Kindle 产品，符合亚马逊的逻辑——方便客户以最简单的方式获取到 Kindle，进而可以更为方便地买到亚马逊平台上的任何产品。

自推出 Kindle 以来，亚马逊一直在追赶苹果在数字娱乐产业的步伐，完善 Kindle 系统的生态环境。亚马逊主要采取了以下措施。

（1）与苹果硬件溢价销售策略不同，Kindle 采取了完全相反的策略。亚马逊对 Kindle 进行全面降价，坚持“硬件不赚钱，客户消费数字内容时才赚钱”的策略。对于亚马逊来讲，高利润率的内容销售相比硬件销售重要性更高，Kindle 设备可刺激亚马逊电子书、电影以及其他数字内容销售的增长。

（2）丰富数字内容。与 iPad 产品相比，Kindle 在数字产品领域的核心优势主要集中在电子书领域，iBook 商品可供付费下载的书籍并不多，远低于 Kindle store 的书籍数量。但为了完善生态系统和抵御竞争，亚马逊不断向流媒体视频、音乐、游戏等领域扩张，以丰富 Kindle store 的数字商品。

（3）使 Kindle 应用兼容更多的设备。Kindle 已经在主流智能手机操作系统上均开放了自己的应用，意味着客户可以在包括 iPhone、iPad、Android 智能手机、台式机等设备上，获取 Kindle 服务，消费 Kindle store 的数字商品。

亚马逊亚不需要依靠销售 Kindle 产品获利，但须依靠 Kindle 产品来拓展客源，Kindle 产品只是亚马逊拓展电子商务、电子书商店、MP3 线上商店、视讯服务以及云服务的一个棋子。为此，亚马逊部分调整了 Kindle 产品的策略：硬体不再只是单纯配角，须与软体、服务搭配；将 Kindle 电子书的优异特性，延伸至 Kindle Fire；利用竞争对手优异特性，涵盖在其服务体系，建立能完全掌控的服务。

亚马逊 Kindle 系列的运作核心是服务与内容，Kindle 产品运作大致分为 5 大核心服务与内容：①电子书。为提高电子书普及率，亚马逊结合云端与电子书服务，推出云阅读器服务和 Kindle 图书馆（Owners' Lending Library）服务。Kindle 用户可在 Kindle 设备上使用线上图书馆。②音乐。亚马逊推出云播放器，与全球四大唱片业者达成协议，使用者可在云端储存音乐，在线上即时播放。③视讯。亚马逊在美国推出金牌会员即时视频（Prime Instant Video）服务，除了台式电脑、连网电视与 Xbox 360 用户之外，还推展至 Kindle 产品及 iPad。④游戏。为了追赶苹果的游戏中心

(Game Center)，亚马逊利用其云端技术，针对 Kindle 产品推出 GameCircle API (Application Programming Interface)，期望软体开发商能顺利开发出游戏软体。GameCircle 最大特色是让云端游戏的玩家数据能够同步更新，使游戏体验与设备本身无关。这对于同时拥有多款亚马逊设备的消费者来说，非常具有吸引力。⑤应用程序。亚马逊的应用程序商店，不仅能让 Android 智慧型手机与平板电脑下载，也是 Kinlde 产品唯一的应用程序商店。

总之，亚马逊是 1995 年由贝佐斯一手创建的，经过近 20 年的发展，已成为世界上最大的在线零售商、物流大佬、云计算先驱、数字内容平台、客服和用户评论的地标型企业，还推出了引领阅读革命的电子阅读器——Kindle。不得不令人佩服贝佐斯的战略能力。正如亚马逊雨林丰富的物种一样，亚马逊已成为统治多元业务版图并加速扩张的生态巨头，这也是一个令人感到惊异、极富未来想象空间的基于电商的科技巨头。

第九节 › 线上线下的零售竞争

像亚马逊这样的多元化生态巨头，其竞争对手也是多样性的。从早期的在线书商与巴诺书店竞争，到后来的在线零售与易贝、沃尔玛竞争，再到现在的网络服务、产品销售与苹果、谷歌、IBM、脸谱、Netflix 竞争，亚马逊的竞争对手是一茬接一茬。新老竞争对手的并存或轮番更替，说明亚马逊在不断拓展业务种类，并且每项业务在持续扩张，因此整体规模日趋庞大。

古人云：闻道有先后，术业有专攻；又云：好汉难敌四手。一家看似极为简单的在线零售商，为什么能在强手如林、各有专攻的竞争中傲然挺立，令众多对手闻之胆寒？亚马逊善于把关联的业务做精、做深、做大，同时在做相关业务的过程中又挖掘出许多技术、产品和服务创新，其主业就被这些枝枝蔓蔓的分支业务围得水泄不通，而分支业务随着规模化扩张又逐渐转为新的主业。因此，亚马逊能在强手如林、四面劲敌的竞争中稳如磐石，并持续做大做强。

亚马逊做在线书店起家，遇到的最大竞争对手是巴诺公司。巴诺作为一家 1971 年成立的连锁书店，推出了图书连锁超市的商业模式，1985 年就达到了 400 家之多，如今在美国的任何一个主要城市都能看见巴诺公司的图书超市。

亚马逊在 1995 年创立时就推出网上售书业务，获得成功。1997 年巴诺也正式进军在线图书销售领域，开张的那一天进行了很大折扣的促销，同时亚马逊也选择在那一天进行最大力度的促销来抗衡。

两家公司的竞争意图很明显，都想依托自身的经营优势，实现线上线下一体化。巴诺充分利用已经积累多年的忠实客户，继续发展实体图书卖场，同时也不放弃网上售书业务；亚马逊则充分发挥网上书店开办多年的经验以及成本优势，专攻线上市场，同时拓展电子图书市场，并通过与美国第二大超级连锁书店鲍德斯结盟，发展线下实体零售业务。

两家公司的经营优势很明显，巴诺在线下，亚马逊在线上，但双方都在向对方的优势领域发展渗透。亚马逊在线上销售领域具有绝对领先地位，充分利用他人的资源，成本低，有强大的技术支持和丰富的图书品种，并能实现快速递送。但是，亚马逊对货物配送的依赖性太强，由于技术开发的压力投资巨大，增加了成本，全球扩张增加了资金周转的风险。

巴诺则在传统销售模式领域拥有雄厚的实力，有自己的配送中心能保证货源，与巴诺连锁书店配合可以进行网上网下互动销售，在经营措施方面可以尾随亚马逊，省去初期风险成本。但是，巴诺要超越亚马逊创造自己的独有特色很难，况且传统书店的顾客不一定接受在线销售的方式，在线价格和在店价格不一致容易失去顾客信任。

两家公司的图书销售竞争在线上线下相互交织，但最终以巴诺、鲍德斯为代表的传统销售阵营没能敌过亚马逊这家超级网络书店。无可置疑，如果单论实体店较量，亚马逊肯定不是巴诺、鲍德斯的对手，但是，谁也没想到网络售书的趋势发展如此迅速，等到巴诺、鲍德斯醒悟过来为时已晚。世界潮流，浩浩荡荡，顺之者昌，逆之者亡。巴诺虽然在努力发展线上图书业务，但技术实力确实不如亚马逊，在这方面亚马逊已走在行业前面，而巴诺则始终处于追赶者的角色，如果不尽快进入这个领域，巴诺的发展前景极其堪忧。鲍德斯则是完全将互联网业务交给亚马逊，结果在成立 40 年后的 2011 年宣布破产。

这场书店的竞争，实际上是传统和未来的竞争。巴诺的输、鲍德斯的亡就是太执着于传统。在互联网的趋势上，巴诺是能力欠缺而赶不上，鲍德斯则早早地缴械了。透过复杂的竞争场面，亚马逊主要赢在三方面：赢在趋势，赢在技术，赢在客户体验。一个简单的线上购物程序，亚马逊就搞出了“一键下单”的专利，巴诺想模仿却受制于人，并为此付出了诉讼及败诉的代价。这就是亚马逊的过人之处。

从购物体验上讲，亚马逊的许多创新实际上就是将实体店的经营方式搬到网上，然后通过网络技术来实现，相比而言，这样成本更省、效率更高，更易获得消费者的青睐。比如，到实体店购书，读者可以随便翻翻，先了解内容再决定是否购买。针对这一点，2001 年亚马逊在图书品类推出一项新的服务是“看看书的内容（Look Inside the Book）”，顾客可以先查看书的高清晰度图像，而且看到封面和封底，以及目录和一些样章，再决定是否要购买这本书。为让读者买到更便宜的书，它敢于冒作者与出版商之大不韪，让旧书与新书在一起销售，从而也为自己赚了不少的佣金。亚马逊的 Kindle 系列从电子阅读到直接出版到移动购物，更是以颠覆式创新构建了新的经营生态。比较而言，巴诺网上书店存在着技术开发先天不足的问题，缺乏亚马逊对网络技术和网站竞争要素的创意和把握。

亚马逊在发展中对其定位进行了三次转变：第一次定位转变是 1994 年至 1997 年，目标是成为“世界上最大的书店”；第二次定位转变是 1997 年至 2001 年，目标是成为“最大的综合网络零售商”；第三次定位转变是 2001 年至现在，目标是成为“最以客户为中心的公司”。

第一次定位转变的主要竞争对手是线下图书巨头巴诺书店。为实现定位目标，亚马逊采取了大规模扩张策略，以巨额亏损换取营业规模。经过快跑，亚马逊从网站上线到公司上市仅用了不到两年时间。1997 年 5 月巴诺开展线上购物时，亚马逊已经在图书网络零售上建立了巨大优势。此后亚马逊和巴诺经过几次交锋，亚马逊最终完全确立了自己是最大书店的地位。

第二次定位转变的主要竞争对手则是线上零售商易贝和线下零售巨头沃尔玛。贝佐斯认为和实体店相比，网络零售很重要的一个优势在于能给消费者提供更为丰富的商品选择，因此扩充网站品类，打造综合电商以形成规模效益成为亚马逊的战略考虑。1997 年 5 月亚马逊上市，亚马逊就开始布局商品品类扩张。

易贝是与亚马逊同时代起步的电商，也是亚马逊最大的线上零售竞争对手。1995 年 9 月易贝创立，早期不叫这个名字，1997 年 9 月公司正式更名为易贝（eBay），1998 年 9 月在纳斯达克上市。易贝的定位是“世界的网上购物平台”，从 1995 年底推出网站，经过 19 年的全面发展，公司已经扩展为网上拍卖、电子商务、购物商场、PayPal、Skype 等多种电子商务的集成。

易贝的成功在于它推出了 C2C 电子商务模式。与传统的营销不同的是，易贝让数量众多的小企业和个人通过它的平台进行小件商品的销售互动，因此汇集了成千上万的用户，创造了惊人的交易量和利润，其产生的巨大价值和市场能量足以抗衡传统的商业模式。

作为交易的第三方，易贝自己并不直接参与交易，而是专门为客户提供商务信息及增值服务。通过这个电子商务信息中介服务平台，信息流可以在买方和卖方之间相互流动。易贝通过出售收集到的信息，向用户收取店铺费、商品登录费、交易服务费等费用获得丰厚收入。

易贝的第三方 C2C 平台和亚马逊的第三方 B2C 平台有惊人的相似，这也是两家公司的竞争焦点。其实，做第三方平台，易贝是师傅，亚马逊则是徒弟。亚马逊的 B2C 就是从模仿易贝 C2C 中脱胎而来的。亚马逊曾依托易贝推出 C2C 的拍卖业务，但没成功；后推出 B2C 的第三方平台，以企业带动个体卖家，与易贝直接竞争。

亚马逊借助这一平台，极力丰富购物体验，为用户提供包括品类、价格、服务的最佳一站式购物选择，在综合化的过程中，开拓了很多新产品线，邀请每个产品线领域最优秀的品牌、零售商带着它们的商品和最佳供应链管理实践进驻平台，快速提升亚马逊的市场竞争力，提高整体的营业额、市场份额和净利率，同时分摊降低成本。亚马逊的第三平台业务发展迅猛，给易贝一个措手不及，后来易贝想 B 化，但被亚马逊的强大势头压住了。

随着网络科技和经济的快速发展，电子商务风靡全球，许多电子商务平台迅速发展壮大，电子商务的运营模式不断创新，相继出现 B2C、B2B、B2B2C、G2B 等新模式，加之易贝经营模式中许多不合理的地方也日益凸显，因此，易贝在电商领域的市场地位受到挑战，面临的竞争日趋激烈。

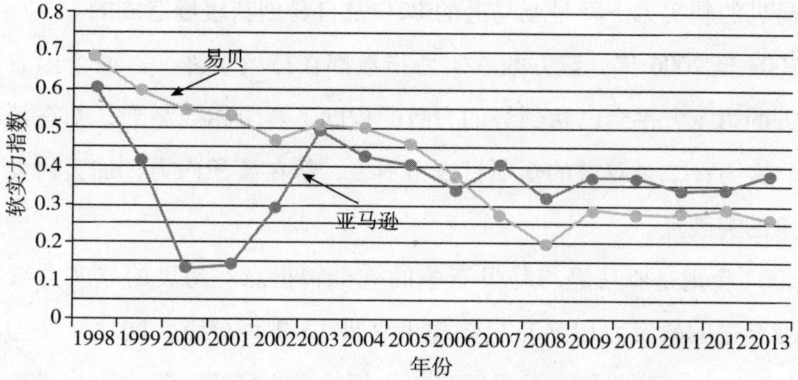

图 3－21　1998～2013 年亚马逊、易贝软实力走势

资料来源：邓正红软实力研究应用中心。

要说明的是，即使易贝在第三方平台不敌亚马逊，但它依旧是一家很优秀、很成功的公司。只是相对亚马逊而言，易贝显得比较弱势。那么，易贝为何不敌亚马逊？下面通过对两家公司 1998 至 2013 年的软实力走势（见图 3－21）分析，就可知道易贝败在什么地方。

1999 至 2008 年的 10 年间，易贝的软实力指数呈斜坡式下滑，但在 1999、2000、2001 年软实力指数远高于亚马逊；亚马逊的软实力指数在 2000 年跌落谷底，2001 年微弱爬升，2002、2003 年则跃起直升，2003 年亚马逊的软实力指数比易贝仅差 1.6 个百分点。1999、2000 年亚马逊的软实力指数直线下滑，主要是因模仿易贝的 C2C 模式，缺乏创新，最终受挫；还有就是加快扩大基础设施建设，软实力消耗过大，后续新项目没跟上。走过了两年 C2C 模式的失败历程，从 2001 年开始亚马逊加大力度推广 B2C 第三方平台，给运营注入了价值创新因素，平台营业规模和客户数量疾速增长，所以，2002、2003 年的软实力指数实现飞跃。1999 到 2003 年这 5 年，亚马逊对易贝走过了模仿、失败、创新、竞争四个阶段，是一场此长彼消的同业竞争，也是亚马逊超越易贝的起点。竞争结果看客户数量变化即知，亚马逊的客户数快速增长，相应地分走了易贝的部分客户。易贝的软实力下降是亚马逊的 B2C 及自身创新缓慢造成的。

2004 至 2006 年，双方的软实力指数都在持续下降，有两个因素：一是双方的第三方平台已达到势均力敌的程度，竞争相当激烈，都在消耗自身的软实力；二是双方的新项目推出不多，都在蓄积内力，加大研发，寻求竞争的突破点。

2007 年则是亚马逊与易贝竞争的一个转折点。易贝的软实力继续下降，亚马逊的软实力却突兀起势超出易贝 13. 2 百分点，同比软实力增加 6. 9 个百分点。2007 年亚马逊经过前 3 年的潜心修炼，集中火力推出了简单队列服务、物流服务、电子阅读器、MP3 等 4 项新业务，形成强大的价值张力，客户价值增长迅猛。亚马逊推出这 4 项新业务，也向新老对手发起了挑战，比如简单列队服务涉及与谷歌、IBM 的竞争，物流服务就是与易贝竞争，电子阅读、MP3 则直接威胁到巴诺和苹果。对亚马逊来说，2007 年的火力向对手全面展开，而易贝仅是其中之一。自此以后，亚马逊的软实力彻底超越易贝，而易贝无法再撼动这位昔日的第三方平台徒弟。

亚马逊与易贝的零售竞争，属于同业对口的线上之争。亚马逊与沃尔玛的零售竞争，则是线上与线下之争，也是网络模式与传统模式的竞争。沃尔玛是 52 年来全球最成功的零售商，其营收自 2008 年突破 4000 亿美元以来，已连续 5 年在 4000 亿美元的基本面上保持增长，2013 年营收达

4731亿美元，利润160亿美元，像天文数字的营收规模足以证明无人能撼动沃尔玛在零售领域的王者地位，也充分折射出沃尔玛的核心竞争力。论规模，2013年亚马逊的营收仅744.52亿美元，与沃尔玛根本不在一个竞争平台上；但若论发展潜力，沃尔玛已感到来自亚马逊的挑战和威胁。

除了规模外，沃尔玛最大的竞争力是低价和极其出色的物流管理，按照传统的方式来组织采购、物流、库存，无人能与沃尔玛相比。但是，亚马逊经过两轮（即1997至1999年、2010至2013年）大规模的基础设施建设，完全克隆了沃尔玛出色的物流管理。不仅如此，亚马逊还充分发挥自身的技术优势，正在研发的“首要飞行”无人机送货服务。这一服务能够让顾客在网购30分钟内收到包裹。该服务预计将在4至5年内投入运营。这一方面恐怕沃尔玛难以企及。

零售行业无论线上还是线下，竞争的焦点就是争夺顾客，而顾客流向则取决于顾客的购物体验。沃尔玛的常客一般都是年收入低于5万美元、四处寻找便宜货的人。那些通晓科技、口袋鼓起的人虽在经济衰退时选择沃尔玛，但财政状况改善后又回归到亚马逊。亚马逊已进军沃尔玛所售商品的全部范畴，从尿布到吸尘器全都有售。虽然说去高档实体店购物往往具有某种购物体验，但是若开车去沃尔玛、以排队结账的方式购买日常用品，这样的购物体验一般是无奈的选择。快捷、便利的电子商务和第三方平台，Kindle与网络书店互动，云计算支持下的数字音乐、数字电视渠道，使亚马逊成为一个更强大的“低价者”。在弥补实体体验的短板上，亚马逊已迈出更长远的步伐。这家网络巨头已悄悄在一些杂货店、24小时便利店和药店安装了巨大的储物柜，存放顾客的包裹以备随后取走，此举恰恰是借鉴了沃尔玛的做法。

亚马逊的“电子+商务+资本”的模式已经相当明了：“电子”让亚马逊不但降低了中间成本，而且，还能同时兼具沃尔玛、家得宝等竞争对手的多重特性；“商务”则促使亚马逊不断学习、克隆沃尔玛的物流优势；

“资本”则帮助亚马逊忍受数年的亏损，并借助资本市场持续投入扩展，以最终抵消沃尔玛的规模成本优势。

2007年，沃尔玛还未将亚马逊纳入竞争对手的视线，当时，零售业研究公司 Kantar Retail 的统计数据显示，只有1/4的沃尔玛顾客会选择在亚马逊购物。但到了2012年，统计数据发生了根本性的变化，有一半的沃尔玛顾客都表示会网上购物。亚马逊客户数量和客户价值增长的常态化是对沃尔玛最大的威胁，沃尔玛也真切感受到了。情急之下，沃尔玛于2012年9月21日宣布，将不再出售亚马逊的电子书阅读器 Kindle。作为世界最大的零售商，沃尔玛将成为美国第二家停售 Kindle 的大型连锁零售企业。几个月前，另一家大型零售商塔吉特做出了停止销售 Kindle 的决定。

沃尔玛在一份致店面经理备忘录中指出：“不久前我们已做出一项商业决策，不再接受超出我们现有库存的亚马逊平板电脑和电子阅读器，也不再做出采购承诺。这包括当前销售的和不久前公布的亚马逊所有型号 Kindle。”

沃尔玛表示，这一决定符合公司整体的销售战略。虽然沃尔玛的整体销售额领先其他大型零售商，但网络销售却不及亚马逊和其他一些公司，沃尔玛一直在努力增强自己的线上销售表现。购买 Kindle 的消费者可能因为这种设备而购买更多商品，而不仅仅是电子书，这导致亚马逊与零售店面的竞争加剧。对此，《福布斯》知名撰稿人蒂姆·沃斯托感叹道：“有谁真的想帮助他们的直接竞争对手呢?”

当然，沃尔玛也在努力进军线上业务。2011年，沃尔玛增加了线上业务的投资。自2011年5月份以来沃尔玛斥资3亿多美元，并购了5家科技公司，雇佣了美国和印度300多名工程师和代码编写人员。沃尔玛同时开展了一个新项目，允许没有信用卡或银行账户的客户网上购物。

沃尔玛的并购包括社交媒体公司 Kosmix 以及 iPhone 应用程序开发商

Small Society，沃尔玛希望新加入的成员可以阻止顾客在商店里扫描商品条形码后，在网上通过竞争对手购买。虽然沃尔玛的线上销售额只有总销售额的2%，但是沃尔玛的本意是在技术能力上与亚马逊匹敌。

从硬实力方面讲，亚马逊的营收规模和利润水平都远不及沃尔玛，亚马逊对沃尔玛的威胁主要来自软实力。只要比对两家零售巨头的微数据，沃尔玛与亚马逊之间的潜在差距就一目了然，这也是沃尔玛感受到的来自亚马逊的竞争危机。

本书推出公司之间的微数据比对，剔除了规模差异、行业差异，使所有公司彼此都具有可比性。微数据是按照企业软实力基本原理设计的，通过统一的量化分析模型，将公司的业绩数据和运营数据进行过滤，最后得出具有广泛可比性的软实力系列指标。

如果单看亚马逊、沃尔玛的营收和利润，得出的结果无非是营收规模的大与小、利润水平的高与低，这种比对对极具未来发展价值的亚马逊来说简直毫无意义。要找出两家公司实质性（包括潜在的价值和能力）的差异，必须利用微数据来进行比对。

当然，比对亚马逊、沃尔玛两大零售巨头还是要考虑一定的规模，否则无法体现微数据放大的价值。相对亚马逊来说，它的规模性应以2006年为起点，这一年亚马逊的营收突破了100亿美元。因此，比对两家公司就截取了2006至2013年的微数据。

从软实力指数看（见图3－22），亚马逊软实力平均指数为0.360，沃尔玛则为0.164，亚马逊的软实力平均高出沃尔玛19.6个百分点，而且2013年两家公司的软实力走势分别出现了不同的拐点，亚马逊软实力上扬，同比提升3.5个百分点，沃尔玛软实力略有下降，同比降低0.3个百分点。这说明，亚马逊的持续发展潜力远大于沃尔玛，亚马逊是真正的沃尔玛杀手，也将是有史以来第一个可能代替沃尔玛的未来王者。

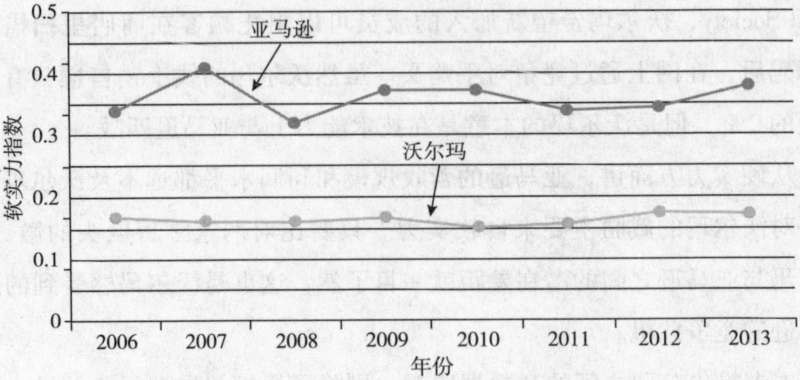

图3-22　2006~2013年亚马逊、沃尔玛软实力走势

资料来源：邓正红软实力研究应用中心。

从资源整合率看（见图3-23），亚马逊平均资源整合率为0.731，沃尔玛为0.611，从数据看，两家公司都是资源整合的高手，但亚马逊的平均资源整合率高出沃尔玛12个百分点，充分体现了亚马逊作为互联网公司在资源整合上的独特优势。除了庞大的物流设施外，亚马逊省去了实体店的成本，加之强大的技术实力，形成了高效能的资源整合，效能代表未来方向，由此释放的巨大价值张力，沃尔玛难以抵挡。

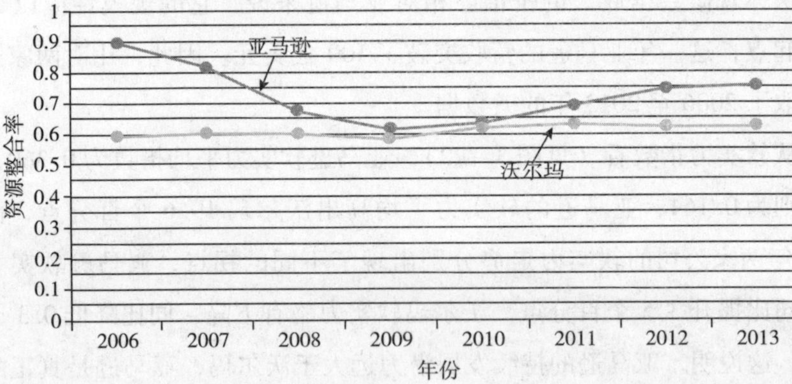

图3-23　2006~2013年亚马逊、沃尔玛资源整合率

资料来源：邓正红软实力研究应用中心。

上面分析的软实力和资源整合，亚马逊占据很大优势，但亚马逊在商业模式运转和收入资产率处于劣势（见图3－24、3－25）。亚马逊商业模式平均运转频次2.03，平均收入资产率0.50，沃尔玛商业模式平均运转频次为2.34，比亚马逊快0.31次，平均收入资产率为0.43，1美元的营收投入的资产比亚马逊少0.07美元。从数据对比可知，亚马逊的运营效率慢于沃尔玛，资产活性也比沃尔玛略低。当然，运营上的微弱劣势是动态性的，因为亚马逊正加大第二轮物流基础设施建设，随着新物流设施的投用和磨合，运营效率提升指日可待。

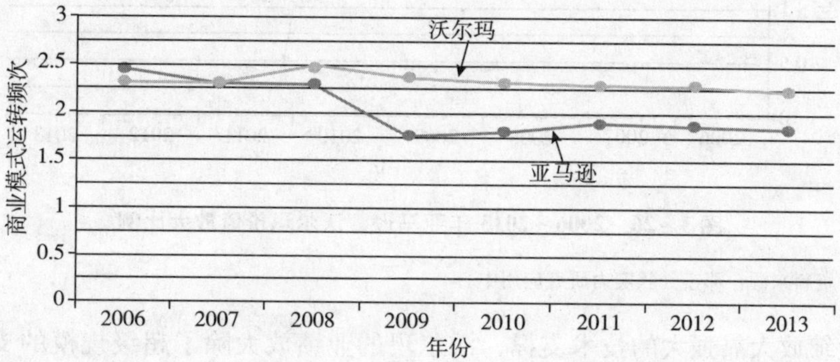

图3－24　2006～2013年亚马逊、沃尔玛商业模式运转频次

资料来源：邓正红软实力研究应用中心。

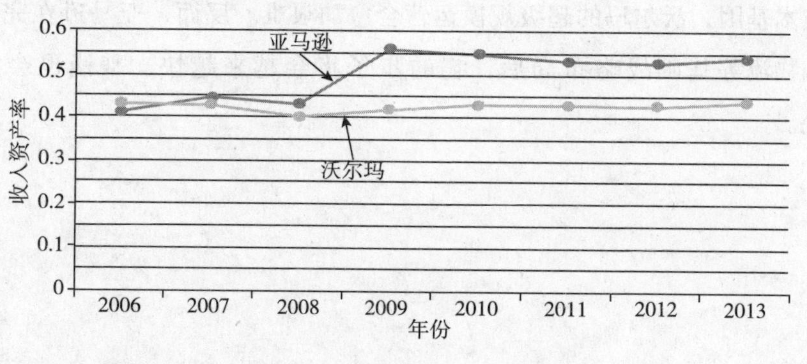

图3－25　2006～2013年亚马逊、沃尔玛收入资产率

资料来源：邓正红软实力研究应用中心。

从价值放大比例看（见图 3－26），沃尔玛的价值放大平均比例为 0.460，亚马逊则为 1.954，是沃尔玛的 4 倍多。这说明，沃尔玛的价值潜力非常有限，能够充分放大的“微物质”不多。相比亚马逊来说，在沃尔玛天文数字般的营收大数据中，所含的“微物质”价值成分极低。亚马逊

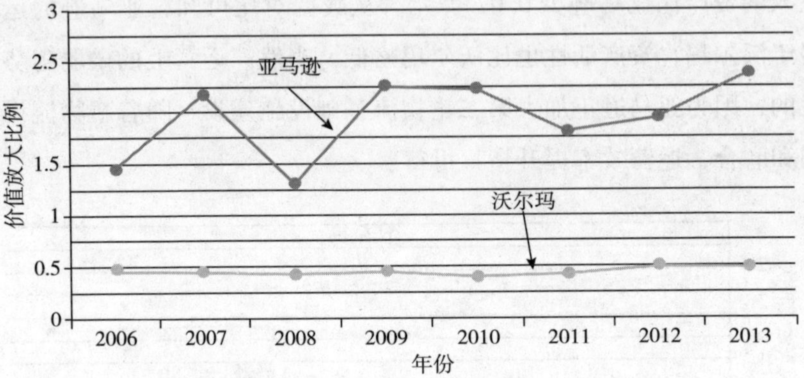

图 3－26　2006～2013 年亚马逊、沃尔玛价值放大比例

资料来源：邓正红软实力研究应用中心。

的业绩放大靠强大的技术支撑，沃尔玛的业绩放大除了超级规模的支撑，唯一的软实力因素就是加速商业模式运转。因此，沃尔玛的业绩主要来自硬实力的支持，随着零售业态的转变，竞争将愈加激烈，如果不下大力注入技术基因，沃尔玛的超级规模运营会愈加艰难。反而，亚马逊在完成技术和物流等基础战略布局后，它的步子将会越来越快，赚钱也会愈加轻松。

第十节 › 半路杀出来的难缠对手

亚马逊围绕客户体验，一路杀将出来，从低端零售到中端产品（Kindle）到高端技术（云计算），各路对手层出不穷，纷纷粉墨登场。其实，“对手”一词对亚马逊来说，颇具戏剧性。在亚马逊的发展中似乎存在一条很怪的规律：不管做哪一领域的业务，刚开始的时候总遇到强大的竞争对手，对方对其所为并不在意，也不感到会有威胁，使得亚马逊的业务在不知不觉中做大，等对手醒悟过来，发现自己的市场份额、客户已被亚马逊抢走时，亚马逊这头“怪兽”已经变成威胁自身的强大竞争对手。做图书销售，巴诺早于亚马逊 24 年，但最终不敌亚马逊；做商品零售，沃尔玛早于亚马逊 35 年，但在亚马逊在线零售的凌厉攻势下不得不发展网售业务；做硬件产品，苹果早于亚马逊 31 年，但是，2011 年亚马逊平板电脑的推出，逼得苹果的战略制定者最终不得不认真对待这个对手。亚马逊就是这样的反对手而成对手的角色，让对手们总觉得它就是一家半路杀出来的难缠对手。亚马逊的怪就在于它原本不是对手的对手，最终却变成了一家又一家对手的对手。

亚马逊对苹果形成潜在竞争威胁始于 2007 年 11 月推出第一代电子阅读器 Kindle，当时并没引起苹果的关注。2007 年苹果推出手机 iPhone，开始发迹。iPhone 是一款结合了数码音乐播放器和手机功能的科技产品，也是一个上网工具和流动电脑。Kindle 与 iPhone 看上去很接近，但完全是两个不同市场领域的产品。Kindle 开创了图书消费领域的革命，iPhone 开创了娱乐及媒体数字内容的消费革命。相比之下，Kindle 只涉及了 iPhone 的部分功能，且在不同的战线运作，加之 iPhone 正处于风靡热销的上升阶段，所以苹果根本不在意 Kindle 的问世，苹果很多内部人士称那只是亚马逊的“宠物项目”。但到苹果 2010 年将 iPad 推出市场时，他们才意识到在内容分销方面 iPad 与 Kindle 直接竞争。

值得注意的是，2007 年亚马逊、苹果都推出了革命性的产品，两家公司的软实力指数同比均有大幅提升（见图 3－27），亚马逊软实力指数 0.408，同比提升 6.9 个百分点，苹果软实力指数 0.479，同比提升 9.2 个百分点，此时，苹果软实力高出亚马逊 7.1 个百分点。无论从产品的交集还是从彼此的软实力悬殊，苹果都没有把亚马逊视为竞争对手，然而亚马逊对苹果的潜在竞争威胁却已存在。

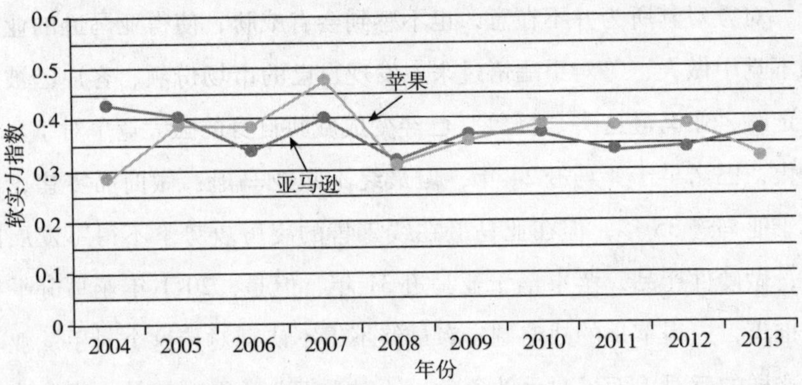

图 3－27　2004～2013 年亚马逊、苹果软实力走势

资料来源：邓正红软实力研究应用中心。

2008 至 2010 年是亚马逊、苹果软实力较量比较胶着的 3 年。2008 年两家公司软实力均出现大幅下降，且苹果软实力减幅大于亚马逊。苹果软实力指数 0.311，同比下降 16.8 个百分点，亚马逊软实力指数 0.319，同比下降 8.9 个百分点。从数据对比看，苹果软实力减幅是亚马逊的两倍，亚马逊的软实力略领先苹果 0.8 个百分点。这说明两家公司都在大幅消耗软实力，最大限度地释放革命性产品的价值，并转化为业绩增长。2008 年，亚马逊营收 191.66 亿美元，利润 6.45 亿美元，同比增幅分别为 29%、36%；苹果营收 324.79 亿美元，48.34 亿美元，同比增幅分别为

35%、38%。很明显，无论营收还是利润，苹果的增幅均高出亚马逊，苹果的价值转化力度大于亚马逊。

2009 年两家公司软实力又回升。苹果软实力指数 0.358，同比上升 4.7 个百分点，亚马逊软实力指数 0.373，同比上升 5.4 个百分点，亚马逊软实力领先苹果 1.5 个百分点。2010 年两家公司软实力继续上升，苹果软实力指数 0.390，同比上升 3.2 个百分点，亚马逊软实力指数 0.374，同比上升 0.1 个百分点，苹果软实力领先亚马逊 1.6 个百分点。2010 年苹果软实力增幅是亚马逊软实力增幅的 32 倍，为何有如此悬殊？因为 2010 年 4 月 3 日苹果又推出了革命性的科技产品——平板电脑 iPad 系列（Wi－Fi，Wi－Fi＋3G），使公司软实力得到进一步增强。

2010 年，苹果营收突破 600 亿美元大关，利润突破 100 亿美元大关，分别为 652.25 亿美元和 140.13 亿美元，同比分别增长 286.88 亿美元和 83.09 亿美元；亚马逊营收则突破 300 亿美元大关，利润突破 10 亿美元大关，分别为 342.04 亿美元和 11.52 亿美元，同比分别增长 96.95 亿美元和 2.5 亿美元。

从 2008 至 2010 年的软实力变化看，两家公司的软实力指数咬得很紧，说明彼此的技术实力旗鼓相当，势均力敌。唯一不同的是软实力消耗方式，亚马逊的软实力消耗着重在价值铺路，构建 Kindle 生态系统；苹果的软实力消耗集中在放大业绩，实现产品利润最大化。但是，苹果仍没有感觉到来自亚马逊 Kindle 做大的竞争威胁。

读者注意，2007 年苹果、亚马逊都推出了革命性的科技产品，在后续的 3 年，两家公司相继推出新的系列产品，比如亚马逊就推出了第二代、第三代 Kindle，苹果则推出了 iPhone 3G、iPhone 3GS，同时还推出了 iPad 系列。苹果的营销策略是将产品的价值张力最大化释放，从而获得丰厚的利润，亚马逊则采取赔本销售的策略，大力推广普及 Kindle。殊不知，这两种迥异的营销举措，为下一步亚马逊成为苹果的实际竞争对手埋下了伏笔。

2010 年亚马逊与苹果的竞争虽然还没有完全显现化，但亚马逊和苹果的软实力较量已到了一个接骨点，苹果继 iPhone 又推出 iPad，亚马逊似乎延续 Kindle 革命性的步伐有所放缓，如果不加快革命性的产品推出，亚马逊的软实力将落下苹果一大截。这也预示着 2011 年亚马逊与苹果的较量将由暗争转向明斗。

2011 年，苹果软实力指数 0.386，同比下降 0.4 个百分点，亚马逊软实力指数 0.339，同比下降 3.5 个百分点，苹果软实力领先 4.7 个百分点。2011 年 3 月 2 日苹果推出 iPad2 系列产品，10 月 5 日推出 iPhone 4S、iOS 5、iCloud 等产品。苹果是软实力超速消耗大王，按理上年发布的 iPad1 在 2011 年加速释放价值张力，会造成苹果软实力大幅下降，但事实并非如此，苹果软实力仅略微下降，主要是苹果新产品推出的频次加快，火力更加集中，这样就快速弥补了所消耗的软实力。同样，亚马逊进入 2011 年加快了新产品推出的步伐，1 月推出 Kindle 直接出版和 Kindle 云阅读器，9 月推出第四代 Kindle ——触屏电子阅读器和亚马逊首款平板电脑 Kindle Fire。按理亚马逊的软实力指数会出现较大的增幅，实际却刚好相反，这说明亚马逊的新产品当年就完全释放价值张力，所消耗的软实力大大超出新投入的软实力。

软实力消耗加大加快，所带来的直接结果必然是营业额快速增长。2011 年苹果营收达 1082.49 亿美元，同比增长 430.24 亿美元，增幅达 66%，亚马逊营收达 480.77 亿美元，同比增长 138.73 亿美元，增幅达 41%。两家公司的营业增幅都是十分可观的，苹果的 iPad 占据先机，产品价值张力释放在高频次的新产品推出中全力开火，亚马逊也不甘示弱，Kindle 设备销量每周超过 100 万台。营业额高速增长，表明彼此的竞争进入白热化阶段。苹果从 iPhone 发展至 iPad，亚马逊从 Kindle 发展至 Kindle Fire，殊途同归，二者经过产品的不同演变终于进入竞争的交汇点——平板电脑。至此，苹果终于幡然醒悟，亚马逊做的不仅仅是电子阅读器。

亚马逊对苹果最大的威胁就是抢占苹果的平板地盘。苹果出售电影、音乐和图书，其根本目的是为了销售硬件；而亚马逊销售设备，则是希望借助硬件来提振图书、电影和音乐的销量。很显然，苹果销售平板是为了赚钱，亚马逊销售平板则是构建生态系统。亚马逊 Kindle Fire 的定价策略直接冲击着苹果的 iPad 市场，苹果从未遭遇过一家战略相差如此之大的竞争对手。

相比苹果的 iPad，亚马逊 Kindle Fire 展现了两大优势。

一是价格优势。亚马逊的电子阅读器 Kindle 在推出不足 4 年的时间里，售价从 399 美元降至 114 美元。亚马逊将这种“赔本销售”的理念复制到平板电脑领域，使平板电脑 Kindle Fire 保持低价，售价约为苹果入门版 iPad 的一半。亚马逊的大举进犯迫使苹果降价反击，以保证 iPad 的市场地位。

二是内容和服务优势。亚马逊的内容和服务一向令用户倾心，平板电脑用户最常运行的任务是电子邮件，其次是上网，再次则是玩游戏和看视频。亚马逊可以为所有平板电脑用户提供他们所需的内容。Kindle Fire 的推出将导致苹果失去那些单纯希望获取娱乐内容、对专业用途不感兴趣的用户。

在控制用户数字内容消费方面，亚马逊、苹果展开激烈竞争。双方均推出通过云计算技术帮助用户存储音乐、视频和电子书的服务，争夺消费类互联网领域数据的控制权。通过这类服务，消费者可以使用不同的便携式设备获取他们拥有的数字娱乐内容。消费者可以在苹果 iTunes 商店中购买音乐，并存储在亚马逊的在线音乐服务中。不过用户使用的设备决定了他们将把数字内容存储在何处，因此消费者购买什么样的设备非常重要。这就是亚马逊推出 199 美元平板电脑 Kindle Fire 的主要原因。业界认为，在 199 美元的价格水平上，Kindle Fire 自身无法盈利，Kindle Fire 的估计成本为209.63美元。iPad2要499美元，Kindle Fire只有iPad2的约40%。Kindle Fire的低价，加上最低79美元的第四代Kindle，组成了强大的市场攻势，在中低端市场对苹果形成了真正的挑战。

价格屠城是亚马逊挑战苹果的第一步棋，塑造差异化优势则是亚马逊亮出的杀手锏。亚马逊的内容是迄今最强大的，更是云计算第一大厂商，弹性云计算、简单存储服务和新版的浏览器Silk极大地强化了亚马逊独特的用户体验。这让亚马逊拥有了强大的不对称竞争优势，以价格之落差弥合产品体验差距，以内容之差异获得竞争优势。

亚马逊在探索一个新的业务模式削弱苹果优势。赚钱并不多、但是对生态系统构建很重要的App Store的搭建，让苹果具备很高的黏度，塑造了竞争力很强的产业模式。而亚马逊根本不考虑靠硬件盈利的问题，纯粹靠电子商务等业务来贴补硬件亏损——或者说，把硬件本身边缘化，只是一个互联网入口。这种情况下，亚马逊的商店，除了借助安卓的应用之外，其书籍、电影、音乐、商品几乎都比苹果强大。内容为王，靠产业链作战，让亚马逊在产业链掌控上更加游刃有余。

平板电脑作为通向客户大数据的生态工具，其战略的重要性不容低估。对零售商来说，在数字内容和更方便的零售环境之间建立脐带式的联系，对构建生态系统至关紧要。零售商将获得消费者忠诚度的关键数据，包括消费者喜爱购买什么内容，以及他们的信用卡信息等。

通过云计算技术掌控客户的关键数据，无疑是平板电脑竞争背后的真实图谋。苹果推出的音乐流和在线数据存储服务iCloud，旨在推动用户通过iTunes商店获取媒体内容，并购买多种苹果设备来消费这些内容。该服务通过免费的软件升级帮助用户自动同步通过iTunes购买的音乐，以及照片、文档和其他数字内容。例如，当用户使用iPhone或iPod Touch在iTunes中购买了一首音乐，那么随后可在Mac电脑中下载并播放。这一服务是“存储你的内容，并通过无线的方式将内容推送至你的所有设备”。

苹果的 iTunes Match 服务，则帮助用户存储非 iTunes 音乐。该服务每年收费 24.99 美元。

亚马逊的 Kindle Fire 则鼓励用户通过亚马逊服务购买内容，以扩大亚马逊云存储服务的用户基础。Kindle Fire 用户能够免费存储通过亚马逊网站购买的电子书、音乐和其他内容。Kindle Fire 用户还可以在亚马逊云存储系统中存储非亚马逊的内容，但免费存储空间仅 5GB，可以存储约 1000 首音乐、2000 张照片，以及最多 20 分钟的高清视频。收费服务方面，20GB 存储容量每年收费 20 美元，而 1000GB 存储容量每年收费 1000 美元。针对苹果的 Mac 应用商店，亚马逊推出了一个 Mac 机专用应用程序下载商店，直接与其竞争。与苹果 Mac 应用商店不同，亚马逊的应用下载商店包括微软的“Office for Mac”产品线。贝佐斯声称，Kindle Fire 提供的服务把互联网、电影、音乐、电子书和游戏打包，形成一个用户喜爱的产品。

苹果和亚马逊展开的对用户数字媒体消费控制权的争夺，各有自己的优势。按销售额计算，亚马逊是互联网排名第一的零售商，建立了大规模的数据中心，以处理在线市场产生的数据。亚马逊网络服务使 Kindle Fire 获得领先的云计算技术支持，Kindle 阅读器积累的经验促进了亚马逊其他数字媒体设备的销售。

苹果则借硬件产品的畅销推动苹果数字内容的销售。截至 2011 年 9 月 30 日，苹果已售出超过 2.5 亿台采用 iOS 系统的设备，而 iTunes 已成为全球最大的音乐零售商。苹果也在北卡罗来纳州建立了自己的数据中心。苹果的云计算音乐服务并不要求用户上传歌曲，至少是来自 iTunes 的歌曲。相对于亚马逊和谷歌的服务，这是一个明显优势。将软件和硬件整合成一体是苹果和亚马逊的共同优势，这是其他互联网公司所没有的，这类产品和服务将改变人们购买、传播及收集信息的方式。

亚马逊首推平板，就以低价、内容和服务优势直逼苹果。2011 年第四季度当中，苹果的全球平板市场份额从第三季度的64%下滑到了57%，而亚马逊则从零起步，一举攫取了14%的市场份额。

2012年亚马逊、苹果的软实力指数都有微幅提升。亚马逊软实力指数0.345，同比提升0.6个百分点，苹果软实力指数0.390，同比提升0.4个百分点，亚马逊软实力比苹果少4.5个百分点。2012年亚马逊推出第五代电子阅读器Kindle Paperwhite和第二代平板电脑Kindle Fire HD，苹果则推出第三代iPad（The new iPad）、第四代平板电脑iPad4、iPad mini、新一代移动操作系统iOS6和全新MacBook Pro笔记本电脑、新一代iPhone5、iPod touch5等新产品，以及自主研发的3D地图应用。按理说，双方的软实力指数至少有几个点以上的较大幅度提升，但为何都是不足一个点的微升？原因就在竞争。2012年苹果与亚马逊的战争开始升温，双方投入新项目所形成的软实力基本上都被对手削平，说明彼此软实力消耗进入白热化的竞争阶段，新项目余存的价值张力甚微。

亚马逊推出新款平板，加大了对苹果的进攻。苹果iPad新款系列虽然推出不少，但iPad2剩余的价值张力有限，应对亚马逊Kindle Fire迭代并行的产品攻势就显得措手不及，为此，苹果采取降价的方式回击亚马逊的竞争。苹果将老版本iPad2的售价调降了100美元，让亚马逊在争夺每一个消费者的时候都遇到了不小的挑战。

2011年9月，亚马逊以Kindle Fire吹响了进军平板市场的号角，这一7英寸彩色屏幕的平板产品是为阅读书籍、观看视频及上网冲浪而设计的，售价199美元。一个季度当中，亚马逊就售出约550万部新产品。iPad2的降价意味着消费者多了一个选择，原本很多人只能考虑199美元、屏幕较小、功能也较少的Kindle Fire，但如今可以选择起步价格399美元的iPad2了。苹果的举动略略缩小了两者之间的价格差距，自然给亚马逊带来了压力，迫使亚马逊改进Kindle Fire，甚至是开发更大屏幕的产品。

2012年9月，在亚马逊新款Paperwhite Kinde和Kindle Fire HD的发

布会上，主席台背景屏幕上的文字为“最好的硬件、最好的价格、最好的内容生态系统、最好的互通性、最好的客户服务”，这些文字昭示着亚马逊的发展进入了一个新阶段，表明了它在新用户市场上的突出反应，以及它是如何在众多竞争者中自我定位的。贝佐斯说：“我们想在人们使用我们设备的过程中获利，而不是仅靠设备的价格赚钱。”Kindle Fire 不是一个小配件，它是一家商店，是人类历史上最棒的商店。贝佐斯在谈论 Kindle Fire 的时候仿佛将它当成了亚马逊本身：整个零售链和科技经验都在这一个设备中得到彰显。他像是在说，亚马逊的未来不在网络，而是像 Kindle 这样的内容接入口，以及其他相似的产品。

当今时代的计算处理正日益由便携式硬件所推动，硬件又依赖云服务和内容订阅的支持，数字媒体间的有趣竞争正在替代靠文本生产力驱动的软件套件的升级，内容订阅以及自营商店变得与纯粹的硬件竞赛同样合理。像这些变化，没有哪一家公司能够像亚马逊一样做得如此彻底。当苹果、微软、谷歌和脸谱都在制定各不相同的、从个人电脑到后个人电脑时代，以及从台式机到移动机时代的发展路线之时，亚马逊则在大多数时候都能够绕开这些问题。它从所有竞争者手中取其所需，并不断前进——无论是借用苹果的 iTunes 灵感，还是谷歌的安卓系统。

2012 年亚马逊、苹果投入的软实力基本都被竞争消耗，因为双方已经在平板电脑、数字音乐和视频等多个领域展开正面交锋，相互竞争。亚马逊收购了两家小型软件公司 Yap 和 UpNext，以增强在移动地图和语音识别的竞争力，苹果也想在这两个领域为 iPhone 用户提供独特的功能。为了挑战苹果 iTunes，亚马逊还提供一项服务让用户将音乐存储在服务端，通过各类设备进行访问。苹果高管认为亚马逊采用的类似于 iTunes 的严格控制战略，使得其应用商店比其他包括谷歌 Play 在内的应用商店更有竞争力。

苹果在试图蚕食亚马逊的电子书业务，利用新的技术打造名为 iBooks

Author 的互动式电子书。亚马逊也在测试自有品牌智能手机，与苹果 iPhone 展开正面交锋。不过，在一些领域两家公司都尚未动摇对方的统治地位。苹果在平板电脑市场的占有率超过60%，亚马逊在电子书市场也拥有60%左右的市场份额。然而，为了能够控制最大的用户网络，向用户不断提供各类服务，苹果和亚马逊越来越多地侵入对方的领土。尽管谷歌、脸谱等公司也有着同样的野心，但苹果和亚马逊都掌握着一个相同的重要武器：无可比拟的用户数据，尤其是用户的信用卡数据。鉴于信用卡与用户钱包直接相连，苹果和亚马逊能够更轻易地销售软件、数字内容和服务，这与谷歌和脸谱的在线广告模式不同。通过来自设备的数据和软件应用，苹果和亚马逊都创造出庞大的消费者群体，它们能够向消费者提供各类数字内容，并从中获得销售分成。

2012 年 12 月 14 日，亚马逊宣布旗下的流媒体服务所支持的平台得到进一步扩张，其中包括针对 iPhone 和 iPod Touch 的 Instant Video 服务，以及支持三星 Smart TV 和 Roku 机顶盒的 Cloud Player 应用等等。很明显，亚马逊试图通过这些举措来把自己的流媒体内容推广到尽可能多的平台上，从而提升自己媒体生态系统的实力，继续与苹果和谷歌等巨头进行竞争。

与此同时，苹果在全球范围内大张旗鼓地扩张自己的“媒体帝国”。截至到 2012 年 12 月初，苹果在 56 个国家新开了 iTunes 商店，并针对大部分市场推出了新的电影租赁及购买服务，苹果也在试图将其媒体内容接触到更多的用户，同时致力于为每个家庭提供完美的硬件设备。

究竟哪种扩张策略会获得最终的胜利呢？如果就各自服务的用户访问量来说，苹果自然遥遥领先，不过不能因此就否认了亚马逊的策略，因为后者为用户在内容的获取方面提供了更多的选择，可以让用户通过已有的或想要购买的设备享受到亚马逊所提供的内容或服务。只要亚马逊能够以用户需求为中心，保证这些内容和服务的质量，那么假以时日也一样能够获得丰厚的回报。

2013 年是亚马逊与苹果较量的关键年份，亚马逊软实力超过苹果 5.6 个百分点。亚马逊软实力指数 0.380，同比提升 3.5 个百分点，苹果软实力指数 0.324，同比下降 6.6 个百分点。软实力变化如此大的反差，看来亚马逊进攻的火力越来越猛，苹果似乎招架不住了。

亚马逊的火力猛，主要是在连续两年内推出了 3 款平板，2013 年 9 月推出第三代平板电脑 Kindle Fire HDX，紧接着推出 Kinesis 流数据服务，可谓是从设备到内容及服务全面出击。亚马逊让顾客分四期付款购买 229 美元的 7 英寸版 Kindle Fire HDX 或者 379 美元的 8.9 英寸版。顾客购买时需支付 25% 的首付，之后分 3 期支付余款，每期相隔 3 个月。Kindle Fire HDX 增加了连接用户与在线支持人员的 Mayday 按钮等功能，支持下载亚马逊流媒体视频服务 Prime Instant Video 提供的部分电影和电视节目。

用户只需点击一下 Mayday 按钮，就会有一位亚马逊技术专家出现在用户的 Fire HDX 之上，协助用户解决功能问题。方法或是在屏幕上进行演示，或是手把手教怎么做，或是替用户完成，喜欢哪种方式就采用哪种。Mayday 服务全年全天候待命，目标响应时间是 15 秒或者更少。在最繁忙的圣诞节，响应时间平均只有 9 秒，明显超越目标。

流数据处理作为互联网服务的基础，已超越传统批处理服务的负载性能。对于企业而言，以往的数据服务需要在一定时间范围内去收集数据，并完成数据的处理，然后才能将数据结果反映出来。而 Kinesis 的优势就在于，它能够以每小时上千个数据源的数据流为单位量级，实时地收集和处理这些数据。换句话说，第三方再也不用忍受为了新的数据结构而等上几十分钟甚至一个小时。

在 Kinesis 之前，Storm 是这类产品中最流行的工具，在数据被发送到其他地方存储之前，它会像 Hadoop（一种分布式系统基础架构）那样先分析有关的历史数据。推特在 2011 年收购 Backtype 时把 Storm 的创始人

Nathan Marz 也雇佣过来了。很快，Storm 就帮助推特拥有了即时刷新最新的时间线数据的能力，同时能够跟踪突发的流行趋势。

亚马逊的 Kinesis 实时处理数据的功能比 Storm 更强大，维持数据处理的时间可以长达 24 小时，通过软件开发工具和嵌入 SDK，每小时自动弹性伸缩处理上百万兆的数据。Kinesis 能够在更短的周期内，提供更聪明的服务。亚马逊是唯一一家提供流数据处理服务的云服务供应商。

2013 年 10 月 22 日，苹果推出配备 Retina 屏幕的 iPad mini（iPad mini with Retina Display），23 日又推出第五代 iPad（iPad Air）。从整体来看，苹果平板电脑 iPad 系列的竞争力要强于亚马逊 Kindle Fire 系列，但亚马逊对苹果平板市场的攻击仍然不容忽视。业内人士发现苹果平板电脑市场份额在不断萎缩，认为 iPad 注定会失败。尽管平板电脑市场增长很快，但 iPad 面临众多对手的竞争，而且销售在放缓。在平板电脑市场，就目前的竞争对手而言，苹果的专业和市场地位是无可撼动的，亚马逊的 Fire 系列虽有攻击性，但终究是做搭头生意的。从平板换代来看，亚马逊还在第三代，苹果到了第五代。2013 年，平板电脑的价格并没有像 2012 年那样大幅下调。总的来说，平板电脑生产商更乐意推出新产品，而不再像过去那样试图通过价格战去削弱对方。相反，苹果、亚马逊等平板电脑厂商继续投资于各自的生态系统。

2013 年苹果软实力指数下降，是它的软实力消耗加大、加快所致，由此也证明，平板电脑市场的竞争越来越激烈，苹果要继续保持市场的主导地位，唯有持续加速创新。iPad Air 和视网膜版 iPad Mini 表明，苹果的唯一竞争对手就是它自己，亚马逊 Kindle Fire 以及其他低端 Android 平板电脑对它均难以构成威胁。

第十一节 › 云端高手之间的互联网战争

亚马逊与苹果竞争平板电脑，就好比在自家的菜园子种地，不小心撞进了苹果的自留地，弄得苹果很紧张。所以，对于苹果来说，亚马逊是半路杀出来的竞争对手。从产品研发深浅来看，苹果无疑是资深者，亚马逊则是后起之秀；从营收规模和盈利能力看，亚马逊不在苹果这一等级。因此，在作者看来，尽管 Kindle Fire 在平板电脑市场搅起一池春水，但亚马逊与苹果的争斗不过是歪打误撞而已。

真正能与亚马逊棋逢对手、一对一势均较量的只有谷歌。谷歌成立比亚马逊晚 4 年，上市比亚马逊晚 7 年，但谷歌的综合运营能力绝对不在亚马逊之下。两家公司都是靠互联网起家，谷歌以搜索引擎领先，亚马逊以网络零售领先。很有意思的是，从 2004 年谷歌上市开始，到 2013 年，两家公司所走过的软实力轨迹非常近似（见图 3－28）。

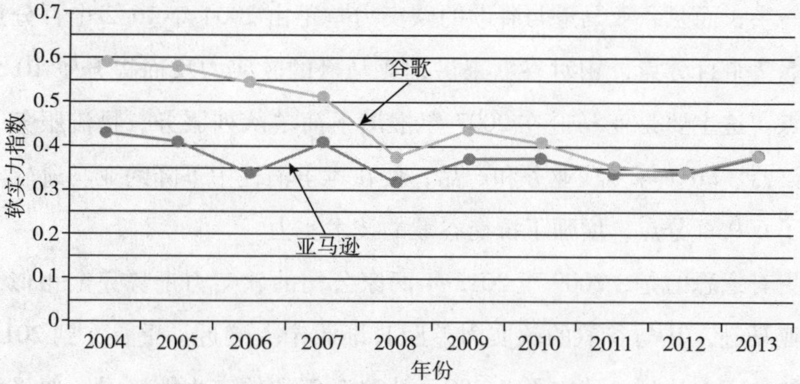

图 3－28 2004～2013 年亚马逊、谷歌软实力走势

资料来源：邓正红软实力研究应用中心。

2004 年，谷歌软实力指数 0.591，高出亚马逊 16.2 个百分点，表明当时谷歌技术实力达到较高的程度，而亚马逊的技术实力处于成长壮大阶段，在技术创新、技术覆盖面、价值潜力和互联网影响等方面不及谷歌。之后，谷歌软实力连续4年下降，到2008年降至0.376，4年时间软实力下降了21.5个百分点，表明互联网竞争进入短兵相接的殊死之战，致使软实力加速消耗。在软实力消耗向业绩转化方面苹果是位居第一的高手，谷歌的能力和地位仅次于苹果。历经4年对积累软实力的消耗，谷歌营收飞速增长，由2004年的31.89亿美元跃增至2008年的217.96亿美元，增长率达583%。当然，最好的时候也是最坏的时候，狄更斯的这句名言永远不会过时。2008年在谷歌软实力最为低落、营收猛增之际，谷歌的市值自上市以来首次出现负增长，市值1066.7亿美元，同比减少701.1亿美元，减幅达40%。这说明在激烈的互联网竞争和高幅度的业绩转化中，谷歌积累的软实力已被大幅消耗，如不及时“补仓”，在后续的竞争中将面临困境。

从2005至2008年，亚马逊的软实力走势与谷歌大体相似。2008年亚马逊软实力降至最低点0.319，较2004年下降11个百分点，只有谷歌降幅的一半；而且，亚马逊与谷歌的软实力差距由2004年16.2个百分点收窄至5.7个百分点，相对谷歌来讲，亚马逊的软实力反而提升了10.5个百分点。这主要是亚马逊在2007年推出了简单队列服务、物流服务、电子阅读器、MP3等多项业务和产品，使在竞争消耗中下降的亚马逊软实力提升了6.9百分点，增强了抗衡谷歌的技术实力。

更有意思的是，2009至2013年两家公司的软实力走势完全相似，尤其是亚马逊，其与谷歌的软实力差距日渐收窄、接近、重叠，到2013年两家的软实力达到一致水平0.380。从这5年的软实力轨迹看，似乎两家公司都在向着同一个终点迈进，2013年的指数就是两家公司的汇合点。从2011年起，两家公司的软实力开始纠缠厮打，互不相让（见表3-4），最终打成平手。这说明两家公司的互联网争斗已进入白热化状态。

表 3-4　2011~2013 年亚马逊、谷歌软实力较量

年份	亚马逊软实力指数	谷歌软实力指数
2011	0.339	0.354
2012	0.345	0.343
2013	0.380	0.380

资料来源：邓正红软实力研究应用中心。

与亚马逊相比，为何谷歌的软实力日益下降？有个两方面因素：一是谷歌在与亚马逊的竞争中软实力消耗大；二是亚马逊在与谷歌的竞争中软实力日益强大。也就是说，随着亚马逊技术实力的做大做强，谷歌的核心业务在不断受到来自亚马逊的威胁和挑战。

亚马逊挑战谷歌的核心业务集中在网络搜索广告。2012 年亚马逊开发出自己的实时广告竞价平台。该平台可以根据用户在亚马逊网站上的浏览和购买习惯对用户进行再定位。如果用户在亚马逊上浏览了《星球大战》（Star Wars），但没有购买，那么亚马逊就会在用户浏览器上放置一个跟踪 cookie，当用户访问亚马逊下属网站以及亚马逊的合作伙伴网站时，用户就可能看到一则《星球大战》的广告。这与脸谱的 FBX 再定位广告平台的功能相似。对于亚马逊来说，它的最大优势是可以利用手中庞大的购物数据，依据用户的购物历史来向他们发布特定的广告。相比之下，脸谱和谷歌（通过 DoubleClick 再定位）都无法做到这一点。

不过，脸谱和谷歌各有自己独特的优势。脸谱拥有最完善的个人信息数据库，10 亿用户及这些用户的兴趣和朋友，对广告主来说，都是极为有用的数据。谷歌则在掌握用户“购买倾向”这块领域独具优势。当用户在线搜索《星球大战》时，很明显这是一个想要购买《星球大战》电影的前兆。其实，谷歌几年来一直都是根据这样的搜索请求来提供广告的。但其对购物者及其购物历史，掌握的往往没有亚马逊或脸谱精确。

亚马逊成为谷歌在线广告的直接竞争对手始于 2011 年。亚马逊充分

利用旗下网站每月超过1亿次的访问量，销售其他公司的广告，这些公司为了吸引如此庞大的潜在用户群，甘愿向亚马逊付费。尽管亚马逊因此可能会流失一部分用户，却为公司创造了一个利润丰厚的新营收渠道。显示广告提供商的利润率高达20%至25%，而亚马逊传统业务的利润率往往在5%至6%之间。因此，亚马逊对扩张广告业务兴趣浓厚。2012年10月，亚马逊发布了全新的广告形式——亚马逊媒体集团（Amazon Media Group），这是亚马逊广告发展史上的一件大事，标志着亚马逊正式开始考虑拓展这一业务。

亚马逊根据大数据分析，向用户智能推送在线广告。许多购物者开始在亚马逊网站搜索产品，而非谷歌旗下的搜索引擎。这种在线流量与亚马逊在用户购买方面的庞大数据相结合，可以帮助亚马逊打造更具针对性的广告产品。因为在购物过程中亚马逊可以更早地接触用户，这已对谷歌构成重要威胁，因此，谷歌面临的压力会越来越大。亚马逊在其官方网站上称："我们利用亚马逊世界级个性化技术、无以伦比的用户数据和互动视频内容，正在构建新一代广告产品。"

通过产品广告这个平台，亚马逊可以涉足一些新的产品类别，同时又不需要自己销售产品。例如，亚马逊不销售葡萄酒，但该公司与Wine. com建立了新的合作关系，后者在亚马逊产品广告平台投放了广告。当用户在亚马逊网站搜索葡萄酒产品时，通过搜索结果页面下面的相关广告产品，他们会被导向Wine. com网站。借助于这种渠道，亚马逊既可以参与葡萄酒销售，又不必同监管部门打交道，还不会遇到跨地区运送葡萄酒的复杂问题。

目前亚马逊提供的广告产品分为6大类型，包括亚马逊及附属网站上的广告业务、移动广告业务、Kindle上的广告业务、站外广告业务、产品广告和本地广告。

亚马逊积极进军广告市场的举动表明，该公司在涉及网络购物每个领域与谷歌的竞争正日趋激烈。传统上讲，当用户在线搜索打算购买的商品，谷歌此时占据着绝对的优势，而亚马逊则更专注于后台——即销售产品和处理订单。然而，谷歌也在筹划送货服务，试图与亚马逊金牌会员服务形成竞争关系。随着两家公司重叠的业务越来越多，谷歌和亚马逊之间的竞争正全面升级。

谷歌、亚马逊虽为互联网公司，却原本是相安无事的两个领域，一个做一站式搜索，一个做一站式购物，各有各的生态，然而领地相关性的延伸，使得彼此交织在一起，双方的冲突在所难免。

2002 年谷歌就开始扫描产品目录，贝佐斯意识到谷歌的用意绝非在此，其真实意图是扫描所有图书，然后出售电子书。随后亚马逊开始电子书扫描，并提供可以搜索的数字摘要。几年后推出了 Kindle 电子阅读器。

亚马逊侵袭谷歌的网络广告业务，尽管羽翼未丰，但它开发的 DSP 技术，可以挖掘该公司庞大的用户及购买历史数据，帮助营销人员在亚马逊及相关网站上针对特定人群发布精准广告，使市场格局由用户买了什么转变为用户准备买什么。据美国互联网流量监测机构 comScore 测算，亚马逊网站 2012 年第三季度的显示广告展示量为 67 亿次，达到 2011 年同期的 3 倍多。市场研究公司 Forrester 的报告显示，30% 的美国网购人群第三季度将亚马逊网站作为他们研究购物计划的起点，而谷歌等搜索引擎的份额仅为 13%。与两年前相比，这一格局发生了逆转。为此，谷歌将产品搜索服务升级为网购，零售商和其他网络卖家需要支付一定的费用才能展示结果。

谷歌的安卓操作系统日渐兴旺，却未能为移动搜索广告业务以及游戏、应用、音乐和视频等数字产品销售业务创造太多收入。亚马逊从半路杀出来，2011 年为 Kindle Fire 平板电脑开发了改版的安卓操作系统，用自家的服务取代了谷歌的数字音乐和应用销售平台。无疑，亚马逊此举是想在自己的设备上构建自己的生态系统。

比照亚马逊的物流服务，谷歌也意图建立自己的投递业务。比如谷歌推出新的认证服务，突出显示那些送货速度快、可靠性高的商家，甚至还提供最高1000美元的“购物保护费”。谷歌收购BufferBox，旨在提供一个帮助消费者收取包裹的寄存柜网络。倘若谷歌能够拥有搜索和投递业务，便可以提供与亚马逊相同的体验，且不会产生库存，从而实现“利润更大、效率更高的模式”。

至于云计算业务，亚马逊早在2006年就启动了，通过远程服务器提供数据存储、计算资源和其他技术服务。谷歌2012年才刚刚涉足这一领域，但来势凶猛，不可小觑。

美国消费者习惯在有购物需求时将谷歌搜索引擎作为购物的起点，通过搜索引擎进行商品的调研。谷歌就是抓住这部分流量通过投放广告影响消费者的购买决策而从中获益。这部分流量约占谷歌整体流量的20%，是谷歌广告收入的重要来源。研究机构Forrester 2009年曾做过一次调研，结果显示1/4的消费者将谷歌作为自己购物的第一入口，而选择亚马逊的仅为18%。但是到了2011年，情况完全翻转，大约1/3的消费者开始将亚马逊作为网购的第一入口，而选择谷歌的仅为13%。

现在对于很多人来说，亚马逊是当你想购买某件东西时第一个想起的，而当你想寻找某件东西时才会第一个想起谷歌。谷歌实施的是搜索引擎，亚马逊实施的则是购物引擎。对消费者来说，购物引擎的便利、快捷自然是超过搜索引擎。

那么，亚马逊是如何完成逆袭超越谷歌成为第一网购入口的呢？有5方面因素。

（1）亚马逊通过第三方开放平台和产品广告平台实现了产品品类的极大丰富，为消费者提供了具有竞争力的折扣以及优异的服务水平。自2012年10月谷歌将产品搜索升级为付费的网购后，包括亚马逊在内的很多零售商将商品撤出了谷歌网购，这对谷歌来说是一个伤害，却提升了亚马逊在购物领域的地位。

（2）亚马逊拥有自己的应用软件，用户不仅可以完成商品搜索，而且还可以查看产品信息、产品评价，并可以在应用程序上完成购买。在移动端的消费者可以通过亚马逊应用程序直接购物，而不必依赖谷歌。亚马逊开发的安卓改版系统形成一个封闭体系，不仅能够实现对应用程序的控制，还拥有硬件 Kindle 系列的电子书和平板电脑，强化了亚马逊作为第一网购入口的地位。

（3）亚马逊在媒体投放了大量的广告，极大地提升了亚马逊的知名度和品牌价值，增强了亚马逊作为消费者购物起点的影响。

（4）通过跟踪客户的行为和数据，亚马逊为客户打造了个性化的主页，并为客户实时推荐相关的产品。卓越的个性化推荐技术帮助消费者更有效率地找到自己需要的商品，提升了顾客的搜索以及购物体验。

（5）亚马逊对网页和产品目录进行大量优化，使得亚马逊充分地利用谷歌搜索引擎的免费流量，在很多搜索结果上都排在前列。

2013 年谷歌软实力指数同比提升 3. 7 个百分点，与亚马逊持平，遏制了软实力的持续下滑势头。从 2004 至 2013 年的 10 年间，谷歌软实力指数有 8 年下降，只有 2009、2013 年出现提升。谷歌在与亚马逊的竞争中多半是在消耗自身的软实力，也学到亚马逊的不少内容，使得谷歌软实力能在竞争中得到提升。2013 年双方的软实力指数齐平，说明谷歌与亚马逊历经 10 年的互联网竞争，双方的软实力已达到势均力敌的程度。

谷歌做搜索引擎，亚马逊做网络零售，但从生态覆盖面看，亚马逊的业务要比谷歌宽泛。随着竞争的日益深入，谷歌越来越多地在效仿亚马逊。2012 年 4 月，亚马逊开通了 B2B 平台 AmazonSupply. com，主要提供工业原料、机械零部件和五金器具等在线交易。谷歌很快便效仿亚马逊，在 2013 年 1 月开始测试谷歌 “Shopping for Suppliers” 服务，帮助购物者寻找工业设备。

2012年6月，谷歌推出云计算服务谷歌计算引擎（Google Compute Engine），向亚马逊的网络服务（AWS）发起挑战。谷歌计算引擎被认为是针对AWS设置的“防御性”举措。2012年11月，谷歌收购电商物流服务公司BufferBox，后者的服务帮助消费者在附近的便利店签收网购的商品。2013年4月，谷歌在旧金山推出美国首个BufferBox储物柜。从2011年开始，亚马逊已经在西雅图、纽约和旧金山等城市的商场和便利店安装类似的储物柜。2013年1月谷歌推出“Shopping for Suppliers”服务之后，3月又推出“Shopping Express”同日送达快递服务，向亚马逊的同类服务发起挑战。谷歌开发这项服务已有两年时间，主要是受到亚马逊在该领域取得成功的刺激。

谷歌效仿亚马逊，亚马逊也没闲着，反抄谷歌，进入了谷歌统治的网络广告、视频流、应用、智能手机和平板电脑等市场。不过亚马逊并未选择开发自己的操作系统，其Kindle Fire平板电脑选择搭载了客户化版本的安卓操作系统。亚马逊还借鉴谷歌先前的成功，计划推出一系列的设备。近年来，谷歌已经发布了数款品牌手机，以及视频和音频播放设备。亚马逊正在开发两款智能手机，一款只能够播放流媒体音乐的音频设备，以及一款机顶盒。谷歌与亚马逊之间的效仿与反抄，意味着两家公司未来很长一段时间将在所有的领域进行角逐。

在云服务领域，亚马逊和谷歌两大巨头的服务质量差异变小，竞争加剧，价格将成为决定性因素。云服务资源的最主要业务就是计算、数据库和存储。亚马逊网络服务2013年速度最快的服务就是DynamoDB数据库服务；谷歌继续计算引擎和存储架构方面进行投资。在云服务客户中，谷歌计算引擎仅次于亚马逊网络服务，位列第二。不过，谷歌要利用自己的全球数据中心规模，与亚马逊云计算服务匹敌还尚待时日。

虽然2013年谷歌软实力指数与亚马逊齐平，但从10年来两家公司软实力走势看，谷歌的势头不如亚马逊稳健。实际上，从软实力结构内容看，谷歌的软实力主要体现在盈利能力，亚马逊的软实力主要体现在资源整合能力和商业模式运转频次。根据2004至2013年亚马逊、谷歌的利润率、资源整合率、商业模式运转频次和收入资产率（见图3－29、3－30、3－31、3－32），计算出10年来两家公司的软实力结构平均指标（见表3－5），对两家公司的软实力优势和劣势进行深入分析。

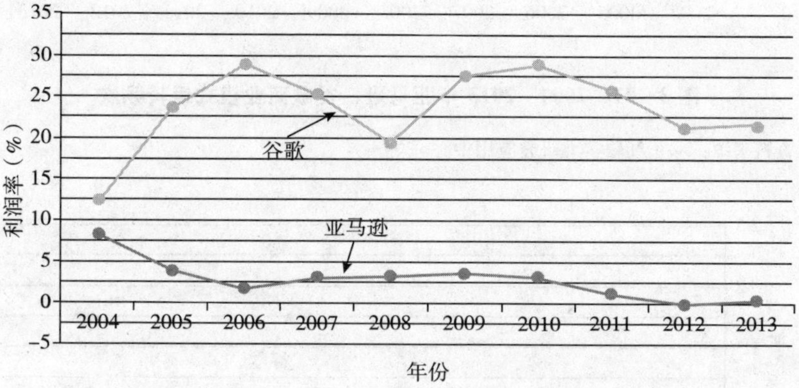

图3－29　2004～2013年亚马逊、谷歌利润率

资料来源：邓正红软实力研究应用中心。

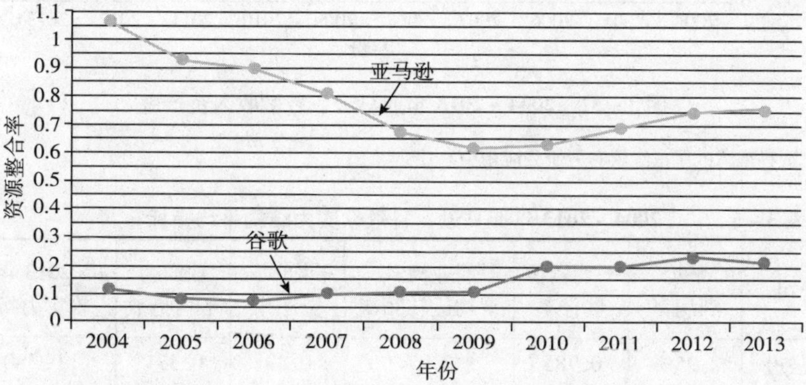

图3－30　2004～2013年亚马逊、谷歌资源整合率

资料来源：邓正红软实力研究应用中心。

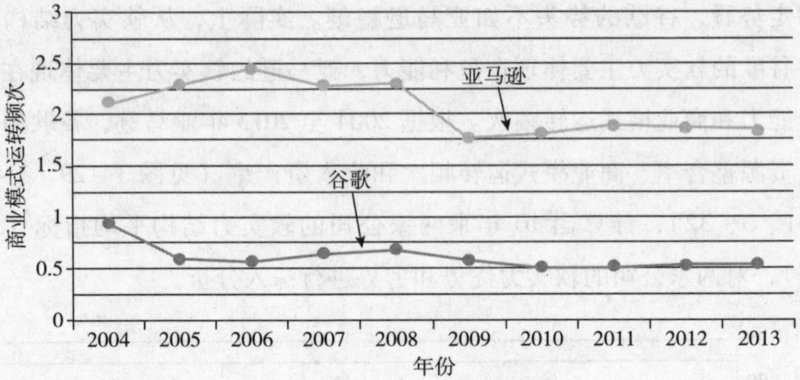

图 3－31　2004～2013 年亚马逊、谷歌商业模式运转频次

资料来源：邓正红软实力研究应用中心。

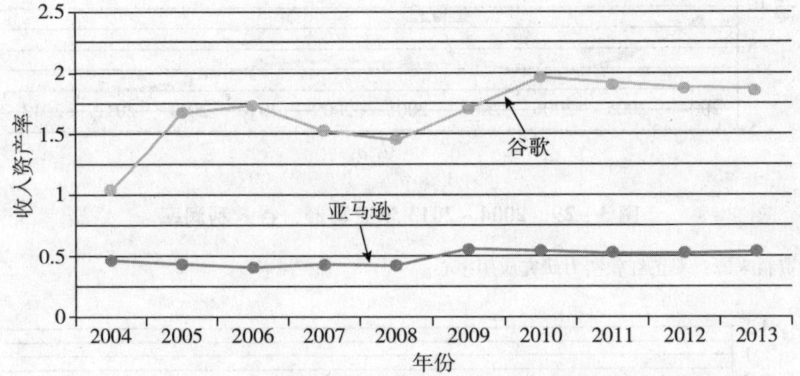

图 3－32　2004～2013 年亚马逊、谷歌收入资产率

资料来源：邓正红软实力研究应用中心。

表 3－5　　2004～2013 年亚马逊、谷歌软实力结构平均指标

公司	平均利润率	平均资源整合率	商业模式平均运转频次	平均收入资产率	软实力平均指数	2013 年软实力指数
亚马逊	2.95%	0.785	2.07	0.49	0.371	0.380
谷歌	23.54%	0.145	0.62	1.68	0.453	0.380

资料来源：邓正红软实力研究应用中心。

从10年来的软实力结构指标来看，谷歌的平均利润率是亚马逊的8倍，占了绝对的领先优势，说明谷歌的盈利能力极强，技术附加值带来的回报极高，而这恰恰是亚马逊的短板，但又不能就此说明亚马逊的盈利能力就很差。从前文内容可知，亚马逊利润率低有两方面的原因：一是亚马逊一直推行低价策略赢得客户、占领市场，它的产品、技术和服务附加值基本上都让给了客户，成本价甚至赔本销售；二是亚马逊从未来长远战略考虑，把赚来的钱几乎都投入到了基础设施建设和技术研发。表面看，亚马逊盈利能力低，实际上是被潜化了，就是硬实力软化，持续积累软实力。

从运营能力看，谷歌较亚马逊差之甚远。首先看营业规模，规模越大说明价值释放能力越强。价值释放能力决定资源整合能力，软实力经营状态下的规模扩张主要是通过资源整合实现的。以价值释放为黏合剂，公司可获得投资者的支持和客户的支持，实现资本整合和客户整合，从而最大限度借用投资力量和市场力量扩张营业规模，扩大市场份额。资源整合率越高，则软实力经营能力越强。谷歌的平均资源整合率为0.145，亚马逊为0.785，是谷歌的5.4倍。亚马逊善于将自己的产品、技术及服务优势放大，并整合各方资源，使客户价值增长成为常态化。2013年谷歌营收598.25亿美元，客户价值增长率为19%，亚马逊营收744.52亿美元，超出谷歌146.27亿美元，客户价值增长率为22%，高出谷歌3个百分点。亚马逊的营收规模大于谷歌，主要是亚马逊的资源整合能力比谷歌强。

其次看商业模式运转。谷歌商业模式平均运转频次0.62，亚马逊为2.07，运转速度是谷歌的3倍多。亚马逊的营业规模大于谷歌，运转速度快于谷歌，这说明亚马逊业务虽然庞大，但身段比谷歌轻多了，其软实力经营的特质更浓厚、更鲜明、更具成效。

再看收入资产率。收入资产率是判别公司资产活性、公司“轻”与

“重”的重要软实力指标。亚马逊每实现1美元营收只需投入49美分的资产，而谷歌每实现1美元营收则需要投入1.68美元的资产。谷歌的资产效能、效率明显低于亚马逊，其价值的放大占用的资产多，或者说，谷歌存在的呆滞资产或低效资产高于亚马逊。两家公司虽同属软实力型公司，但在运营上谷歌比亚马逊重3倍多。由此可判别，谷歌属于重型软公司，亚马逊属于轻型软公司。从这里也可验证两家公司的软实力走势现象：谷歌软实力一路下滑，就因为在运营上愈加趋重，价值潜能不能像亚马逊那样轻松释放；亚马逊尽管体格庞大，但身段柔软、灵活，既能高效整合资源，又能高效驱动运营，所以其软实力保持稳健走势。

从软实力潜能看，虽然2013年两家公司的软实力指数达到同一水平0.380，但潜在的发展势能差异较大。亚马逊软实力平均指数0.371，低于2013年软实力指数0.9个百分点，说明亚马逊潜化的软实力在逐渐显现；谷歌软实力平均指数0.453，高于2013年软实力指数7.3个百分点，说明谷歌显现的软实力在加大消耗。谷歌的利润率高，是因它倾全力将显现的软实力变现，攫取当下的高利润，因而收入资产率居高不下。亚马逊的利润率低，主要是因它将获得的利润和整合的资源运用于价值潜化，以图获取持续的未来利润，而营收规模的持续增长恰恰来自于这些潜在价值的释放，因而收入资产率保持较低水平。

谷歌软实力平均指数虽高，但它的软实力主要放在谋求短期利润上，且软实力持续衰减；亚马逊软实力平均指数虽低，但它的软实力主要放在创造未来价值上，且软实力保持稳健。可以预见，随着亚马逊潜在软实力的逐渐显现，谷歌与亚马逊的竞争将会愈加艰难，亚马逊则将迈入新一轮生态扩张和价值成长。

两大互联网高手的博弈，最终鹿死谁手，关键看软实力！

最后，作者特地引用2014年4月贝佐斯致亚马逊股东公开信中的一段话作为结语：

我们拥有一支规模庞大、善于创造的团队，我们也有耐心、开拓和以客户为中心的公司文化。在公司的每个层面上，有利于客户的创新——或大或小——每天都在发生。这种遍及整个公司的分散式创新——不仅限于公司高层——是实现稳健、高产创新的唯一方式。我们的工作富有挑战性而且充满乐趣，我们需要为未来工作。

后记

关于企业软实力研究

2013 年是我研究企业软实力的一个关键年份。这一年我做了两件重大的事情：一是出版了《再造美国：美国核心利益产业的秘密重塑与软性扩张》（企业管理出版社），二是首次推出 2013 世界企业软实力 500 强排行榜。2014 世界企业软实力 500 强榜单已于 5 月 9 日发布，详情请登陆“邓正红软实力”官方网站（http：//www.dzhsp.com）。

此两项成果的问世，反响强烈，极具指标性，标志着企业软实力研究由理论构建进入量化分析阶段。就此，《现代企业文化》《中国高新区》等媒体对我进行了专访。我认为，上述两项成果的取得，得力于软实力指数工具的创建。有了这个工具，企业软实力就有了更为精确的数据支撑、更为权威的话语表达，也彻底解决了企业软实力理论落地的问题。

从我对企业软实力长期的研究和评判来看，我们对企业软实力的理论和应用研究是走在世界前列的，世界企业软实力 500 强排行榜系全球首创，独家发布。换言之，中国在企业软实力领域的研究处于世界领先水平，这方面，我们拥有高度自主的知识创新产权，在该领域具备相当程度的话语优势和成果影响力。下一步，我们希望这方面的研究能够得到国家相关方面的高度重视，并给予一定的支持，同时依托软实力智力成果优势、强大的软实力数据资源和一如既往地对全球企业软实力动态的追踪，我们有信心将“邓正红软实力”发展成为世界级的企业软实力智库品牌。

对企业软实力的评价绝非随心所欲，必须以客观、真实、精确的数据说话。做自然科学研究应如此，做经济科学、管理科学研究更应如此。软实力指数工具的创建，其成功因素有两点。

一是有系统的企业软实力理论为指导。我在2009年1月出版的《软实力：中国企业的破局之道》（武汉大学出版社）中就基本完成了对企业软实力理论的构建，后续出版的“电网企业软实力丛书”（包括《核心价值》《核心模式》《核心实力》，中国电力出版社）以及《绿公司》（中国环境科学出版社）等著作，进一步完善和充实了企业软实力理论。

二是以美国500强公司作为研究样本。我选择美国公司作为软实力指数工具的研究样本，主要是因美国公司的各种数据比国内企业更健全、更客观、更易查询。在研究美国公司历年的数据中，我有了很多意想不到的收获，《再造美国》一书的出版就是其中之一。根据企业软实力理论建立软实力指数模型，又利用1500多个公司数据反复验证、调试，我最终创造出软实力指数工具。

《从客户体验到技术为王》一书深入到美国公司的“纵深腹地”，就像孙悟空变成小虫子钻进铁扇公主肚子一般。这个“小虫子”就是软实力指数工具。雅虎为什么会持续衰落？亚马逊为什么能持续扩张？软实力指数工具对两家公司的深入分析已为我们给出了答案。聪明的读者，你说呢？

邓正红

2014年6月2日